Grands arrêts du droit de la concurrence

2004 - 2022

Contrôle des concentrations

ISBN 979-10-94201-69-5

Ouvrages Concurrences

La version électronique de ces ouvrages est disponible sur le site concurrences.com.

Mélanges

Laurence Idot Liber Amicorum, Vol. I & II, *Christophe Lemaire, Francesco Martucci (dir.), 2022*

Eleanor M. Fox – Antitrust Ambassador to the World, *2022*

Frédéric Jenny – Standing Up for Convergence and Relevance in Antitrust, Vol. I & II, *2021*

Herbert Hovenkamp – The Dean of American Antitrust Law, *2021*

Albert A. Foer – A Consumer Voice in the Antitrust Arena, *2020*

Richard Whish – Taking Competition Law Outside the Box, *2020*

Wang Xiaoye – The Pioneer of Competition Law in China, *Adrian Emch, Wendy Ng (eds.), 2019*

Douglas H. Ginsburg – An Antitrust Professor on the Bench, Vol. I & II, *2018 & 2021*

Ian S. Forrester – A Scot Without Borders, Vol. I & II, *Assimakis Komninos et al. (eds.), 2015*

William E. Kovacic: An Antitrust Tribute, Vol. I & II, *Nicolas Charbit et al. (eds.), 2013 & 2014*

Thèses

Bargaining Power, Competition and Innovation, *Morgane Guignard, 2023*

Abuse of Platform Power: Leveraging Conduct in Digital Markets under EU Competition law and Beyond, *Friso Bostoen, 2023*

Reform of Chinese State-owned enterprises: What China Can Learn From the Practice of Competitive Neutrality Policy in Australia, *Xue Bai, 2023*

La soumission des banques au droit de la concurrence, *Antonin Pitras, 2022*

L'entreprise contrevenante en droit des pratiques anticoncurrentielles, *Etienne Thomas, 2021*

Droit de la commande publique et droit de l'Union européenne : Étude sur une dynamique commune, *Vincent Bridoux, 2021*

Competition and Regulation in Network Industries: Essays in Industrial Organization, *Jean-Marc Zogheib, 2021*

La faute lucrative en droit de la concurrence, *Godefroy de Moncuit de Boiscuillé, 2020*

The Role of Media Pluralism in the Enforcement of EU Competition Law, *Konstantina Bania, 2019*

Les accords de report d'entrée (Pay-for-delay), *Walid Chaiehloudj, 2019*

Buyer Power in EU Competition Law, *Ignacio Herrera Anchustegui, 2017*

Google, la presse et les journalistes, *Guillaume Sire, 2015*

L'Union européenne et le droit international des subventions, *Loïc Wagner, 2015*

Pratiques

Dictionnaire de droit de la concurrence, *Muriel Chagny, Emmanuel Combe (dir.), 2023*

Global Dictionary of Competition Law, *Deborah Healey, William E. Kovacic, Pablo Trevisán, Richard Whish (eds.), 2023*

Judicial Review of Competition Cases, *Tim Eicke, Douglas H. Ginsburg, Nicholas Forwood (eds.), 2023*

Antitrust in Life Sciences, *Michael Cowie, George G. Gordon, Mélanie Thill-Tayara (eds.), 2023*

State Aid & National Enforcement, *Jacques Derenne, Denis Jouve, Christophe Lemaire, Francesco Martucci (dir.), 2023*

Grands arrêts du droit de la concurrence – Pratiques anticoncurrentielles – Volume II : Mise en œuvre, Nouvelle édition, *Laurence Idot (dir.), 2022*

Grands arrêts du droit de la concurrence – Concentrations, Nouvelle édition, *Laurence Idot (dir.), 2022*

Grands arrêts du droit de la concurrence – Aides d'État, Nouvelle édition, *Laurence Idot (dir.), 2022*

Grands arrêts du droit de la concurrence – Régulations, *Francesco Martucci (dir.), 2019*

Grands arrêts du droit de la concurrence – Distribution & Pratiques commerciales déloyales, *Nicolas Ferrier & Frédéric Buy (dir.), 2019*

Competition Law Treatment of Joint Ventures, *Benedict Bleicher, Neil Campbell, Andrea Hamilton, Niko Hukkinen, Arshad (Paku) Khan, Alastair Mordaunt (eds.), 2022 (in collaboration with the IBA)*

Information Exchange and Related Risks – A Practical Guide, *Zoltán Marosi & Marcio Soares (eds.), 2022 (in collaboration with the IBA)*

Rulemaking Authority of the US Federal Trade Commission, *Daniel A. Crane (ed.), 2022*

The International Competition Network at Twenty, *Dave Anderson & Paul Lugard (eds.), 2022*

Competition Case Law Digest – 5th Edition, *Frédéric Jenny, Nicolas Charbit (eds.), 2022*

Competition Inspections in 21 Jurisdictions – A Practitioner's Guide, *Nathalie Jalabert-Doury (ed.), 2022*

Perspectives on Antitrust Compliance, *Anne Riley, Andreas Stephan, Anny Tubbs (eds.), 2022 (in collaboration with the ICC)*

Turkish Competition Law, *Gönenç Gürkaynak, 2021*

Les pratiques commerciales déloyales, *Erwann Kerguelen, Jean-Louis Fourgoux, Leyla Djavadi (dir.), 2021*

Les inspections de concurrence des autorités françaises, *Nathalie Jalabert-Doury, 2e édition, 2021*

Competition Law, Climate Change & Environmental Sustainability, *Simon Holmes, Dirk Middelschulte, Martijn Snoep (eds.), 2021*

La réparation des préjudices causés par les pratiques anticoncurrentielles, *Rafael Amaro, Jean-François Laborde, 2e édition, 2020*

Competition Inspections under EU Law – A Practitioner's Guide, *Nathalie Jalabert-Doury, 2020*

Merger Control in Latin America – A Jurisdictional Guide, *Paulo Burnier da Silveira, Pamela Sittenfeld (eds.), 2020*

Gun Jumping in Merger Control, A Jurisdictional Guide, *Catriona Hatton, Yves Comtois, Andrea Hamilton (eds.), 2019*

Choice – A New Standard for Competition Analysis ?, *Paul Nihoul et al., 2016*

Ouvrages généraux

Chroniques (décalées) d'un économiste, *Emmanuel Combe, 2022*

Women & Antitrust – Voices from the Field, Vol. I & II, *Evelina Kurgonaite & Kristina Nordlander (eds.), 2020*

Petit manuel (irrévérencieux) d'économie, *Emmanuel Combe, 2018*

A quoi sert la concurrence ?, *Martine Behar-Touchais et al. (ed.), 2014*

Colloques

Antitrust in Emerging and Developing Countries, Vol I & II, *Eleanor Fox, Harry First (eds.), 2015 & 2016*

Global Antitrust Law – Current Issues in Antitrust Law and Economics, *Douglas Ginsburg, Joshua Wright (eds.), 2015*

Competition Law on the Global Stage: David Gerber's Global Competition Law in Perspective, *David Gerber, 2014*

Sommaire

Préface

Lors de la publication de la première édition de ces grands arrêts en 2014, le nombre d'arrêts intervenus depuis 2004, surtout « d'arrêts structurants », était relativement limité en matière de contrôle des concentrations. En droit de l'Union, la plupart des grands arrêts en la matière étaient, en effet, antérieurs à l'entrée en vigueur du règlement n° 139/2004 et à la modernisation, qu'il s'agisse, par exemple, de la compétence internationale du règlement (TPICE, 28 avril 1999, Gencor, aff. T-102/96), ou plus encore du test d'appréciation avec les arrêts France c/ Commission (CJCE, 31 mars 1998, aff. C-68/94) et Airtours (TPICE, 6 juin 2002, aff. T-310/01). Les questions procédurales avaient, de même, été clarifiées : d'abord la recevabilité des recours devant le Tribunal, puis les questions liées à la procédure administrative, comme le respect des droits de la défense avec l'affaire Schneider Electric (TPICE, 22 oct. 2002, aff. T-310/01), ou encore le mécanisme des renvois (TPICE, 15 déc. 1999, Kesko, aff. T-22/97). Le contentieux français étant encore plus limité et soulevant des problématiques identiques sur le fond, il avait été matériellement possible de regrouper dans un même volume les principaux arrêts de la décennie 2004/2014 avec ceux sur le contrôle des aides d'État. L'écoulement du temps et l'accroissement corrélatif du nombre des affaires justifient qu'un volume spécifique leur soit désormais consacré, même si le constat de la faiblesse quantitative du contentieux par rapport à celui qui existe dans les autres branches du droit de la concurrence demeure valable, que l'on raisonne sur le droit de l'Union ou encore plus sur le droit français. Aussi le parti a-t-il été adopté d'inclure dans cette deuxième édition des arrêts, qui, bien que ne pouvant tous prétendre à la qualification de « grands arrêts », sont révélateurs des évolutions des six dernières années.

Lors de la première édition, il avait été relevé qu'en cette matière les principales difficultés s'étaient déplacées : en amont, avec les choix possibles quant à la délimitation du domaine du contrôle, et en aval avec la question cruciale sur le plan pratique de l'exécution des engagements et des sanctions de leur inexécution. L'examen des affaires contrôlées par les juges au cours des six dernières années confirme le constat précédent. Sur les questions essentielles que sont la notion de concentration et l'appréciation au fond de l'opération, les solutions semblent stabilisées, puisque beaucoup d'arrêts récents portent sur les infractions procédurales, au premier rang desquelles le non-respect de l'obligation de notification, mais également, surtout en droit français, sur le contrôle de l'exécution des engagements.

Toutefois ce constat pourrait n'être que provisoire. À l'heure où ces lignes sont écrites, des affaires appelées à donner lieu à de « grands arrêts » sont pendantes. Tel est le cas pour le champ d'application du contrôle et la nouvelle interprétation du renvoi ascendant de l'article 22 du règlement n° 139/2004, qui permet aux autorités nationales de renvoyer à la Commission une opération qui échappe à tout contrôle national. La Cour de Justice est appelée à prendre position sur cette question sensible à l'occasion de l'examen des pourvois formés contre l'arrêt du Tribunal du 13 juillet 2022 dans l'affaire Illumina (aff. T-227/21). Tel est le cas également pour l'interprétation de l'article 2 du règlement et la notion « d'entrave significative à concurrence », la Commission ayant formé un pourvoi contre l'arrêt du Tribunal du 28 mai 2020 dans l'affaire CK Télecom (aff. T-399/16) dans laquelle l'Avocate générale Kokott a conclu récemment à une annulation (aff. C-376/20 P, 20 oct. 2022). Même la délimitation de la frontière entre le contrôle des concentrations et l'application de l'article 102 TFUE, qui avait donné lieu à de multiples commentaires au moment de l'adoption du règlement n° 4064/89, mais que l'on avait oubliée ensuite en l'absence de contentieux sur ce point, est remise en cause à la suite de la question préjudicielle posée par la cour d'appel de Paris dans l'affaire Towercast (CA Paris, 1er juill. 2021 ; v. les concl. AG Kokott, aff. C 449/21, 13 oct. 2022). L'arrêt « Continental Can » est de nouveau au cœur de l'actualité. L'on revient aux sources du contrôle des concentrations.

Novembre 2022

Laurence Idot
Professeur émérite de l'Université Panthéon-Assas Paris II
Présidente du Comité scientifique de Concurrences

Note des éditeurs

Le projet éditorial de la série des *Grands arrêts de la concurrence* a vu le jour en 2014. Huit ans plus tard, le site de la revue compte plus de 39 000 articles et une mise à jour s'imposait. Le Professeur Laurence Idot et les éditeurs de Concurrences ont souhaité mettre à jour ces précieux outils qui regroupent une sélection des affaires les plus importantes ayant marqué le droit de la concurrence, de 2004 à 2022.

Dans la tradition des « grands arrêts », le travail effectué par le Professeur Idot a consisté à repérer les arrêts et décisions ayant fait date, puis à les ordonner selon un plan cohérent. L'exercice est complexe en ce qu'il n'est pas aisé de procéder à une sélection, parmi les nombreuses décisions rendues et les multiples commentaires écrits, permettant de mettre en avant les principes essentiels et les évolutions marquantes de la jurisprudence rendue dans le domaine du droit de la concurrence.

Cette nouvelle édition a également été l'occasion d'une refonte des deux premiers ouvrages de la série des *Grands arrêts*. Le premier volume était consacré aux *Pratiques anticoncurrentielles*, et le second aux *Concentrations et aides d'État*. Face à l'accroissement des décisions rendues ces dernières années, le choix a été fait de rendre justice à cette jurisprudence foisonnante, en consacrant deux volumes distincts aux *Pratiques anticoncurrentielles,* le premier dédié aux règles de fond, le second aux règles de mise en oeuvre, ainsi que deux ouvrages indépendants consacrés respectivement au *Contrôle des concentrations* et au *Contrôle des aides d'État*.

Ce troisième ouvrage des *Grands arrêts*, dédié au *Contrôle des concentrations*, réunit une sélection de commentaires de jurisprudence publiés au sein de la revue Concurrences de 2004 à 2022. Ce tome s'organise en deux parties : la première consacrée aux règles applicables en droit de l'Union européenne (Chapitre 1), la seconde aux règles applicables en droit national (Chapitre 2). Examiner le contrôle des concentrations à une échelle européenne puis nationale permet en effet de dresser un tableau exhaustif des évolutions jurisprudentielles intervenues en la matière.

Ces *Grands arrêts* n'auraient pu voir le jour sans la contribution de l'ensemble des auteurs qui participent à la revue Concurrences et que nous tenons à remercier chaleureusement pour leur expertise et la qualité de leurs analyses. Il nous faut d'ailleurs préciser que l'ensemble des opinions exprimées au sein des commentaires reproduits ici n'engagent que leurs auteurs et non l'institution à laquelle ils appartiennent.

Pour finir, l'ensemble des textes et décisions commentés que le lecteur trouvera dans cet ouvrage, ainsi que les références des commentaires auxquels nous renvoyons à la fin de chaque commentaire, sont accessibles aux abonnés de Concurrences+. Cet abonnement donne accès aux archives de la revue, soit près de 39 000 articles depuis 2004 (au 1er janvier 2023).

Nicolas Charbit – Fanny Méjane – Maevy Lakrouf

Chapitre 1

DROIT DE L'UNION

1.1 CHAMP D'APPLICATION DU CONTRÔLE

1.1.1 Opérations contrôlables

1.1.1.1 Convention de portage

Affaire Odile Jacob

Trib. UE, 13 sept. 2010, Éditions Odile Jacob, T-279/04

Le Tribunal de l'Union européenne confirme la validité de la décision de la Commission autorisant le rachat d'un groupe dans le secteur de l'édition au moyen d'une opération de portage.

Même s'il aborde des problématiques de fond intéressant le contrôle des concentrations (effets congloméraux, notamment), le principal intérêt de l'arrêt du Tribunal, dans l'affaire Lagardère, réside dans son analyse de l'opération de portage qui avait été mise en place par les parties à l'opération de cession, par Vivendi Universal, de ses activités d'édition (Vivendi Universal Publishing – VUP) à Lagardère.

On rappellera pour mémoire que le terme portage désigne, ici, un montage par lequel un acheteur temporaire, généralement une banque, acquiert à titre provisoire des actifs au nom d'un acheteur final et les conserve jusqu'à ce que ce dernier ait obtenu les autorisations nécessaires à la réalisation de la vente principale (les risques de l'acquisition étant généralement supportés par l'acquéreur ultime). L'intérêt essentiel de ce type d'opérations tient à la possibilité pour le vendeur de céder rapidement les actifs (et d'en percevoir le prix) alors que l'acquisition finale fait l'objet d'une procédure de contrôle pouvant se prolonger sur plusieurs mois.

Or, suite précisément au recours intenté en 2004 par Odile Jacob contre la décision de la Commission européenne approuvant l'opération de cession de VUP à Lagardère, la Commission avait mis un coup d'arrêt aux opérations de portage. Elle considérait en effet l'acquisition intermédiaire des actifs par le porteur comme indissociable de l'opération finale, le portage perdant dès lors tout son intérêt, puisqu'il se trouvait soumis à une obligation de suspension dans l'attente de l'autorisation de la Commission. Cette position était officialisée dans la Communication consolidée sur la compétence de la Commission adoptée en 2008.

Après cette période de mise en sommeil, l'arrêt du Tribunal pourrait cependant redonner vie aux opérations de portage.

Le schéma mis en place par les parties et la décision de la Commission

Vivendi Universal Publishing (VUP), filiale de Vivendi Universal, et Hachette Livre, contrôlée par Lagardère, étaient à l'époque des faits les deux plus grands groupes du marché français de l'édition. Le 25 septembre 2002, Vivendi Universal décidait de céder les actifs d'édition détenus en Europe par sa filiale VUP, et Lagardère se portait candidate à l'acquisition de ces actifs. Toutefois, dans la mesure où le calendrier de cession établi par Vivendi n'était pas compatible avec les délais nécessaires à l'obtention de l'autorisation de l'opération par la Commission, Lagardère demandait à la banque Natexis Banques Populaires (NBP) de se substituer à elle en acquérant et détenant provisoirement les actifs en vue de les lui revendre une fois l'opération autorisée.

Ainsi, le 20 décembre 2002, les actifs de VUP étaient cédés, en vue de leur revente à Lagardère, à la société Investima 10, détenue indirectement à 100 % par Natexis [1].

Le 14 avril 2003, Lagardère procédait ensuite, conformément au règlement n° 4064/89 [2], à la notification auprès de la Commission de son projet d'acquisition des actifs cibles de VUP.

La Commission, constatant l'existence de doutes sérieux quant à la compatibilité de ce projet avec le marché commun, déclenchait une enquête approfondie. Lagardère présentait finalement à la Commission, le 2 décembre 2003, une série de mesures correctives prenant la forme d'engagements de rétrocession d'actifs cibles.

La décision de la Commission du 7 janvier 2004 subordonnait ainsi son autorisation à l'engagement par Lagardère de rétrocéder approximativement 60 à 70 % du chiffre d'affaires mondial de VUP, dont 70 à 80 % du chiffre d'affaires réalisé sur les marchés de l'édition francophone.

Le recours d'Odile Jacob

Odile Jacob faisait valoir que la Commission, en examinant uniquement l'acquisition finale réalisée par Lagardère, avait considéré à tort que l'opération intermédiaire de portage réalisée par NBP n'était pas soumise au contrôle des concentrations. La Commission était parvenue à cette conclusion sur le fondement de l'article 3, paragraphe 5, a) du règlement, qui prévoit en substance que les acquisitions réalisées à titre temporaire par les établissements financiers ne constituent pas des concentrations, pour autant que l'acquéreur des titres n'exerce pas les droits attachés à ces titres en vue d'influencer le comportement commercial de la cible.

Odile Jacob soutenait que l'opération de portage ne répondait pas aux conditions posées par cette disposition et qu'elle aboutissait en réalité à une prise de contrôle de VUP par Lagardère, soit à titre exclusif, soit conjointement avec NBP. Elle avançait une série d'arguments au soutien de cette thèse. Elle faisait notamment valoir que NBP ne faisait qu'agir pour le compte de Lagardère au titre d'un service rendu, et était assurée de pouvoir lui revendre les titres. Elle observait en outre que Lagardère, qui finançait l'acquisition au moyen d'un prêt, en supportait tous les risques économiques. Selon Odile Jacob, les termes de cette opération de portage étaient exclusifs d'une acquisition par NBP et démontraient l'existence d'une simple intermédiation au profit de Lagardère, titulaire dès l'origine d'une influence déterminante sur la cible. Elle alléguait en outre que le montage mis en place était constitutif d'une fraude, destinée à contourner les dispositions du règlement.

L'appréciation du Tribunal

Le Tribunal, dans son arrêt, procède à une analyse minutieuse des termes du montage contractuel mis en place par les parties pour rejeter l'argumentation de la requérante. Il relève en premier lieu que le transfert de propriété et de jouissance des actifs à Lagardère était expressément subordonné à l'obtention de l'autorisation de la Commission. Il souligne en outre que les conventions conclues entre les parties excluaient la faculté pour Lagardère de nommer des administrateurs au sein des organes de direction de la cible. Il note également que les parties s'étaient interdit de transmettre à Lagardère toute information sensible de nature commerciale ou stratégique sur la cible, relevant le caractère très circonscrit des hypothèses dans lesquelles Lagardère aurait vocation à être destinataire d'informations relatives à VUP (constitution du dossier de notification et survenance d'événements de nature à mettre en péril les actifs).

S'agissant du financement de l'opération par Lagardère, le Tribunal juge qu'un tel mécanisme est inhérent à l'opération de portage et n'est pas de nature à démontrer l'absence de contrôle du porteur sur les actifs.

Le Tribunal exclut ainsi l'existence d'une prise de contrôle des actifs par Lagardère lors de l'acquisition intermédiaire.

Il estime en outre que les droits consentis à NBP sur les actifs cibles n'avaient pas pour objectif d'influer sur le comportement concurrentiel de VUP mais visaient uniquement à préparer la réalisation des actifs, en ce qu'ils permettaient précisément à NBP de s'opposer à des actes de disposition ou de nature à affecter leur valeur. Selon le Tribunal, ces droits étaient conformes à l'esprit et à la finalité de l'article 3 paragraphe 5 a) du règlement. Ainsi, l'arrêt du Tribunal, au-delà d'exclure l'existence d'un contrôle conjoint ou exclusif de Lagardère sur VUP du fait du portage, relève expressément que ce portage ne constitue pas une opération de concentration au sens du règlement.

Le retour en grâce du portage ?

Ainsi que nous l'avons évoqué plus haut, depuis le recours d'Odile Jacob contre la décision Lagardère/VUP, le portage n'avait plus la cote à Bruxelles. Soucieuse des conséquences d'un arrêt qui aurait accueilli l'argumentation d'Odile Jacob, la Commission avait clairement indiqué que les opérations de ce type seraient soumises à l'obligation de suspension leur faisant perdre tout leur intérêt. Cette position s'était cristallisée en 2008 dans la Communication sur la compétence dans laquelle la Commission analyse le portage comme une étape préliminaire de l'opération finale, soumis à ce titre à la clause de « *standstill* », et non comme une transaction autonome, relevant du régime spécifique de l'article 3 paragraphe 5 a) du règlement.

Compte tenu du caractère dénué d'ambiguïté des attendus du Tribunal, on ne peut que souhaiter que la Commission se penche à nouveau sur le sujet et révise sa pratique. En effet, pour autant que l'on prenne le soin d'y inclure les garde-fous nécessaires (absence d'influence de l'acquéreur final sur les décisions de la cible et restrictions sur l'accès aux informations sensibles, notamment), ces conventions devraient bénéficier du régime dérogatoire prévu par le règlement.

Beaucoup d'opérateurs se réjouiraient d'un retour en grâce du portage. D'abord, les vendeurs pressés, bien sûr. Mais cette perspective intéressera également les acquéreurs industriels. Lors des processus d'enchères très concurrentiels, ces derniers sont en effet souvent pénalisés par rapport aux investisseurs financiers qui, le plus souvent, n'ont pas à faire face à un processus de contrôle aussi lourd et complexe. Le portage pourrait leur permettre de surmonter ce handicap de calendrier. Quant aux banques, on peut penser qu'elles saisiraient les opportunités que ferait naître la remise au goût du jour d'une activité un peu oubliée…

D. Tayar

Concurrences N° 4-2010, Art. N° 32932, p. 160

CJUE, gde ch., 6 nov. 2012, Éditions Odile Jacob, C-551/10 P

La Cour de justice de l'Union européenne rejette le pourvoi intenté par un concurrent évincé contre l'arrêt du Tribunal ayant validé la décision de la Commission autorisant sous conditions l'acquisition d'actifs dans le secteur de l'édition.

Faisant suite à l'autorisation de l'opération rappelée au point précédent, la requérante s'était pourvue en juillet 2004, devant le Tribunal dans le cadre d'un recours visant à l'annulation de la décision de compatibilité, (affaire T-279/04). Ce dernier par son arrêt du 13 septembre 2010, avait refusé d'annuler la décision litigieuse, estimant, entre autres, que la Commission n'avait pas méconnu ni la qualification ni les effets d'une convention de portage par laquelle Lagardère confiait à un tiers (NBP) le portage des actifs rachetés à Vivendi, en attendant la décision d'autorisation de la Commission. Une partie du présent pourvoi était fondé sur les prétendues erreurs commises par le Tribunal dans cette appréciation. Dans son pourvoi, Odile Jacob soulevait en effet quatre moyens. Le premier moyen était tiré d'une erreur de droit dans l'appréciation de la notion de concentration et dans la qualification de l'opération de portage, à savoir l'opération par laquelle les actifs cibles ont été cédés à NBP. Le deuxième moyen était relatif à une erreur de droit en ce que le Tribunal n'aurait pas tiré les conséquences juridiques des violations procédurales commises par la Commission. Le troisième moyen visait une erreur de droit en ce que le Tribunal n'aurait pas tiré les conséquences juridiques d'un défaut de motivation. Enfin, le quatrième moyen était relatif à la méconnaissance des critères pertinents pour l'appréciation du renforcement d'une position dominante et du caractère approprié des engagements. La Cour a regroupé les deux premiers moyens pour apporter sa réponse (§ 25). Elle commence par relever que le Tribunal avait valablement conclu (point 164 de l'arrêt attaqué) que l'opération de portage en cause qui avait permis à Lagardère d'acquérir, dès le mois de décembre 2002, le contrôle unique ou conjoint, avec NBP, des actifs cibles, ne pouvait avoir affecté la légalité de la décision litigieuse. Il avait donc valablement pu rejeter le moyen comme étant inopérant.

L'éventuelle violation de l'obligation de suspension de l'opération n'affecte pas la compatibilité de l'opération

En effet, comme l'explique la Cour, le recours avait pour objet l'annulation de la décision en ce qu'elle déclarait l'opération compatible avec le marché commun. Or, à supposer même, comme le prétendait les requérants que le contrôle conjoint avait été acquis dès décembre 2002, l'existence d'un tel contrôle à cette date, n'était pas de nature à remettre en cause la compatibilité de l'opération, mais simplement, le cas échéant, la constatation de la réalisation prématurée, non autorisée par le règlement n° 4064/89, de cette opération (§ 37). Or ce manquement exposait l'acquéreur à des amendes et astreintes mais non à l'incompatibilité de la concentration, comme il peut être déduit de l'article 7, § 5 du règlement de base. Dès lors « tous les moyens et les arguments de la requérante concernant les effets éventuels de l'opération de portage sont, dès lors, également inopérants » (§ 41). Quant au troisième moyen selon lequel le Tribunal aurait dû sanctionner l'absence de motivation de la décision litigieuse en ce qui concerne la qualification de l'opération de portage, la Cour fait valoir que le raisonnement d'Odile

Jacob repose sur la prémisse selon laquelle la qualification de cette opération aurait une incidence sur la légalité de la décision litigieuse. Or, la réponse au moyen précédent venait de montrer qu'il n'existait pas de lien entre les deux. De surcroît, et s'agissant plus précisément de l'argument relatif au défaut de motivation de la décision litigieuse, la Cour rappelle sa jurisprudence constante selon laquelle, la Commission n'est pas tenue dans sa décision de reprendre tous les éléments qui lui semblent manifestement secondaires ou hors de propos pour l'appréciation de la compatibilité de l'opération (§ 48 et CJCE 10 juillet 2008, aff. C-413/06 P, Bertelsmann et Sony Corporation of America c/ Impala, Rec. p. I-4951, points 167-168 ainsi que jurisprudence citée). En matière de concentration, la seule exigence de motivation est celle qui contraint la Commission à exposer les raisons pour lesquelles elle considère que la concentration en question, le cas échéant après modifications apportées par les entreprises concernées est compatible avec le marché commun (§ 49). Le moyen est donc rejeté.

L'objet du contrôle est de maintenir une concurrence effective sur le marché et non d'établir une concurrence parfaite

Enfin, le quatrième moyen se subdivisait en deux branches. La première faisait valoir qu'en considérant que le démantèlement d'Éditis était sans influence sur l'appréciation de la compatibilité de l'opération de concentration en cause avec le marché commun, la Commission n'aurait pas apprécié avec pertinence la création ou le renforcement d'une position dominante sur le marché concerné. À cela la Cour répond, de manière abrupte, qu'il n'appartient pas à la Commission, « comme voudrait le faire entendre la requérante, de mettre en place un système de concurrence parfaite et de décider, à la place des acteurs économiques, qui devrait opérer sur le marché » (§ 67). L'article 2, § 1 sous a) ne vise que le contrôle du maintien d'une concurrence effective. L'argument représente évidemment ici l'écho en 2012, d'une solution acquise en droit antitrust depuis le siècle dernier (*cf.* par exemple : CJCE, 13 février 1979, aff. 85/76, Hoffmann-La Roche, Rec. p. 461, point 38). Mais surtout, le moyen semblait manqué en fait. En effet, le Tribunal n'avait pas exclu par principe que l'affaiblissement, par démantèlement, de l'une des deux entreprises formant un duopole non dominant sur le marché puisse aboutir à la création ou au renforcement d'une position dominante de l'autre (points 285-287 de l'arrêt attaqué). Plus précisément « il convient de relever que, au point 290 de l'arrêt attaqué, le Tribunal a estimé que le démantèlement d'Éditis n'est pas étayé et il a ajouté, au point 293 de cet arrêt, que, en tout état de cause, la capacité concurrentielle de Nouvel Éditis dépend de la capacité du repreneur des actifs rétrocédés à maintenir ou à développer une concurrence effective. Le seul fait qu'Éditis aurait été démantelée ne constitue pas, en soi, un critère susceptible de faire constater son affaiblissement potentiel sur le marché » (§ 71 soulignement ajouté).

Le repreneur n'avait pas à être l'un des concurrents présents sur le marché dans la mesure où les actifs cédés étaient parfaitement viables

Quant à la dernière branche, selon laquelle le Tribunal aurait commis une erreur dans son appréciation des engagements relatifs à la capacité d'un repreneur financier, la Cour y répond en plusieurs temps. D'abord en rappelant qu'en vertu du règlement de base, comme à la communication de la Commission sur les mesures correctives (point 49), ce n'est pas à cette dernière de sélectionner un repreneur, mais plus exactement de vérifier que celui proposé par le repreneur répond aux conditions exigées, et à l'agréer ou pas (§ 76). En l'espèce, la Cour estime que le Tribunal a bien vérifié que la Commission elle-même avait constaté que le repreneur répondait aux conditions posées par le point 10 des engagements de Lagardère et que le fait que ce soit un établissement financier ne préjugeait en rien de sa capacité de maintenir un concurrent efficace sur le marché, « même si un repreneur financier ne dispose pas d'une expérience préalable sur le marché concerné, il pourrait conserver les dirigeants en place de l'entité cédée ou même s'adjoindre d'autres compétences disponibles dans le secteur en cause » (§ 78). Enfin, Odile Jacob alléguait que la viabilité de ces actifs dépendait de l'identité du repreneur dans la mesure où il devait être un concurrent au moins aussi efficace que Lagardère pour éviter que la perturbation inéluctable de l'équilibre duopolistique n'aboutisse sur le marché à la création d'une position dominante pour la nouvelle entité. Or le Tribunal, aux points 290-291 de l'arrêt attaqué, avait bien constaté qu'Editis était un opérateur viable, actif sur les marchés en cause, doté de toutes les ressources nécessaires pour concurrencer activement Lagardère. La nomination d'un acquéreur initial n'était donc pas nécessaire pour sauvegarder la viabilité des actifs. En réalité par cet argument, comme avec le suivant (relatif au caractère approprié des engagements de Lagardère), la Cour relève que « Odile Jacob, sous couvert d'une prétendue erreur de droit, vise en réalité à contester l'appréciation factuelle que le Tribunal a effectuée » (§ 84). Or, la Cour, en tant que juge de cassation, n'est pas compétente, pour apprécier les faits, sauf dénaturation de ces derniers. La requérante n'apportait pas la preuve d'une telle dénaturation mais se bornait à critiquer l'appréciation portée par le Tribunal sur les faits. Elle reprochait ainsi, en réalité, au Tribunal son analyse de l'adéquation des remèdes retenus par la Commission relatifs aux effets de portefeuille et conglomeraux de l'opération de concentration en cause à la suite des cessions consenties par Lagardère. Cette branche du moyen a donc été déclaré irrecevable (§ 87), alors que la première branche était non fondée. Aucun des moyens n'ayant été reçus, la Cour a rejeté le pourvoi.

D. Berlin

Concurrences N° 1-2013, Art. N° 50580, p. 128

1.1.1.2 Participation minoritaire

Trib. UE, 6 juill. 2010, Aer Lingus Group, T-411/07

Le Tribunal de l'Union européenne juge que la Commission européenne n'est pas compétente pour ordonner la cession de la totalité des actions acquises à l'occasion d'une offre publique d'achat qui a été interrompue avant d'avoir été réalisée.

De la passion, il y en a, dans cette histoire irlandaise. Trois jours après l'introduction sur la bourse de Dublin (le « Irish Stock Exchange ») de la compagnie aérienne nationale irlandaise Aer Lingus, son grand concurrent à bas prix Ryanair lance une offre publique hostile sur l'intégralité de son capital.

Voilà donc l'accueil plutôt violent et ambitieux fait par Ryanair à Aer Lingus sur la bourse de Dublin. Tellement ambitieux, d'ailleurs, qu'après un examen approfondi, la Commission européenne en a fait sa vingtième décision d'interdiction depuis l'introduction du contrôle communautaire des concentrations en 1991 (Déc. Com., 27 juin 2007, Ryanair / Aer Lingus, aff. COMP/M.4439 ; confirmée par Trib. UE, 6 juill. 2010, Ryanair c/ Commission, T-342/07).

La question posée par l'arrêt rapporté est celle du traitement des suites de l'interdiction d'une offre publique par la Commission européenne.

Dans certains cas, le traitement est radical, puisque l'initiateur de l'offre publique doit revendre toutes les actions qu'il a achetées. C'est la solution qui a été retenue par la Commission après l'interdiction de l'offre publique d'achat de Tetra Laval sur Sidel (Déc. Com., 30 janvier 2002, Tetra Laval/Sidel, aff. COMP/M.2416). La Commission peut également exiger la cession de l'essentiel des titres et accepter que l'acquéreur en conserve un nombre très limité. Après l'interdiction de l'offre publique d'échange de Schneider sur les titres de Legrand, la Commission avait autorisé Schneider à conserver moins de 5 % du capital de Legrand (Déc. Com., 30 janvier 2002, Schneider/Legrand, aff. COMP/M.2283). Pourquoi moins de 5 % et non pas 10 ou 15 % ? Tout d'abord parce qu'une participation supérieure à 5 % aurait été de nature à avoir des effets négatifs sur la concurrence en raison de la concentration des marchés concernés (cette analyse reposait sur le calcul de l'indice HHI). Par ailleurs, la Commission ne voulait pas que Schneider ait la faculté, à l'avenir, d'empêcher une éventuelle offre publique de retrait de l'acquéreur.

Inspirée par ces précédents, Aer Lingus ne voulait pas se contenter d'une demi-victoire. Elle considérait donc que la Commission ne devait pas se limiter à interdire l'offre publique de Ryanair, mais qu'elle devait exiger d'elle la cession de toutes les actions qu'elle détenait par ailleurs dans Aer Lingus.

Chronologie des acquisitions de titres d'Aer Lingus par Ryanair

Pour bien comprendre la situation, il faut d'abord s'arrêter un instant et reprendre la chronologie des événements. L'enchaînement est plutôt rapide et agressif. Le 2 octobre 2006, Aer Lingus est introduite en bourse à Dublin. Le 5 octobre, Ryanair annonce son intention de déposer une offre publique d'achat sur l'intégralité du capital d'Aer Lingus, ce qu'elle fait le 23 octobre 2006. Entre-temps, à partir du 2 octobre, Ryanair a déjà commencé à ramasser des actions sur le marché, et elle ne cessera pas de le faire, même après la notification de l'opération à la Commission le 30 octobre. Ce n'est qu'à compter de l'engagement de la procédure d'examen approfondi, en d'autres termes, à compter de l'engagement en phase 2 le 20 décembre 2006, que Ryanair cessera, le temps de la procédure, d'acheter des actions d'Aer Lingus en marge de son offre publique. Au jour de l'engagement en phase 2, Ryanair disposait déjà de 25,17 % d'Aer Lingus. Après l'interdiction de l'opération le 27 juin 2007, Ryanair a même continué d'acheter des actions en portant sa participation à 29,3 % d'Aer Lingus.

Caducité de l'offre au moment de l'ouverture d'une phase 2

Le deuxième élément de contexte essentiel dans ce dossier intervient le jour de l'engagement en phase 2. Il tient au fait que le droit boursier irlandais frappe de caducité les offres publiques soumises à un examen approfondi de la Commission au titre du contrôle des concentrations. Ce mécanisme n'est pas unique. En France, il a été introduit sous une forme facultative dans le règlement général du Conseil des marchés financiers en 2002 et a été repris à l'article 231-11 du règlement général de l'Autorité des marchés financiers. En France, il est donc possible de conditionner une offre publique à l'absence d'engagement en phase 2. La portée de la caducité de l'offre au moment de l'ouverture de la phase 2 est essentielle dans l'affaire rapportée. Dès cet instant, l'offre n'existait plus que sous la forme d'une intention déclarée et publiquement exprimée par Ryanair de déposer une nouvelle offre si et lorsque la Commission aura autorisé la concentration. Ce n'était plus qu'une promesse d'offre future, conditionnée par une autorisation de la Commission européenne que Ryanair n'a jamais eue.

Avec une offre publique caduque, Ryanair était donc dans une situation tout à fait différente de celle de Schneider pour l'acquisition de Legrand ou de celle de Tetra Laval pour l'acquisition de Sidel. Ces deux entreprises avaient fixé les paramètres de leur opération en privilégiant la vitesse sur le risque d'une interdiction au titre du droit de la concurrence. Le fait que cela ait été possible pour Schneider et pour Tetra Laval tient à ce que le contrôle communautaire des concentrations, comme d'ailleurs le contrôle français des concentrations, permet à l'initiateur d'une offre publique, s'il le souhaite, de déroger au principe essentiel suivant lequel une concentration ne peut pas être réalisée avant d'avoir été autorisée par la Commission (le Tribunal considère que l'obligation de suspension est même « l'un des principes fondateurs » du règlement sur les concentrations). Là où toutes les autres opérations de concentration doivent être suspendues, lorsqu'il s'agit d'une offre publique, le paiement et le transfert des titres sont autorisés par l'article 7, paragraphe 2 du règlement n° 139/2004, à condition de ne pas utiliser les droits de vote qui leur sont associés. Mais puisqu'on n'a rien sans rien, le prix de cet avantage est celui d'un transfert du risque de l'interdiction sur l'acquéreur : si l'opération est interdite, il doit revendre, dans des conditions qui ne sont pas toujours favorables (CJCE, 19 juillet 2009, Commission c/ Schneider Electric, aff. C-440/07 P).

La situation dans laquelle se trouvait Ryanair était donc entièrement différente de celle dans laquelle s'étaient trouvées, en 2002, Schneider et Tetra Laval, puisque ces dernières avaient mené leurs offres publiques jusqu'à leur terme avant la décision d'interdiction de la Commission, alors que l'offre publique de Ryanair avait été déclarée caduque au jour de l'engagement en phase 2. Avec des motifs différents, la punition ne pouvait pas être la même. Le Tribunal a donc posé soigneusement les termes de son syllogisme. Pour la majeure, il a observé que les deux conditions posées pour intervenir au titre de l'article 8, paragraphe 4 du règlement sur les concentrations étaient, d'une part, l'existence d'une concentration « qui a déjà été réalisée » et, d'autre part, le fait que cette opération « ait été déclarée incompatible avec le marché commun ». Le Tribunal a poursuivi en observant que si l'opération avait bien été déclarée incompatible, elle n'avait pas été réalisée, puisque Ryanair ne disposait, ni en droit ni en fait, de la possibilité de contrôler Aer Lingus. La position du Tribunal est claire : il n'y a pas concentration sans acquisition de contrôle et « sans acquisition de contrôle, la Commission ne dispose pas du pouvoir de dissoudre ladite concentration ». La conclusion du Tribunal a la force de l'évidence : on ne dissout pas une concentration qui n'existe pas !

Pour arriver à cette conclusion, le Tribunal a cependant dû répondre aux objections soulevées par Aer Lingus qui sont intéressantes par les questions qu'elles posent et dont certaines continuent d'ailleurs à nous interroger.

Le ramassage et l'offre publique constituent-ils une opération unique ?

Le premier argument d'Aer Lingus partait en substance de ce qui lui apparaissait comme une contradiction dans le raisonnement de la Commission. Cette dernière avait en effet jugé que les actions ramassées par Ryanair avant et pendant l'offre publique constituaient une concentration unique avec l'offre elle-même au sens de l'article 3 du règlement sur les concentrations. Si le ramassage des actions et l'offre publique constituaient une seule et même concentration, l'interdiction de l'offre publique ne devait-elle pas s'appliquer également aux actions acquises avant et pendant l'offre ? Formulé un peu différemment, s'il y avait opération unique, le ramassage de 25,17 % des actions d'Aer Lingus ne constituait-il pas une réalisation partielle de l'opération et n'y avait-il pas là matière à dissolution pour la Commission au titre de l'article 8, paragraphe 4, du règlement sur les concentrations ?

Importance du moment pertinent pour interpréter l'article 8, paragraphe 4

S'appuyant sur une interprétation textuelle claire et sur le syllogisme déjà évoqué, le Tribunal introduit une dimension temporelle essentielle pour apprécier la notion d'opération unique dans ce contexte : « il importe de se placer au moment pertinent défini par l'article 8, paragraphe 4 du règlement sur les concentrations ». Le moment pertinent lorsque la Commission utilise l'article 8, paragraphe 4 suit le moment où l'opération « a été déclarée incompatible avec le marché commun ». À ce moment, l'offre publique initiale était caduque et, avec 25,17 % de son capital, Ryanair ne contrôlait pas Aer Lingus.

L'interprétation du Tribunal est habile et convaincante, mais cette notion d'opération qui est une concentration unique pendant l'examen de l'opération et qui ne l'est plus après son interdiction déstabilise tout de même un peu.

Le Tribunal se montre cependant pédagogue et explique les raisons de cette qualification évolutive. Il précise que dans le contexte d'une opération en deux parties comme en l'espèce, la Commission utilise la notion de concentration unique « pour limiter le risque de se retrouver dans une situation où une décision d'incompatibilité nécessiterait d'être complétée par une décision de dissolution destinée à mettre fin à l'obtention du contrôle intervenue avant que la Commission ne se prononce sur ces effets anticoncurrentiels ». Il ajoute qu'en l'espèce, lorsque la Commission a demandé à Ryanair de ne pas exercer les droits de vote attachés à sa participation de 25,17 % alors même que cette participation ne lui conférait aucun contrôle sur Aer Lingus, la Commission ne faisait que « demander à cette entreprise d'éviter de se mettre dans une situation où elle réaliserait une concentration qui devrait donner lieu à une mesure adoptée sur la base de l'article 8, paragraphes 4 et 5, en cas de décision d'incompatibilité ».

En l'espèce, Ryanair n'ayant pas exercé les droits de vote attachés à sa participation de 25,17 %, il n'y avait pas eu de réalisation partielle de la concentration unique et la Commission était donc incompétente pour ordonner la dissolution d'une concentration qui n'avait été réalisée, ni entièrement, ni même partiellement.

Aer Lingus avait soulevé d'autres arguments qui nous font un peu sortir du strict champ de notre chronique sur le contrôle des concentrations – mais il faut reconnaître que les frontières avec les pratiques anticoncurrentielles ne sont pas toujours parfaitement hermétiques.

Interférence du minoritaire et coordination des comportements

Sans aller jusqu'à prétendre être contrôlée par Ryanair, l'un des arguments d'Aer Lingus était qu'avec une participation de 29,3 %, Ryanair avait une « possibilité importante d'interférer dans sa gestion et dans sa stratégie commerciale » et que Ryanair avait d'ailleurs utilisé cette participation « pour tenter d'avoir accès au plan stratégique confidentiel et aux secrets d'affaires d'Aer Lingus ». Notant que puisqu'Aer Lingus avait su résister aux inconvénients d'une relation tendue entre la direction d'Aer Lingus et de Ryanair, le Tribunal a jugé que ces questions ne relevaient pas de la compétence de la Commission et que s'il y avait eu échange d'informations, ce qui ne semble pas avoir été le cas, cette question relevait éventuellement de l'article 81 CE (devenu article 101 TFUE) sans être la conséquence directe de la participation minoritaire.

Un autre argument d'Aer Lingus pour obtenir une décision obligeant Ryanair à céder sa participation minoritaire était fondé d'une analyse des risques pour le fonctionnement de la concurrence d'une coordination des comportements induite par la participation à hauteur de près de 30 % d'une entreprise dans une autre sur un marché duopolistique. Aer Lingus soutenait que Ryanair serait moins incitée à concurrencer une société aux bénéfices de laquelle elle serait intéressée. Si la proposition n'était pas inintéressante dans l'absolu, on pourrait la voir comme suggérant de nouveaux critères pour une qualification de position dominante collective, qui se limiterait au constat d'une structure du marché oligopolistique (ou duopolistique) et au fait qu'un acteur détienne une participation non amicale mais significative chez son concurrent. Sans aller jusqu'à ce degré de précision, le Tribunal s'est borné à relever que depuis l'entrée de Ryanair dans le capital d'Aer Lingus, Ryanair avait ouvert de nouvelles liaisons sur des lignes antérieurement réservées à Aer Lingus et avait augmenté le nombre de ses vols sur d'autres lignes où les deux compagnies étaient déjà en concurrence frontale montrant là, par son mouvement, que l'hypothèse d'une concurrence ramollie n'était pas vérifiée dans les faits. Le Tribunal a également jugé qu'ordonner un désinvestissement pour la simple raison qu'une participation minoritaire pourrait représenter un risque théorique sur le plan économique ne relèverait pas des compétences de la Commission en matière de contrôle des concentrations.

Enfin, il n'est probablement pas nécessaire de s'attarder sur une question de nature plus procédurale. Aer Lingus reprochait à la Commission de ne pas avoir répondu à sa demande d'interprétation de l'article 21, paragraphe 3, du règlement sur les concentrations qui dispose que : « Les États membres n'appliquent pas leur législation nationale sur la concurrence aux concentrations de dimension communautaire ». L'objectif d'Aer Lingus était d'obtenir de la Commission une décision interprétant ce texte et précisant que, malgré la décision d'incompatibilité adoptée par la Commission, les autorités nationales pouvaient être compétentes et appliquer leur droit national de la concurrence pour connaître de la seule acquisition de 25,17 %, « une fois cette participation isolée de l'OPA ».

La Commission avait refusé de fournir une telle interprétation de l'article 21, paragraphe 3, du règlement sur les concentrations dans la mesure où cet article ne confère aucun pouvoir de décision à la Commission et que celle-ci ne pouvait donc rendre une décision d'interprétation sur le fondement de cet article qui aurait nécessairement affecté la situation juridique d'Aer Lingus.

Le Tribunal, tout en confirmant la position exprimée par la Commission, rappelle toutefois ce que l'on savait déjà : « En l'absence de concentration de dimension communautaire, les États membres restent libres, en effet, d'appliquer leur législation nationale sur la concurrence à la participation de Ryanair dans le capital d'Aer Lingus selon les règles prévues à cet égard » mais ne précise en revanche pas si l'acquisition de 25,17 % « une fois cette participation isolée de l'OPA » du fait de la décision d'incompatibilité, redevenait une opération pouvant relever du contrôle des concentrations des États membres.

L'Office of Fair Trading, l'autorité britannique de concurrence, a cependant considéré que la réponse à cette question devait être positive puisqu'elle a annoncé le 29 octobre 2010 examiner si cette acquisition minoritaire pouvait relever du contrôle des concentrations britannique.

Typologie des offres publiques et obligations de cession après interdiction par la Commission

L'arrêt rapporté a donc un grand avantage, en ce qu'il pose des règles relativement simples pour traiter des suites d'une offre publique d'achat interdite au titre du contrôle des concentrations.

Trois situations peuvent se présenter. La première est celle des affaires Schneider c/ Legrand et Tetra Laval c/ Sidel où l'offre publique a été menée à son terme avant l'interdiction par la Commission. Dans ce cas, la Commission peut exiger la revente de toutes les actions acquises, qu'elles aient été acquises directement au moyen de l'offre publique, qu'elles aient été ramassées ou qu'elles aient fait l'objet d'une acquisition de bloc. La question n'a pas été traitée, mais on peut considérer que seules des actions qui avaient été acquises suffisamment longtemps avant l'offre publique pour ne pas constituer avec elle une opération unique, peuvent être conservées. La deuxième situation est celle de Ryanair. Puisque l'offre publique n'est pas arrivée à son terme et puisque cette dernière n'a pas exercé les droits de vote des actions qu'elle avait ramassées avant ou pendant l'offre, ces actions peuvent être conservées, puisqu'il n'y a pas de réalisation partielle. La troisième situation serait celle d'un initiateur de l'offre qui aurait été dans la situation de Ryanair mais qui aurait exercé les droits de vote attachés à sa participation minoritaire. Le Tribunal considère que cela aurait pu constituer la réalisation partielle d'une concentration unique et aurait donc donné compétence à la Commission pour ordonner la dissolution de la concentration partiellement réalisée.

Le praticien et l'initiateur d'une offre publique qui, comme Ryanair, est suffisamment patient pour ne pas exercer les droits de vote des actions qu'il a ramassées, apprécieront la solution pragmatique donnée par le Tribunal. La question du fondement théorique de la solution retenue par le Tribunal n'est cependant peut-être pas complètement tranchée et on ne peut s'empêcher de se demander pourquoi le fait de ne pas exercer les droits de vote des actions ramassées sur le marché, ce n'est pas réaliser l'opération ; alors que le transfert des titres qui font l'objet de l'offre publique, sans en utiliser les droits de vote, imposerait une décision de déconcentration. Si nous ne trouvons pas la réponse à cette question d'ici là, la Cour nous la fournira peut-être.

J.-M. Cot, A. Blanchet
Concurrences N° 4-2010, Art. N° 32934, p. 162

Voir aussi, sur les origines de l'affaire

Comm. CE, 27 juin 2007, Ryanair / Aer Lingus, COMP/M. 4439

S. Martin, Décision d'interdiction : La Commission européenne interdit une concentration dans le secteur du transport aérien en l'absence de remèdes possibles (Ryanair/Aer Lingus), 29 janvier 2008, Concurrences N° 1-2008, Art. N° 15325, p. 137.

TPICE (ord.), 18 mars 2088, Aer Lingus, T-411/07 R

P. Cardonnel, Mesures provisoires : Le TPICE juge que l'exercice par un actionnaire minoritaire de ses droits de vote ne risque pas de causer un préjudice grave et irréparable à la société dont il ne détient pas le contrôle (Aer Lingus), 18 mars 2008, Concurrences N° 2-2008, Art. N° 16770, p. 155.

1.1.1.3 Transformation d'une filiale

CJUE, 7 sept. 2017, Austria Asphalt, C-248/16

La Cour de justice de l'Union européenne considère que la prise de contrôle conjoint sur une activité existante auparavant détenue de manière exclusive ne constitue une concentration que pour autant que l'entreprise désormais commune soit de plein exercice.

Le 7 septembre 2017, la Cour de justice de l'Union européenne a rendu un arrêt particulièrement important en matière de contrôle des concentrations, interprétant, dans le cadre d'une question préjudicielle, la notion de « concentration » inscrite à l'article 3 du règlement n° 139/2004 relatif au contrôle des concentrations (« le règlement n° 139/2004 »). La question qui lui était posée était celle de la qualification de la constitution d'entreprises communes à partir d'activités préexistantes.

Les faits, tels que rapportés par la juridiction de renvoi, sont les suivants : Teerag Asdag AG, société du groupe Porr, détient et exploite une centrale de mixage d'asphalte à Mürzzuschlag (contrairement à ce que les produits en cause et le nom barbare pourraient laisser penser, il s'agit d'une petite bourgade bucolique du Land de Styrie). La majeure partie de la production de cette usine était destinée au groupe Porr. Austrian Asphalt est une autre société autrichienne exploitant une activité de construction dans le domaine de la voirie.

Teerag Asdag AG et Austrian Asphalt ont décidé de créer une société dont elles détiendraient chacune 50 % du capital et qu'elles contrôleraient conjointement. Cette société achèterait la centrale de Mürzzuschlag, dont la majeure partie de la production serait destinée aux groupes auxquels ses mères appartiennent (désormais, Porr et Austrian Asphalt).

Austrian Asphalt a notifié la création de cette entreprise commune aux autorités autrichiennes de la concurrence en vertu du droit autrichien. Celles-ci ont, *in fine*, considéré que cette opération constituait une opération de concentration au sens de l'article 3, paragraphe 1, sous b, du règlement n° 139/2004. Dès lors, selon les autorités autrichiennes, cette opération relevait de la compétence exclusive de la Commission européenne, et non de leur compétence.

Austrian Asphalt a attaqué cette décision devant l'Oberster Gerichtshof (Cour suprême autrichienne), en soutenant qu'en l'absence de création d'une entreprise commune de plein exercice au sens de l'article 3, paragraphe 4, du règlement n° 139/2004, l'opération ne donnait lieu à aucune « concentration » au sens de ce règlement, de sorte que la Commission européenne était incompétente.

La question soulevée est donc celle de savoir si l'apport de la centrale de mixage d'asphalte à une société nouvellement créée et contrôlée conjointement par Austrian Asphalt et le groupe Porr (i) constituaient un changement de contrôle sur une activité existante au sens de l'article 3, paragraphe 1, sous b), du règlement n° 139/2004, ou (ii) relevait de la création d'une entreprise commune de plein exercice au sens de l'article 3, paragraphe 4, du règlement n° 139/2004. Dans le premier cas, il se serait agi en tout état de cause d'une opération de concentration. Dans le second cas, il ne pouvait s'agir d'une concentration que pour autant que l'entreprise commune soit de plein exercice.

En d'autres termes, la question posée est celle de savoir si l'article 3, paragraphe 4, du règlement n° 139/2004, qui ne vise explicitement que la création d'entreprise de plein exercice, ne s'applique qu'aux entreprises communes dites « greenfield » (c'est-à-dire une entreprise commune dont l'activité est créée *ex nihilo* au moment de sa constitution) ou s'il s'applique également à la constitution d'une entreprise commune à partir d'activités préexistantes.

L'Oberster Gerichtshof a décidé de renvoyer à la Cour de justice la question préjudicielle suivante : « l'article 3, paragraphe 1, sous b), et paragraphe 4 du [règlement n° 134/2004] doit-il être interprété en ce sens que le passage d'un contrôle unique à un contrôle commun sur une entreprise déterminée, à l'occasion duquel l'entreprise exerçant auparavant seule le contrôle conserve une participation en exerçant conjointement le contrôle, n'entraîne une concentration que si l'entreprise [cible] présente de manière durable toutes les fonctions d'une entité économique autonome ? ».

Premièrement, la Cour de justice constate que le libellé de l'article 3 du règlement n° 139/2004 ne permet pas de déterminer s'il existe une concentration en cas de passage d'un contrôle exclusif à un contrôle conjoint d'une entreprise commune qui n'accomplit pas toutes les fonctions d'une entité économique autonome. D'une part, une telle opération pourrait impliquer un changement durable du contrôle de l'entreprise qui en est l'objet, auquel cas elle constituerait une concentration au sens de l'article 3, paragraphe 1, sous b) du règlement n° 139/2004. D'autre part, elle pourrait constituer la création d'une entreprise commune mais qui n'étant pas de plein exercice, ne constituerait pas une concentration au sens de l'article 3, paragraphe 4, du règlement n° 139/2004.

Deuxièmement, et afin de trancher la question, la Cour a interprété le texte du règlement n° 139/2004 à la lumière de sa finalité et de son économie générale.

Tout d'abord, la Cour note qu'il résulte des considérants du règlement n° 139/2004 que l'objectif de ce règlement est de contrôler toutes les concentrations susceptibles d'entraver de manière significative la concurrence dans le marché intérieur. Elle relève ensuite que les considérants du règlement n° 139/2004 n'établissent aucune distinction selon que l'entreprise dont le contrôle est modifié (i) est nouvellement créée ou (ii) préexiste mais passe d'un contrôle exclusif à un contrôle conjoint. De plus, la Cour note que si la création d'une entreprise commune doit être contrôlée par la Commission au regard de ses effets sur la structure du marché, la survenance de tels effets dépend de l'apparition effective de la présence de l'entreprise commune sur le marché. En d'autres termes et en creux, le contrôle de la Commission est inutile lorsque la constitution d'une entreprise commune n'est pas de plein exercice car elle ne peut alors avoir d'effet sur la structure du marché. Enfin, la Cour note que considérer que la constitution d'une entreprise commune serait soumise au contrôle des concentrations indépendamment de son caractère de plein exercice conduirait à une différence de traitement entre la création d'entreprises communes greenfield (elles ne seraient soumises au contrôle des concentrations que si elles sont de plein exercice) et la prise de contrôle conjointe d'une entreprise préexistante (qui serait soumise au contrôle des concentrations indépendamment de son caractère de plein exercice).

Troisièmement, la Cour prend soin de souligner que la constitution d'une entreprise commune par l'apport d'activités préexistantes peut emporter un risque de coordination entre les sociétés-mères. Dans ce cadre, la constitution d'une telle entreprise commune peut relever de l'application de l'article 101 du Traité sur le fonctionnement de l'Union européenne.

Ainsi, la Cour répond à l'Oberster Gerichtshof que « l'article 3 du [règlement n° 139/2004] doit être interprété en ce sens qu'une concentration n'est réputée réaliser à l'issue du changement de la nature du contrôle exercé sur une entreprise existante qui, antérieurement exclusif, devient conjoint, qu'à la condition que l'entreprise commune issue d'une telle opération accomplisse de manière durable toutes les fonctions d'une entité économique autonome ».

Par cet arrêt, la Cour vient donc clarifier de façon salutaire une question qui a souvent défrayé la chronique et donné lieu à de nombreux échanges avec la Commission pour l'application du règlement n° 139/2004. Quel avocat en droit de la concurrence ne s'est pas un jour retrouvé à tenter de déterminer si la constitution d'une entreprise commune relevait d'une opération greenfield ou non, afin de savoir s'il convenait d'expliquer à la Commission pourquoi une telle entreprise commune présenterait un caractère de plein exercice ?

L'arrêt de la Cour est donc particulièrement bienvenu en ce qu'il met fin à un long débat et fournit de la sécurité juridique.

Que la clarification soit bienvenue est certain, mais va-t-elle dans le bon sens, du point de vue des entreprises ? La solution retenue permet d'éviter de notifier, en vertu du règlement n° 139/2004, toutes les constitutions d'entreprises communes non greenfield dans la mesure où elles ne constituent pas une entreprise commune de plein exercice. L'allègement des charges administratives qui en découle pour les entreprises – et la rapidité de mise en œuvre des concentrations – peut être positif. Il s'accompagne toutefois d'un aléa tenant à l'application de l'article 101 du Traité sur le fonctionnement de l'Union européenne pour toutes les entreprises communes qui ne sont pas de plein exercice. À chaque fois que le marché en cause sera concentré, ou suffisamment transparent, par exemple, les sociétés-mères pourraient ainsi se retrouver face à une incertitude juridique.

G. Fabre, O. Billard
Concurrences N° 4-2017, Art. N° 85034, p. 127

Voir aussi, sur les conclusions de l'Avocat général

J.-F. Bellis, Entreprise commune de plein exercice : L'Avocat général Kokott conclut que l'opération visant à faire passer une entreprise, existant jusque-là sous le contrôle d'un seul groupe, sous le contrôle commun de deux groupes, ne constitue une concentration au sens du règlement CE n° 139/2004 que si l'entreprise commune résultant de cette transaction est une entreprise commune de plein exercice (Austria Asphalt), 27 avril 2017, Concurrences N° 3-2017, Art. N° 84524, pp. 107-108.

1.1.1.4 Notion d'entreprise concernée

Trib. UE, 5 oct. 2020, HeidelbergCement, Schwenk Zement, T-380/17

Le Tribunal de l'Union européenne confirme en tous points la décision de la Commission européenne interdisant la concentration entre plusieurs cimentiers, apporte des précisions quant à la notion d'entreprise concernée lorsque l'acquisition est réalisée – par une entreprise commune de plein exercice et confirme une interprétation large du critère de l'affectation substantielle du commerce entre États membres.

La jurisprudence en matière de contrôle des concentrations est d'autant plus scrutée que les contentieux y sont rares. Pourtant, l'année 2020 a permis au Tribunal de se prononcer à plusieurs reprises sur l'application du règlement n° 139/2004 par la Commission européenne dans des décisions d'interdiction. En particulier, par l'arrêt *CK Telecoms* du 28 mai 2020 (Trib. UE, 28 mai 2020, CK Telecoms, aff. T-399/16, EU:T:2020:217), le Tribunal a créé un débat sur le standard de preuve au regard du test de l'entrave significative à une concurrence effective. Plus récemment, avec l'arrêt *HeidelbergCement* du 5 octobre 2020 (T-380/17), le Tribunal a apporté plusieurs précisions importantes. Si cette décision a soulevé moins d'émois que CK Telecoms, elle s'avère beaucoup plus importante pour la pratique du contrôle des concentrations, tant au niveau national qu'au niveau communautaire.

Éléments de contexte

L'opération analysée par la Commission puis le Tribunal consiste en l'acquisition par Duna-Dráva Cement [« DDC »], du contrôle exclusif de Cemex Croatia et de Cemex Hungary. L'une des spécificités de cette transaction tient à l'acquéreur. En effet, DDC est une entreprise commune de plein exercice co-contrôlée par HeidelbergCement et Schwenk Zement.

Dans un premier temps, la Commission a considéré que l'opération impliquait en réalité les sociétés-mères de DDC, HeidelbergCement et Schwenk Zement, lui conférant ainsi une dimension communautaire. Néanmoins, l'appréciation des effets de l'opération en Hongrie a été confiée à l'autorité hongroise de concurrence dans le cadre d'un renvoi partiel sur la base de l'article 4 (4) du règlement n° 139/2004.

Par la suite, la Commission a décidé d'ouvrir une phase II compte tenu des risques que faisait courir l'opération sur les marchés du ciment gris en Croatie. Les parties ont tenté de contester cette décision devant le Tribunal, mais celui-ci a déclaré les recours irrecevables. En effet, la décision d'ouvrir une phase II étant un acte intermédiaire, elle ne constitue pas un acte attaquable au sens du recours en annulation (Trib. UE, ord. 27 nov. 2017, HeidelbergCement et Schwenl Zement, aff. T-902/16 et aff. T-907/16, EU:T:2017:846 et EU:T:2017:858).

Le 5 avril 2017, la Commission a adopté une décision constatant l'incompatibilité de l'opération avec le marché intérieur en rejetant notamment les engagements proposés par les parties (Comm. eur., 5 avril 2017, HeidelbergCement / Schwenk / Cemex Hungary / Cemex Croatia, aff. M.7878).

L'arrêt du 5 octobre 2020 vient rejeter le recours formé par HeidelbergCement, Schwenk Zement et DDC contre cette décision.

Entreprises concernées : la difficile prise en compte des entreprises communes de plein exercice

La notion d'entreprise concernée est particulièrement stratégique dans cette affaire car elle détermine la compétence de la Commission pour apprécier l'opération. En effet, l'une des conditions nécessaires à ce que l'opération soit de dimension communautaire implique qu'au moins deux entreprises concernées réalisent un chiffre d'affaires dans l'Union européenne supérieur à 250 millions d'euros. En l'espèce, la cible n'atteignait pas ce seuil. Aussi, la Commission n'aurait pas disposé de la compétence pour contrôler l'opération si DDC et la cible avaient été les deux seules entreprises concernées. Cette analyse était défendue par les requérants depuis le début de la procédure administrative.

La décision de la Commission rejette cette position et considère que les entreprises concernées par l'opération sont, outre la cible, HeidelbergCement et Schwenk Zement, sociétés-mères de DDC. Ces deux entreprises disposent d'un chiffre d'affaires individuel dans l'Union européenne supérieur à 250 millions d'euros. Les seuils étant atteints, la Commission est compétente pour se prononcer sur l'opération.

Cette solution est semblable à celle retenue classiquement pour les véhicules d'acquisition. Bien souvent, les entreprises qui acquièrent un contrôle conjoint créent une société dont le seul objet est de réaliser la transaction. En pareille circonstance, les sociétés-mères doivent être regardées comme les entreprises concernées car elles sont réellement à la manœuvre, le véhicule d'acquisition n'ayant pas d'existence économique. Tant la communication consolidée sur la compétence que l'arrêt du Tribunal sont fermes sur ce principe, qui n'est au demeurant pas contesté.

La question est plus complexe lorsque l'acquisition est réalisée par une entreprise commune de plein exercice. Celle-ci jouit, par définition, d'une autonomie juridique et économique vis-à-vis de ses sociétés-mères. Dès lors, comment déterminer si la filiale commune acquiert la cible de sa propre initiative ou si elle est utilisée par ses mères comme un véhicule d'acquisition ? En réalité, le débat porte sur les rapports qu'entretiennent deux notions proches du droit de la concurrence : l'autonomie des entreprises communes de plein exercice d'une part et la notion d'entreprise d'autre part. Ce point a déjà fait l'objet de débats en ce qui concerne l'imputabilité des infractions. Le Tribunal a déjà conclu que l'autonomie de l'entreprise commune ne permet pas d'exclure l'influence déterminante et le contrôle des sociétés-mères (Trib. UE, 2 févr. 2012, Dow Chemical Company, aff. T-77/08, EU:T:2012:47).

Dans l'affaire en cause, le Tribunal adopte un raisonnement similaire en ce qui concerne la définition de l'entreprise concernée au sens du contrôle des concentrations et refuse toute règle de principe pour les acquisitions réalisées par des entreprises communes de plein exercice. Tout au contraire, le Tribunal invite la Commission à « tenir compte de la réalité économique des véritables acteurs de la concentration en fonction des circonstances de droit et de fait propres à chaque espèce. Ainsi, la détermination des entreprises concernées est nécessairement liée à la façon dont le processus d'acquisition a été initié, organisé et financé dans chaque cas individuel » (paragraphe 116). Pour réaliser cette analyse, le Tribunal relève que « la participation active des sociétés-mères à l'opération peut être déduite d'un faisceau global d'éléments de preuve concordants, même si aucun de ces éléments, pris isolément, n'est suffisant pour 'lever le voile' sur la réalité de l'opération » (paragraphe 122).

À la suite de la Commission, le Tribunal relève que HeidelbergCement a joué un rôle prépondérant dans le lancement de l'opération avant de conduire les négociations (mise en place et suivi du comité de pilotage, négociation des accords de confidentialité, organisation de la due diligence), et de soumettre les offres en accord avec Schwenk Zement. Pour autant, le Tribunal admet que DDC a financé l'opération à 20 % par ses fonds et a emprunté les 80 % restants. En outre, DDC a participé aux négociations à travers le comité de pilotage. Ces éléments ne font néanmoins pas obstacle à la qualification de HeidelbergCement et de Schwenk Zement comme entreprises concernées.

En somme, le Tribunal invite les entreprises et la Commission à la prudence dans les cas de « zones grises », c'est-à-dire lorsque la filiale commune est plus impliquée que ne le serait un simple véhicule d'acquisition, et que les sociétés-mères ont un rôle plus actif que celui d'un simple actionnaire.

Néanmoins, les règles dégagées par le Tribunal ne sont pas exemptes de critiques. En particulier, ainsi que le faisaient valoir les requérants, une analyse aussi complexe et détaillée pourrait être difficile à mettre en œuvre pour les parties et leurs conseils. Les règles de compétence doivent rester simples afin d'anticiper les obligations de notification. Le récent débat sur la réforme des seuils a témoigné de cet impératif. Or, l'analyse d'un faisceau global pourrait être ardue, d'autant que cet exercice aura lieu à un stade précoce, et alors même que certaines conditions de l'opération ne seront pas encore déterminées. Certains cas, comme celui analysé en l'espèce, pourraient donner lieu à des incertitudes.

Pour autant, l'incertitude quant aux « zones grises » existait déjà avant l'arrêt et les entreprises étaient alors bien avisées de se rapprocher de la Commission pour échanger sur une base informelle. Les indications apportées par le Tribunal viendront sans doute encourager et faciliter les échanges avec la Commission sur ce point.

Affectation du marché intérieur : de la définition géographique à la mesure d'une affectation substantielle

L'arrêt du Tribunal est également important en ce qu'il vient préciser la façon dont la Commission peut analyser l'impact d'une opération sur le marché intérieur tant au stade de la définition des marchés que de l'analyse concurrentielle.

En ce qui concerne les marchés géographiques, la Commission a défini des zones de chalandises de 250 km autour des cimenteries au sein desquelles avaient lieu 90 % des livraisons. Pour l'usine de Split, la Commission a modifié cette zone en tenant compte des distances routières réellement parcourues. Le Tribunal a validé cette approche en estimant que les conditions de concurrence sont suffisamment homogènes dans ces zones. En effet, les caractéristiques du ciment gris et de ses coûts de transport sont telles que la pression concurrentielle exercée par un fournisseur dépend de la distance qui le sépare de ses clients.

En ce qui concerne l'analyse concurrentielle, l'arrêt du Tribunal vient préciser la mise en œuvre du test SIEC (« *significant impediment to effective competition* »), et plus particulièrement la condition relative à l'affectation d'une partie substantielle du marché intérieur. En l'espèce, les requérants faisaient valoir que l'entrave à la concurrence relevée par la Commission était particulièrement limitée puisqu'elle concernait seulement une partie de la zone de chalandise autour de l'usine de Split. Le Tribunal rejette leur moyen et estime que « la notion d'entrave significative à une concurrence effective n'implique pas que toutes les parties des zones de chalandise (...) doivent être affectées de la même manière par cette entrave » (paragraphe 347). En outre, le Tribunal rappelle que les zones concernées (30 000 km^2 et plus de deux millions d'habitants) représentent une partie substantielle du marché intérieur dès lors qu'elles sont comparables et même supérieures à certains États membres. À ce propos, le Tribunal cite l'arrêt *Ambulanz Glöckner* (CJCE, 25 oct. 2001, Ambulanz Glöckner, aff. C-475/99, EU:C:2001:577) par lequel la Cour de justice a confirmé une interprétation très large du critère d'affectation du commerce entre États membres pour l'application des articles 101 et 102 TFUE. Dans cette affaire, la Cour de justice avait souligné que l'affectation peut être directe ou indirecte, actuelle ou potentielle. En outre, celle-ci peut se manifester du simple fait que les pratiques en cause empêchent ou limitent la venue de concurrents depuis d'autres États membres. Ce développement jurisprudentiel démontre une nouvelle fois qu'il est particulièrement difficile pour les entreprises et leurs conseils de produire des arguments tirés du défaut d'affectation du commerce intracommunautaire. En particulier, la comparaison avec les États membres les moins peuplés, si elle ne constitue pas un véritable seuil, instaure niveau de sensibilité très bas puisque Malte regroupe 450 000 habitants sur un peu plus de 300 km^2.

Si la preuve d'une absence d'affectation du commerce entre États membres peut être difficile à rapporter, les précisions du Tribunal rappellent une distinction importante. Le simple fait qu'une opération soit de dimension communautaire au regard des seuils de notification n'implique pas pour autant qu'une entrave significative à la concurrence effective affecte nécessairement le commerce entre États membres. Lorsque la transaction crée une menace d'entrave pour un État membre sans pour autant affecter le marché intérieur, la Commission doit renvoyer l'opération aux autorités nationales de ce dernier en accord avec l'article 9 (3) du règlement n° 139/2004 (Comm. eur., 20 avril 2015, Altice / PT Portugal, aff. M.7499).

Détermination des engagements : la recherche de remèdes adaptés et proportionnés

Au cours de la procédure administrative, les parties avaient proposé plusieurs engagements afin de répondre aux préoccupations de concurrence de la Commission. Elles étaient notamment prêtes à souscrire des obligations d'accès à un terminal cimentier jusqu'alors loué par la cible.

Cette proposition d'engagement était atypique. Des remèdes structurels sont généralement proposés en cas de chevauchement d'activités et permettent d'obtenir l'autorisation de la Commission. Des obligations d'accès semblables à celles proposées par les parties en l'espèce sont beaucoup plus fréquentes lorsque l'opération concerne une intégration verticale avec des infrastructures essentielles, comme c'est souvent le cas pour les industries de réseaux. Ces engagements sont néanmoins plus complexes à mettre en œuvre et à suivre dans la durée. Aussi, la pratique décisionnelle en matière de ciment a souvent fait la part belle aux cessions de cimenteries ou de branches d'activités comme dans les décisions Lafarge / Holcim (Comm. eur., 15 déc. 2014, Lafarge / Holcim, aff. COMP/M.7252) ou HeidelbergCement / Italcementi (Comm. eur., 26 mai 2016, HeidelbergCement / Italcementi, aff. M.7744).

En l'espèce, la Commission a considéré que l'engagement proposé par les parties n'était pas satisfaisant. La possibilité d'entrée d'un nouvel acteur était trop incertaine pour remédier aux préoccupations de concurrence.

Le Tribunal confirme l'analyse de la Commission et nuance les exigences relatives aux engagements. Les requérants reprochaient à la Commission d'avoir exigé par principe une cession d'activité ou des engagements susceptibles de supprimer les chevauchements. Le Tribunal rejette le moyen et constate, à la suite de la Commission, que les engagements proposés n'étaient simplement pas comparables à une cession d'activité.

La portée de l'arrêt sur ce point doit être nuancée. Le Tribunal souligne soigneusement que cette appréciation est propre à l'espèce et prend le soin d'étudier les raisons pour lesquelles il était improbable qu'un nouvel entrant puisse représenter une pression concurrentielle suffisante sur la base d'un seul accès à un terminal cimentier.

Au demeurant, la position des requérants était intéressante en ce qu'elle reposait en partie sur le principe de proportionnalité des engagements déjà reconnu par le Tribunal dans l'arrêt *EasyJet* (TPICE, 4 juillet 2006, EasyJet, aff. T-177/04, EU:T:2006:187). Ce principe impose de limiter les engagements aux seuls problèmes de concurrence et s'oppose à ce que la Commission les étende à des marchés non affectés.

E. Paroche, P. Chellet
Concurrences N° 1-2021, Art. N° 98859, p. 159

1.1.2 Rôle des États et du droit national

1.1.2.1 Opération déjà validée par une autorité nationale

CJCE, 18 déc. 2007, Cementbouw Handel & Industrie BV, C-202/06 P

La Cour de justice des Communautés européennes confirme l'arrêt Cementbouw rendu par le Tribunal de première instance des Communautés européennes.

En rejetant le 18 décembre 2007 le pourvoi formé par Cementbouw, la Cour de justice met un terme à un feuilleton judiciaire qui n'était pas dénué d'imagination en droit de la concurrence. Dans cette affaire atypique, la Commission avait eu à examiner une concentration alors même que celle-ci avait déjà été préalablement examinée et autorisée par l'autorité néerlandaise de concurrence (ci-après « NMa »).

Tout avait commencé par la notification en 1998 de l'acquisition du contrôle par CVK, une coopérative regroupant des producteurs de briques silico-calcaires, de l'ensemble de ses onze membres et sociétés-mères. Plus précisément, sur les onze sociétés-mères, cinq étaient des filiales d'Haniel, trois des filiales de Cementbouw et deux des filiales de RAG. La onzième société-mère était quant à elle conjointement détenue par RAG, Haniel et Cementbouw. L'opération notifiée avait été autorisée le 20 octobre 1998 par la NMa.

Avant que cette première opération notifiée ne soit réalisée, RAG avait également décidé de céder à Haniel et Cementbouw sa participation dans ses deux filiales et l'entreprise commune membres de la coopérative. Consultée par Haniel et Cementbouw sur la question de savoir si cette seconde opération constituait une concentration et devait être notifiée, la NMa avait estimé que celle-ci n'était pas une concentration et ne devait donc pas être notifiée dès lors qu'elle intervenait au plus tard le même jour que celui de la réalisation de la première opération notifiée et autorisée. Les deux opérations avaient donc été réalisées le même jour afin de se conformer aux recommandations de la NMa. En outre, Cementbouw et Haniel avaient signé le même jour un accord de coopération régissant leur collaboration au sein de CVK.

Décision de la Commission

À l'occasion d'opérations ultérieures qui avaient été notifiées par Haniel à la Commission, cette dernière a eu connaissance de deux premières opérations et en a demandé la notification. La Commission a, à l'issue de son examen, considéré que ces deux opérations constituaient une seule et même concentration de dimension communautaire et que, telle qu'elle avait été réalisée, cette concentration était incompatible avec le droit communautaire. Afin d'obtenir l'autorisation de la Commission, les parties ont présenté une première série d'engagements par lesquels elles proposaient de céder les participations qu'elles avaient acquises auprès de RAG et de mettre fin à leur accord de coopération au sein de CVK. La Commission qui a refusé cette première série d'engagements, a finalement autorisé la concentration après que les parties se sont engagées à dissoudre CVK.

Rejet par le TPI du recours en annulation

Le recours en annulation introduit par Cementbouw contre la décision de la Commission a été rejeté par le TPI (RDLC 2/2006, p. 108, Obs. J.-M. Cot). Cementbouw a ensuite saisi la Cour de justice d'un pourvoi à l'appui duquel elle invoquait deux moyens. Le premier était tiré de l'incompétence de la Commission pour examiner les opérations en cause. Le second tenait au fait que les engagements retenus par la Commission pour autoriser la concentration violaient le principe de proportionnalité. Sur le 1er moyen tiré de l'incompétence de la Commission, Cementbouw soutenait tout d'abord que la Commission était incompétente. Elle considérait en effet que la compétence de la Commission en matière de contrôle des concentrations ne devait pas être déterminée au regard de l'opération notifiée mais au regard de l'opération « véritablement réalisée ». L'idée était la suivante : l'importance des engagements de Cementbouw lors de la procédure devant la Commission européenne était telle que l'opération réalisée n'avait plus une dimension communautaire. Les engagements acceptés par la Commission revenaient en effet à renoncer à la deuxième opération, et la première, prise isolément, n'entrait pas dans le champ du contrôle communautaire, faute d'atteindre les seuils. De la même façon qu'un imprudent risque de scier la branche sur laquelle il est assis, la Commission aurait été trop gourmande en engagements et aurait, pour cette raison, perdu sa compétence pour juger de la concentration.

La Cour de justice, suivant son Avocat général, a rejeté cette argumentation. À la date de notification, les deux opérations constituaient une seule et même concentration de dimension communautaire et cela n'était pas contesté par la requérante devant la Cour. En outre, la Cour a souligné que si le projet d'engagements avait pour objet l'abandon de la deuxième opération, la première opération était maintenue et que par conséquent, il n'y avait pas renonciation à la concentration dans son ensemble : la Commission conservait donc sa compétence. Toute autre solution serait illogique et impraticable. Illogique, puisque la Commission aurait eu compétence pour interdire l'opération, mais pas pour l'autoriser sous conditions. Et impraticable, puisque l'argument de Cementbouw permettrait une sorte de cache-cache impossible en droit de la concurrence. Après avoir notifié une concentration, les entreprises pourraient lâcher du lest et modifier le périmètre de l'opération, ce qui aurait, toujours en retenant la thèse de la requérante, pour conséquence de bouleverser au cours de la procédure les compétences pour examiner la concentration. En l'occurrence, la Commission ne serait plus compétente. Et dans d'autres affaires, des autorités nationales deviendraient compétentes plusieurs mois après le début de l'examen par la Commission. Cette forme originale de forum shopping deviendrait vite impossible pour tout le monde !

2nd moyen : proportionnalité...

Le second moyen était divisé en plusieurs branches, qui ont été rapidement expédiées par la Cour. Cementbouw y plaidait notamment une violation du principe de proportionnalité dans l'appréciation par la Commission des engagements qui lui avaient été soumis et le fait que la Commission n'avait pas expliqué comment elle était parvenue à une conclusion différente de celle à laquelle était parvenue la NMa. Concernant la proportionnalité des engagements, la Cour a rappelé que pour ce type de mesure, le contrôle du juge devait être effectué en tenant compte de la marge d'appréciation dont dispose la Commission en matière économique et qu'elle ne voyait rien à redire en l'espèce à l'appréciation de la Commission. Et concernant les conclusions divergentes de la NMa et de la Commission, la Cour a rappelé de façon diplomatique qu'il n'y avait pas lieu d'expliquer des résultats différents puisque ces autorités de la concurrence avaient utilisé des critères d'appréciation différents.

Finalement, l'une des plus grandes sources de tension et d'incompréhension dans ce dossier tient au fait que la Commission, puis les juridictions communautaires y ont examiné une opération qui était déjà réalisée, alors que le principe est que l'autorisation de la Commission précède la réalisation de la concentration. Ce type de configuration n'est pas inédit. On le rencontre lorsqu'une offre publique d'achat ou d'échange consommée est remise en cause par la Commission. Ou bien, encore, lorsqu'une autorisation de la Commission est annulée par le Tribunal. Mais à la différence de ces autres situations, la Cour considérait au moins implicitement que cette inversion du calendrier résultait d'une erreur d'appréciation de Cementbouw et non pas d'une application de la règle communautaire. Quant à Cementbouw, elle considérait peut-être que si erreur il y avait, elle avait été commise par la NMa.

J.-M. Cot
Concurrences N° 1-2008, Art. N° 15327, p. 138

Voir aussi, sur les origines de l'affaire

TPICE, 23 févr. 2006, Cementbouw Handel & Industrie, T-282/02

J.-M. Cot, Notion de concentration : Le TPICE affirme la compétence communautaire sur une opération déjà validée par une autorité nationale (Cementbouw), 23 février 2006, Concurrences N° 2-2006, Art. N° 715, pp. 108-109.

1.1.2.2 Protection des intérêts légitimes des États

CJCE, Ass. plén., 22 juin 2004, Portugal c/ Commission, C-42/01

La Cour de justice des Communautés européennes considère que l'article 21-4 du règlement (CE) n° 139/2004 confère à la Commission un pouvoir de décision pour protéger sa compétence exclusive vis-à-vis des États membres.

Rappelons tout d'abord l'équilibre de l'article 21 du règlement concentrations. La Commission a une compétence exclusive pour examiner les opérations de dimension communautaire et les États membres n'appliquent pas leur législation sur la concurrence à ces opérations (règl. Cons. CE n° 139/2004, art. 21, paras. 2 et 3). Nonobstant ces dispositions, les États membres conservent la possibilité de prendre les mesures appropriées pour préserver leurs intérêts légitimes, à condition que lesdites mesures soient compatibles avec le droit communautaire.

La pluralité des médias, les règles prudentielles et la sécurité publique sont considérées comme étant toujours des intérêts légitimes.

Si l'État membre entend protéger d'autres intérêts que les trois visés par le règlement, il doit en informer la Commission, qui rend une décision sur le caractère légitime ou non de l'intérêt en question dans un délai de 25 jours ouvrables (art. 21, parag. 4). C'est la seule référence dans le règlement à la possibilité d'adopter une décision. Cette procédure a été peu utilisée, le seul cas, à la connaissance de l'auteur, remontant à 1995 dans l'affaire Lyonnaise des Eaux/Nothumbrian Water (IVM.567, 21 déc. 1995). Les autorités britanniques avaient invoqué un intérêt légitime à mettre en œuvre une législation qui permet au régulateur sectoriel, l'Ofwat, de s'opposer à une concentration si elle conduit à restreindre le nombre de points de comparaison qui lui permettent de mettre virtuellement en concurrence des monopoles locaux régulés (mécanisme de « concurrence par comparaison » ou *yardstick competition*). La Commission a admis la légitimité de l'intérêt communiqué par les Britanniques.

La Commission fait preuve d'une grande vigilance quant à l'usage que font les États membres de cette possibilité, notamment depuis le conflit qui l'a opposée aux autorités portugaises dans l'affaire BSCH/Champalimaud à l'été 1999. Celles-ci avaient en effet invoqué leur législation prudentielle à l'appui de l'interdiction d'une fusion bancaire ; la Commission, constatant que cette interdiction relevait moins du bon fonctionnement du secteur que de la protection d'intérêts nationaux, incompatibles avec le traité, avait prononcé une décision d'infraction qui aurait dû aboutir à une décision de manquement – finalement évitée par une modification de la décision portugaise.

Dans la présente affaire (v. également, L. IDOT, com. Europe, sept. 2004, n° 302), la Cour va plus loin, puisqu'elle consacre un pouvoir de décision de la Commission pour protéger sa compétence exclusive et enjoindre directement l'État membre de retirer la décision litigieuse, même en l'absence de notification par l'État membre et même si celui-ci se prévaut d'un intérêt considéré comme légitime au sens du règlement concentrations.

La concentration a été notifiée à la Commission le 4 juillet 2000 (Comm. CE, COMP/M.2054, Secil / Holderbank / Cimpor). Par deux arrêtés en date du 5 juillet 2000 et du 11 août 2000, le gouvernement portugais s'est opposé à cette transaction en faisant valoir notamment qu'elle n'était pas compatible avec la stratégie du gouvernement portugais pour la restructuration du secteur (ciment). La procédure communautaire s'est prolongée jusqu'au 11 janvier 2001, date à laquelle les parties ont retiré leur notification devant la Commission. Les arrêtés du gouvernement portugais étaient fondés sur deux textes législatifs qui ont été ultérieurement déclarés par la CJCE incompatibles avec le droit communautaire, et notamment l'article 56 du Traité CE relatif à la libre circulation des capitaux, par un arrêt en date du 4 juin 2002 (CJCE, aff. C-367/98, Commission c./Portugal, 4 juin 2002, Rec. I-4731). De manière générale, cette question de l'articulation entre la protection des intérêts légitimes des États membres et le droit communautaire de la concurrence a des liens de connexité assez étroits avec les problématiques liées aux aspects « marché intérieur » de la politique communautaire, et notamment la libre circulation des capitaux et la liberté d'établissement (Traité CE, art. 43 et s.).

Au cas d'espèce, les décisions des autorités portugaises ne se fondaient donc manifestement pas sur l'un des trois intérêts considérés comme légitimes par le règlement. Pour autant, le Portugal a omis de communiquer à la Commission l'intérêt sur lequel il fondait ses décisions. Après des demandes d'information demeurées infructueuses, la Commission a adopté le 22 novembre 2000 (COMP/M. 2171) une décision déclarant que les deux arrêtés du Ministre portugais des finances ne sont pas compatibles avec le droit communautaire et constatant que la République portugaise est dès lors tenue de les retirer.

Sur recours du Portugal contre la décision de la Commission, la Cour consacre tout d'abord un pouvoir général de décision de la Commission sur le fondement de l'article 21, paragraphe 4 du règlement (parag. 54, 57 et 60), même en l'absence de communication par l'État membre concerné des intérêts qu'il cherche à protéger. La Cour rejette donc le moyen invoqué par le Portugal, qui soutenait que le règlement ne donnait un tel pouvoir de décision à la Commission que dans le cadre d'une communication formelle par un État membre d'un intérêt légitime ; en l'absence de communication, la Commission était, selon le Portugal, privée de tout pouvoir de décision et aurait dû former un recours en manquement sur le fondement de l'article 226 du Traité CE pour faire valoir ses vues auprès de la Cour. En adoptant une décision dans ce contexte, la Commission aurait, selon le Portugal, empiété sur les prérogatives de la Cour de justice.

La Cour rejette cette argumentation, en faisant valoir qu'une procédure de recours en manquement ne serait pas compatible avec les délais brefs et encadrés, voulus par le législateur communautaire en matière de contrôle des concentrations. Elle expose également que l'interprétation du gouvernement portugais priverait de son effet utile l'article 21, paragraphe 3 du règlement en permettant aux États membres de s'y soustraire trop facilement. Elle conclut donc qu'il convient de reconnaître à la Commission un pouvoir de décision général dans le cadre de l'article 21, paragraphe 3, que les intérêts en cause lui aient été communiqués ou non.

Dans le cas où les intérêts n'ont pas été communiqués par l'État membre, la Commission a la possibilité de demander des informations. Si celui-ci ne fournit pas lesdites informations, la Commission peut prendre une décision sur la base des éléments dont elle dispose (parag 58). Dans ce contexte, la décision de la Commission peut légitimement être motivée « de manière sommaire » (parag 70).

En d'autres termes, la Cour organise un système de nature à inciter l'État membre à communiquer *a priori* les intérêts qu'il entend protéger ou, à tout le moins, à coopérer avec la Commission à partir du moment où celle-ci lui adresse une demande de renseignement ; à défaut, l'État membre donne à la Commission un pouvoir d'appréciation très large avec un contrôle juridictionnel très lâche.

Enfin, la Cour ne limite pas la portée de son arrêt aux seuls intérêts autres que les trois intérêts considérés comme légitimes au sens du règlement (sécurité publique, pluralité des médias, règles prudentielles). La Cour expose que « dans une situation (...) où l'État membre n'a pas communiqué les intérêts protégés par les mesures nationales concernées, il est inévitable que la Commission examine d'abord si lesdites mesures sont justifiées par un des intérêts prévus à l'article 21, paragraphe 3 [devenu paragraphe 4 dans le règlement (CE) n° 139/2004], deuxième alinéa, du règlement sur les concentrations » (parag 59).

Les conséquences de ce considérant sont potentiellement très importantes. Autant la mise en œuvre de mesures visant à protéger des intérêts autres que les trois intérêts reconnus par le règlement sont assez rares, autant les décisions des États membres reposant sur des législations relatives à la pluralité des médias, aux règles prudentielles ou à la sécurité publique sont extrêmement nombreuses. Dans ces cas, l'État membre n'est pas tenu d'informer la Commission des mesures prises. Mais la Cour reconnaît la compétence de la Commission pour apprécier si ces mesures relèvent effectivement de l'un des trois intérêts légitimes reconnus. Et si l'État membre refuse de communiquer toutes les informations utiles, la Commission est fondée à adopter une décision, motivée de manière sommaire.

La Cour reconnaît ainsi à la Commission un pouvoir très large pour s'assurer de la proportionnalité des décisions des États prises sur le fondement des législations prudentielles, audiovisuelles ou relatives à la sécurité publique. Dans le même temps, elle crée un mécanisme incitant fortement les États à coopérer avec la Commission, voire à devancer les demandes de la Commission.

La Commission, que ce soit la Direction générale du marché intérieur ou la Direction générale de la concurrence, a récemment fait plusieurs déclarations semblant indiquer qu'elle souhaitait faire porter un effort accru sur les services financiers. Dans ce contexte, et dans le cadre juridique créé par le présent arrêt, il n'est pas exclu que les régulateurs prudentiels ne perçoivent une pression accrue de la part de la Commission lorsqu'ils auront à examiner une opération de dimension communautaire.

De même, certains États membres ont récemment renforcé ou envisagent de renforcer leur législation sur le contrôle des investissements, dans une optique de protection de la sécurité publique. Là aussi, l'arrêt donne à la Commission un outil pour surveiller étroitement l'action des États membres en ce domaine. Et la tâche des autorités en charge de ce contrôle sera d'autant plus délicate que, si la notion de « règles prudentielles » est bien bordée par la législation communautaire, la notion de « sécurité publique », au sens du Traité CE et du règlement sur les concentrations, demeure encore très imprécise.

S. Martin

Concurrences N° 1-2004, Art. N° 12039

CJCE, 6 mars 2008, Commission c/ Espagne, C-196/07

La Cour de justice des Communautés européennes considère que l'Espagne a enfreint le droit communautaire en ne supprimant pas les conditions posées par ses instances nationales à l'acquisition d'un opérateur national par un opérateur communautaire.

Le 21 février 2006, E.ON AG, entreprise allemande active dans le secteur de l'énergie a présenté une offre publique d'achat portant sur la totalité des actions d'Endesa SA, entreprise espagnole active dans ce même secteur d'activité. Cette opération, qui constituait une opération de concentration de dimension communautaire, a été autorisée sans conditions le 25 avril 2006 par la Commission européenne (affaire n° COMP/M.4110, E.ON / Endesa). Dans le même temps, le royaume d'Espagne montrait des velléités d'imposer ses conditions à l'opération, indépendamment de la décision de la Commission.

Or, lorsqu'une concentration est de « dimension communautaire », c'est-à-dire franchit les seuils fixés par le règlement CE n° 139/2004 sur les concentrations, la Commission dispose d'une compétence exclusive en vertu des dispositions de l'article 21, paragraphe 4, dernier alinéa, de ce même règlement. L'article 21 prévoit en effet que « les États membres n'appliquent pas leur législation nationale sur la concurrence aux concentrations de dimension communautaire ».

En revanche, cette compétence exclusive de la Commission sur la concurrence ne fait pas obstacle à ce que les États membres appliquent d'autres législations à l'opération afin d'assurer la protection de leurs intérêts légitimes. Trois de ces intérêts légitimes sont reconnus dans le texte même du règlement : la sécurité publique, la pluralité des médias et les règles prudentielles en matière bancaire.

D'autres intérêts légitimes peuvent le cas échéant donner lieu à la mise en œuvre de mesures protectrices par les États membres, le dernier alinéa de cet article prévoyant que « tout autre intérêt public doit être communiqué par l'État membre concerné à la Commission et reconnu par celle-ci après examen de sa compatibilité avec les principes généraux et les autres dispositions du droit communautaire avant que les mesures visées ci-dessus puissent être prises. La Commission notifie sa décision à l'État membre concerné dans un délai de 25 jours ouvrables à dater de ladite communication ». La Commission applique cependant cette possibilité de manière particulièrement restrictive.

L'objectif de l'article 21 est donc d'empêcher les États membres d'adopter des mesures protectionnistes en s'opposant à des concentrations autorisées par la Commission, tout en permettant néanmoins aux États de protéger leurs intérêts légitimes.

Face aux velléités de l'Espagne, la Commission a donc rappelé à cette dernière, par une lettre du 27 mars 2006, le principe d'exclusivité posé par l'article 21, et lui a fait part de ses doutes quant à la possibilité de soumettre l'opération de concentration envisagée à des conditions particulières.

Nonobstant cet avertissement, la Commission nationale de l'énergie espagnole (ci-après « la CNE ») a adopté, le 27 juillet 2006, une décision subordonnant l'autorisation du projet de concentration entre E.ON et Endesa au respect de 19 conditions.

Dans une première décision du 26 septembre 2006, la Commission a considéré que le royaume d'Espagne avait enfreint l'article 21 du règlement sur les concentrations en adoptant, sans communication préalable à la Commission ni autorisation de cette dernière, la décision de la CNE soumettant l'opération à une série de conditions incompatibles avec le droit communautaire. Par cette décision, la Commission a demandé au royaume d'Espagne de supprimer « sans délai » les conditions incompatibles.

Un certain nombre de conditions ont alors été modifiées par le ministre espagnol de l'Industrie, du Tourisme et du Commerce, qui leur a en réalité substitué de nouvelles obligations.

C'est pourquoi, dans une seconde décision du 20 décembre 2006, la Commission a considéré que ces obligations étaient incompatibles avec le droit communautaire. La Commission a demandé à l'Espagne de supprimer les conditions incompatibles avant le 19 janvier 2007.

Puis, par une lettre en date du 7 mars 2007, la Commission a enjoint à l'Espagne de supprimer avant le 16 mars 2007 les conditions mentionnées dans les mesures nationales incompatibles avec le droit communautaire.

Considérant que l'Espagne ne s'était pas conformée à ses deux décisions de septembre et décembre 2006, la Commission a introduit un recours en manquement contre cette dernière devant la Cour de justice des Communautés européennes.

Dans son arrêt du 6 mars 2008, la Cour a constaté qu'en ne supprimant pas dans le délai imparti certaines conditions de la décision de la CNE et de la décision du ministre incompatibles avec le droit communautaire, l'Espagne avait manqué aux obligations qui lui incombent en vertu du droit communautaire.

Tout d'abord, la Cour a rappelé que, selon une jurisprudence constante, l'existence d'un manquement doit être appréciée en fonction de la situation de l'État membre telle qu'elle se présentait au terme du délai fixé dans l'avis motivé, en l'espèce le 16 mars 2007, et que les changements intervenus par la suite ne sauraient être pris en compte par la Cour (notamment, arrêts du 15 mars 2001, Commission / France, C-147/00, Rec. p. I-2387, point 26, et du 14 juin 2001, Commission / Italie, C-207/00, Rec. p. I-4571, point 27).

Ainsi, le fait que l'opération de concentration en cause ait été entre-temps (le 10 avril 2007) abandonnée est sans effet sur l'existence du manquement objet du litige avec la Commission.

La Cour a rappelé que la procédure en manquement constituait l'« *ultima ratio* d'imposer le respect du droit communautaire en faisant prévaloir les intérêts communautaires consacrés par le traité en dépit de la résistance des États membres » (arrêt du 15 juillet 1960, Pays-Bas / Haute Autorité, 25/59, Rec. p. 723, 761). Pour cette raison, la Cour a considéré que le présent recours conservait un intérêt malgré l'abandon de la concentration.

En outre, la Cour a considéré que, l'Espagne n'avait pas démontré qu'elle se trouvait dans une impossibilité absolue d'exécuter les décisions de la Commission, l'Espagne ayant argumenté que l'abandon de la concentration l'empêchait d'annuler les conditions litigieuses. Au contraire, la Cour a relevé que le fait que l'offre publique d'achat d'E.ON n'ait finalement pas produit d'effets, ne privait ni d'objet ni d'intérêt le recours, et ne constituait en tout état de cause pas une impossibilité absolue d'exécuter les décisions de la Commission, l'élimination formelle des dispositions contraires aux décisions de la Commission restant possible.

En dernier lieu, la Cour a considéré qu'un État membre ne saurait utilement, en l'absence d'une disposition du traité l'y autorisant expressément, invoquer l'illégalité d'une décision dont il est destinataire comme moyen de défense à l'encontre d'un recours en manquement fondé sur l'inexécution de cette décision : dans un tel cas, selon la Cour, l'État membre doit attaquer devant la Cour la décision qu'il juge illégale, mais ne peut décider spontanément de ne pas l'appliquer.

J. Philippe, A. Guyon
Concurrences N° 2-2008, Art. N° 16952, p. 129

1.2 Appréciation de l'opération

CJCE, gde ch., 15 fév. 2005, Tetra Laval, C-12/03 P

La Cour de justice des Communautés européennes précise les conditions de charge de la preuve et d'engagements comportementaux.

Par une décision du 30 octobre 2001 (aff. COMP/M.2416), la Commission interdisait la concentration entre Tetra Laval et Sidel, dans le secteur des emballages, en plastique ou en carton, de boissons. Tetra était, avant l'opération, dominant s'agissant des emballages en carton et Sidel était leader dans la production d'équipements pour emballage en plastique (PET). Bien que les marchés du carton et du PET soient distincts, la Commission relevait qu'ils ont tendance à converger et qu'il y a une proportion croissante de clients communs aux deux marchés. Selon la Commission, postérieurement à la concentration, la position dominante que détient Tetra sur le carton lui permettrait d'exercer un effet de levier pour créer une position dominante au profit de Sidel sur les marchés des équipements pour emballages en PET. En outre, l'opération viendrait renforcer la position dominante de Tetra sur les emballages en carton, en éliminant la concurrence potentielle que représentait Sidel avant l'opération.

La décision de la Commission a été annulée par le Tribunal de première instance le 25 octobre 2002 (TPICE, Tetra Laval c/ Commission, aff. T-5/02, Rec. p. II-4381). C'est cet arrêt qui était attaqué par la Commission devant la Cour. On retiendra des débats et de l'arrêt de la Cour trois points principaux : (i) l'appréciation des concentrations conglomérales et le niveau de preuve requis dans ces situations de marché ; (ii) les interactions entre le contrôle des concentrations (contrôle des structures du marché) et le contrôle des comportements (abus de position dominante) dans les situations de fusions conglomérales ; (iii) la notion de concurrent potentiel.

La première question qui se posait était de savoir si les risques liés à une fusion conglomérale pouvaient théoriquement être pris en compte dans le contrôle des concentrations et, dans l'affirmative, sous quelles conditions.

Le TPICE avait admis en principe la possibilité d'effets congloméraux, en assortissant toutefois cette consécration d'un certain nombre de nuances, que la Cour reprend à son compte. Après avoir rappelé que, en général, la doctrine économique considère que les fusions conglomérales sont neutres ou bénéfiques pour le consommateur, le TPICE, suivi par la Cour, admet que si la Commission est en mesure de conclure, en raison des effets de conglomérat qu'elle constate, qu'une position dominante serait, selon toute vraisemblance, créée ou renforcée dans un avenir proche, elle est fondée à s'opposer à la concentration examinée. Elle constate toutefois que, comme c'était le cas dans la présente affaire, des effets conglomérats sont plus vraisemblables lorsque, d'une part, les marchés tendent à converger et, d'autre part, en sus d'une position dominante sur le premier marché, la nouvelle entité détiendra une position très forte sur le second marché.

La question de l'horizon temporel (« dans un avenir proche ») est ici déterminante. Le TPICE envisage deux hypothèses : celle où la concentration ayant un effet de conglomérat modifie immédiatement les conditions de concurrence sur le second marché du fait de la position dominante déjà détenue sur le premier marché et celle où la position dominante ne résulte pas immédiatement de la concentration, se produira plus tard et résultera des comportements adoptés par la nouvelle entité sur le premier marché où elle détient déjà une position dominante. La Cour s'attache principalement à la seconde hypothèse, plus vraisemblable que la première, et constate que, plus encore qu'une autre opération, « l'analyse d'une opération de concentration de type 'conglomérat' est une analyse prospective dans laquelle la prise en compte d'un laps de temps étendu dans l'avenir, d'une part, et l'effet de levier nécessaire, d'autre part, impliquent que les enchaînement de cause à effet sont mal discernables, incertains et difficiles à établir » (§ 44).

Il résulte de cette incertitude que le standard de preuve pour s'opposer à une telle concentration est relativement élevé. Pour reprendre les termes du TPICE, repris à son compte par la Cour (§ 40), « la démonstration d'effets de conglomérat anticoncurrentiels (...) nécessite un examen précis, étayé par des preuves solides, des circonstances prétendument constitutives desdits effets » (§ 155 de l'arrêt du TPICE). Le standard de preuve retenu est analogue à celui retenu par la jurisprudence pour les situations de position dominante collective (TPICE, 6 juin 2002, Airtours / Commission, aff. T-342/99, Rec. p. II-2585, § 63).

En conclusion sur ce premier point, on peut noter que la Cour admet la possibilité qu'une concentration puisse donner lieu à des effets conglomératix et que, si de tels effets conduisent à créer ou renforcer une position dominante, la Commission est fondée à s'opposer à la concentration en cause. En revanche, elle constate que l'horizon temporel au-delà duquel les effets négatifs sur la concurrence d'une fusion conglomérale peuvent se faire sentir est assez lointain, et que l'analyse repose moins sur les structures de marché postérieures à la concentration que sur le comportement prévisible de la nouvelle entité issue de la concentration. Il en résulte une forte incertitude, qui induit un standard de preuve exigeant pour pouvoir s'opposer à la concentration.

Le deuxième point soulevé devant la Cour pose la question des interactions entre le contrôle des concentrations – qui est un contrôle des structures de l'économie – et le contrôle des comportements, en l'espèce la répression des abus de position dominante, dans le cas particulier des fusions conglomérales où, on l'a vu, ce qui est en cause est plus le comportement futur de la nouvelle entité que la structure du marché qui résulte immédiatement de la concentration examinée.

En effet l'atteinte à la concurrence ne découle pas directement de la concentration. La concentration crée une incitation à utiliser un « effet de levier », c'est-à-dire à mettre en œuvre un certain nombre de pratiques (guerre des prix, remises de fidélité...), légales ou non, sur le marché sur lequel l'une des parties à la fusion était déjà en position dominante avant l'opération, dans le but de créer une position dominante sur le marché sur lequel l'autre partie est active. C'est de la mise en œuvre effective de telles pratiques que découlera l'atteinte à la concurrence, et non de la concentration elle-même, qui ne fait que créer une incitation à mettre en œuvre ces pratiques.

Dès lors, les fusions conglomérales doivent-elle être traitées *ex ante*, par le contrôle des concentrations, ou *ex post*, par la prohibition des abus de position dominante ?

Le TPICE, avec quelques nuances, semblait pencher pour la deuxième option. Il faisait valoir que les comportements sur le premier marché (emballages en carton) qui auraient permis à Tetra d'exercer un effet de levier sur le second marché (équipements pour la fabrication d'emballages en PET) constitueraient, au sens de l'article 82 du Traité, s'ils étaient mis en œuvre, un abus de la position dominante que détient Tetra sur le marché des emballages en carton. Le Tribunal n'écartait pas pour autant la possibilité pour la Commission de prendre en compte la probabilité de comportements abusifs dans le cadre du contrôle des concentrations, mais posait des conditions telles que la prise en compte des comportements futurs de la nouvelle entité devenait très difficile. En effet, le Tribunal faisait valoir que le fait que ces comportements sont sanctionnés par l'article 82 constitue une désincitation pour la nouvelle entité à les mettre en œuvre. Cette désincitation doit être mise en balance avec les incitations à exercer un effet de levier résultant de la concentration. Ce bilan exige d'apprécier les probabilités de détection des pratiques, de poursuite par les Autorités de concurrence compétentes et le niveau des sanctions encourues.

La Commission faisait valoir que la position du Tribunal la conduirait à apprécier la propension d'une entreprise à respecter la loi, facteur extrêmement subjectif et l'obligerait à quantifier le risque en fonction de l'intensité de la politique de concurrence dans les différents États membres. En pratique, une telle exigence rendrait impossible le contrôle par la Commission des fusions verticales et conglomérales.

La Cour suit globalement le raisonnement de la Commission. Si elle admet, avec le Tribunal, que l'effet désincitatif du caractère illégal de certaines pratiques doit être mis en balance avec les incitations à mettre en œuvre un effet de levier, cette appréciation ne peut aller jusqu'à évaluer les risques de détection, de poursuite et le niveau des sanctions dans chaque État membre.

Par ailleurs, Tetra avait souscrit des engagements comportementaux, par lesquels elle s'engageait à s'abstenir d'adopter des comportements susceptibles de créer un effet de levier. Le Tribunal avait distingué les engagements à ne pas mettre en œuvre des pratiques qui auraient constituées des abus de position dominante, d'une part, et celles qui auraient été légales au regard de l'article 82 du Traité, d'autre part.

Sur les pratiques illégales, le Tribunal n'examine pas plus avant les engagements, ayant estimé auparavant que la Commission n'avait pas démontré que Tetra serait incité à mettre en œuvre de telles pratiques, compte tenu du caractère dissuasif de leur illégalité.

Sur les pratiques légales au regard de l'article 82 du Traité, mais susceptibles néanmoins de permettre d'exercer un effet de levier, Tetra s'était engagé notamment à ne pas pratiquer de ventes liées, de rabais même objectivement justifiées, etc. De plus, Tetra s'était engagé à gérer Sidel comme une entité séparée pendant 10 ans.

La Commission a rejeté ces engagements en faisant valoir que, en pratique, ils seraient impossibles à contrôler et, surtout, en principe, qu'en visant exclusivement le comportement de l'entreprise, « ils ne règlent pas le problème de la modification permanente de la structure du marché suscitée par l'opération notifiée ». La Commission réaffirme là les principes exposés dans la communication sur les remèdes (2001/C68/03, *JOUE*, n° C. 68, 2 mars 2001, p. 3, point 9), qui s'appuient eux-mêmes sur l'arrêt *Gencor* (TPICE, 25 mars 1999, Gencor Ltd. / Commission, aff. T-102/96, § 316).

La Cour rejette toutefois au cas d'espèce la référence à la jurisprudence Gencor. Elle expose que dans l'affaire Gencor, qui constituait un cas de création de position dominante collective, l'atteinte à la concurrence était immédiate et découlait directement de l'opération de concentration examinée. Dans la présente affaire, la structure du marché, rappelle la Cour, n'est pas directement et immédiatement affectée par la concentration. Elle n'aurait pu l'être qu'en raison de l'effet de levier résultant des comportements futurs de la nouvelle entité. Dès lors, conclut la Cour, c'est à tort que la Commission a, dans le cas particulier de l'espèce, rejeté par principe les engagements comportementaux, sans les examiner de manière approfondie.

Les engagements comportementaux souscrits, combinés au caractère abusif, et donc illégal, de certaines pratiques, contribuaient à réduire les incitations à mettre en œuvre l'effet de levier et auraient pu, le cas échéant, compenser les incitations à exploiter cet effet postérieurement à la concentration.

En résumé sur ce deuxième point, dans le cas particulier des fusions conglomérales et verticales, où les atteintes à la concurrence résultent dans une proportion appréciable du comportement futur des parties et non uniquement de la modification immédiate de la structure de marché, le contrôle des concentrations se doit de prendre en compte les aspects comportementaux dans son analyse. Il en découle deux conséquences, par lesquelles la Cour renvoie en quelque sorte dos à dos le TPICE et la Commission. D'une part, les parties ne peuvent se prévaloir d'une présomption de légalité de leurs comportements futurs, même si le risque lié au caractère illégal de certaines pratiques vient diminuer l'incitation à les mettre en œuvre. D'autre part, s'agissant d'un type d'opération où l'atteinte à la concurrence est susceptible de résulter, pour l'essentiel, des comportements futurs des parties, les engagements comportementaux peuvent dans certains cas constituer un remède approprié, qui ne peut être écarté sans un examen approfondi.

Le troisième point porte sur l'élimination de Sidel en tant que concurrent potentiel de Tetra sur le marché de l'emballage en carton, sur lequel Tetra est dominant. Si l'on suit bien le raisonnement de la Cour sur ce point, celle-ci n'exclut pas que Sidel puisse être considéré comme un concurrent potentiel de Tetra sur le marché des emballages en carton, au moins s'agissant du segment de marché pour lequel le PET tend à devenir substituable au carton. Toutefois, la Cour estime que la Commission ne démontre pas en quoi la disparition de cette concurrence potentielle aurait un effet sur les prix, compte tenu notamment des écarts de prix importants existant entre le carton et le PET, de 30 à 40 % plus cher que le carton. Par ailleurs, la pression sur l'innovation vient plus des concurrents actuels de Tetra sur le carton que de la concurrence potentielle du PET.

En conclusion sur ce point, la Cour considère que, contrairement à ce que soutenait la Commission, il ne suffit pas d'établir qu'il y a suppression de concurrence potentielle et que l'une des parties était en position dominante sur un marché pour pouvoir conclure que l'opération renforce ladite position dominante. Il convient en outre d'examiner en quoi la réduction de la concurrence potentielle a un impact sur les prix ou l'effort d'innovation de l'opérateur dominant.

Ce dernier point suscite quelques interrogations. Si l'on suit le raisonnement du Tribunal, confirmé par la Cour, selon lequel la disparition de Sidel n'aurait pas d'impact sur les prix ou la volonté d'innovation de Tetra, on serait plutôt tenté d'en conclure que, en dépit d'une certaine convergence des marchés du carton et du PET, Sidel ne constituait pas un concurrent potentiel de Tetra. Cela n'est pas le raisonnement qu'a retenu la Cour, qui considère que Sidel est un concurrent potentiel, mais qui n'a pas d'influence notable sur les paramètres de la concurrence que sont l'innovation et les prix.

S. Martin

Concurrences N° 2-2005, Art. N° 1268, p. 70

Voir aussi, sur les conclusions de l'Avocat général

I. Girgenson, Concentrations conglomérales : L'Avocat général Tizzano invite la Cour de justice à rejeter le pourvoi contre l'arrêt du TPICE annulant la décision Tetra Laval / Sidel, 25 mai 2004, Concurrences N° 1-2004, Art. N° 12045, pp. 75-76.

TPICE, 14 déc. 2005, General Electric, T-210/01

Le Tribunal de première instance des Communautés européennes confirme la décision interdisant l'acquisition d'Honeywell par General Electric.

L'interdiction par la Commission européenne du projet d'acquisition d'Honeywell par General Electric, le 3 juillet 2001, avait frappé les esprits. Non seulement la Commission interdisait une opération majeure que les autorités de concurrence américaines avaient autorisée, mais en plus certains des arguments avancés par la Commission pour justifier sa décision (effets de conglomérat et intégration verticale liés à l'opération) avaient été largement décriés.

Dans son arrêt du 14 décembre 2005, le Tribunal de première instance des Communautés européennes (TPICE) a jugé que la Commission n'avait pas démontré l'existence d'un renforcement de position dominante résultant des aspects verticaux ou des effets de conglomérat de cette opération. Le Tribunal a cependant confirmé la décision de la Commission et rejeté le recours introduit par General Electric, en se fondant sur le fait que la démonstration par la Commission de l'existence d'un renforcement de position dominante résultant d'effets horizontaux sur les marchés des moteurs d'avions régionaux de grande taille, des moteurs d'avions d'affaires et des turbines à gaz marines constituait des piliers suffisants pour justifier l'interdiction de l'opération.

À titre préliminaire, notons que le fait pour le Tribunal de ne pas annuler une décision dès lors que certains motifs sont à eux seuls suffisants pour la justifier, est une solution consacrée en droit communautaire (V., pour un exemple récent tiré du contrôle des concentrations, TPICE, 21 septembre 2005, EDP c/ Commission, aff. T-87/05, *Concurrences* N° 4-2005, p. 93, obs. J. Philippe). Ainsi, dans l'affaire Schneider / Legrand (TPICE, 22 oct. 2002, aff. T-310/01, Rec. p. II-4071), si la décision de la Commission avait finalement été annulée et ce, alors même que le Tribunal avait confirmé sur le fond que l'opération devait être interdite, c'est en raison de la violation des droits de la défense par la Commission qui avait entaché d'irrégularité l'ensemble de la décision.

C'est la façon dont le Tribunal a apprécié les aspects non horizontaux de l'opération qui suscite le plus d'intérêt. Cette question est celle qui avait cristallisé la divergence des analyses des autorités communautaire et américaines de la concurrence. Le reproche fait à la Commission était de donner trop d'importance aux concurrents au détriment de la concurrence, de privilégier des risques à long terme, par nature incertains, sur des avantages à court terme pour les utilisateurs. Le décor était campé comme celui d'une querelle entre anciens et modernes. Pour la trancher, le Tribunal a repris avec application le raisonnement qui l'avait conduit à annuler la décision d'interdiction de la Commission dans l'affaire Tetra Laval / Sidel (TPICE, 25 oct. 2002, aff. T-5/02, Rec. p. II-4381).

Les aspects non horizontaux du projet d'acquisition d'Honeywell par General Electric concernaient les moteurs d'avions commerciaux de grande taille. Si le Tribunal a confirmé que General Electric disposait bien d'une position dominante sur ce marché, il a en revanche jugé qu'aucun des effets non horizontaux identifiés par la Commission n'était prouvé.

Pour l'essentiel, la définition d'un marché des moteurs pour avions commerciaux de grande taille n'était pas contestée. En revanche, General Electric reprochait à la Commission son analyse de la structure et du fonctionnement du marché et contestait détenir une position dominante sur ce marché. Sans entrer dans le détail des arguments respectifs de la Commission et de General Electric, l'un des principaux débats a porté sur l'allocation des parts de marché des entreprises communes présentes sur ce marché. General Electric reprochait à la Commission d'avoir réalisé une évaluation biaisée des parts de marché en lui attribuant l'intégralité des parts de marché de CFMI, alors qu'il s'agissait d'une entreprise commune qu'elle détenait avec Snecma. La Commission justifiait quant à elle cette position assez radicale en indiquant notamment que Snecma, au contraire de General Electric, n'était pas présente sur ce marché en dehors de CFMI. Sur cette question, le Tribunal a tranché finalement en faveur de la Commission, relevant au passage un certain nombre de circonstances allant dans le sens de la position de la Commission (prise en compte par General Electric des parts de marché de CFMI dans ses rapports annuels...). Pour le Tribunal, ce premier indice de l'existence d'une position dominante de General Electric était par ailleurs renforcé par d'autres éléments. Il a tout d'abord jugé que la forte position de General Electric ne pouvait pas être relativisée par le fait que les marchés concernés étaient des marchés d'appel d'offres, dans la mesure où les parts de marché attribuées à General Electric étaient relativement stables, voire en progression au cours des dernières années. Le Tribunal a ensuite insisté sur les bénéfices que General Electric tirait de son intégration verticale. En particulier, il a démontré que sa présence dans le financement ou le leasing d'avions, *via* ses filiales GE Capital et GECAS, lui permettait de favoriser les moteurs de sa compagnie, tant auprès des constructeurs (lors de la conception d'un avion) qu'auprès des compagnies aériennes (lors de l'acquisition d'un avion).

Enfin, le Tribunal a souligné l'absence d'une pression concurrentielle suffisamment forte de Rolls-Royce et Pratt & Whitney ou d'une puissance d'achat compensatrice de la part de Boeing, Airbus ou des compagnies aériennes. Honeywell n'étant pas présent sur le marché des moteurs pour avions commerciaux de grande taille, la question était celle de savoir si son acquisition par General Electric renforçait la position dominante de cette dernière ou permettait la création d'une position dominante sur d'autres marchés, notamment pour les produits avioniques (aides à la navigation) ou non avioniques (par exemple, les freins) produits par Honeywell.

Les effets verticaux (en tous cas ceux examinés dans cette affaire) et les effets de conglomérat présentent deux caractéristiques communes qui rendent leur appréciation difficile. La première est que leurs effets sont souvent ambivalents : ils peuvent présenter tout à la fois des aspects positifs pour les utilisateurs (une baisse des prix est d'abord à leur avantage) et un risque pour le fonctionnement de la concurrence. La seconde est que les risques identifiés sont généralement fondés sur des hypothèses de comportements futurs dont on n'est pas certain qu'ils se réalisent. Si le contrôle des concentrations est par nature prospectif, il ne doit pas devenir spéculatif. C'est la raison pour laquelle le Tribunal (TPICE, 25 oct. 2002, aff. T-5/02, Rec. p. II-4381) et la Cour (CJCE, 15 février 2005, Commission c/ Tetra Laval, aff. C-12/03 P, non encore publiée au Rec.) ont jugé dans l'affaire Tetra Laval / Sidel que la qualité des éléments de preuve rapportés par la Commission pour interdire ce type d'opération doit être examinée avec une attention particulière.

Afin d'apprécier si la Commission était en mesure de conclure que les chevauchements verticaux et les effets de conglomérat résultant de l'acquisition d'Honeywell par General

Electric auraient, selon toute vraisemblance, créé ou renforcé une position dominante dans un avenir relativement proche, le Tribunal a envisagé la probabilité de comportements anticoncurrentiels sous différents angles.

Une première observation qui semble aller de soi est que le comportement anticoncurrentiel envisagé par la Commission doit au moins être possible avant d'être probable. La Commission n'ayant pas démontré que la nouvelle entité aurait la capacité matérielle de lier les ventes de ses produits avioniques et/ou non avioniques à celle de ses réacteurs par l'imposition de contraintes techniques, le Tribunal a jugé que c'est à tort que la Commission avait retenu cette hypothèse au soutien d'une interdiction de l'opération.

La preuve de la probabilité d'un comportement aurait également pu résulter de l'expression d'une intention ferme d'y avoir recours par l'acquéreur. Toutefois, un exemple montrant que General Electric a utilisé dans le passé la puissance de GECAS et de GE Capital pour développer ses ventes de réacteurs n'aurait pas suffi à démontrer l'intention ferme de General Electric de reproduire cette pratique avec les produits avioniques et non avioniques d'Honeywell. Dans l'affaire rapportée, la Commission n'a d'ailleurs pas fait état d'une telle intention de General Electric ou d'Honeywell (V., cependant la discussion concernant l'article du magazine *Fortune* prêtant à Jack Welsh, à l'époque PDG de General Electric, la volonté d'utiliser GE Capital comme moyen d'écarter les concurrents industriels de General Electric, retenue pour juger de l'existence d'une position dominante).

À défaut d'une approche purement subjective fondée sur l'expression d'une intention ferme, la Commission peut s'appuyer sur une analyse objective de la probabilité d'un comportement en fonction de critères économiques et commerciaux. S'il est démontré qu'un comportement futur (par ex., des ventes groupées mixtes, où plusieurs produits sont vendus à un prix plus intéressant que s'ils étaient vendus séparément) sera nécessairement dans l'intérêt de l'entité fusionnée, ce comportement peut être qualifié de probable. S'il existe d'autres stratégies envisageables, la Commission doit expliquer laquelle serait la plus probable. Pour appuyer la probabilité d'un comportement ou d'un autre, les parties, des tiers et la Commission avaient produit des analyses économiques savantes et contradictoires. En examinant, par exemple, le risque d'effets de conglomérat résultant de ventes groupées mixtes, le Tribunal a jugé que la Commission n'avait pas démontré que les avantages que General Electric/Honeywell aurait pu tirer de telles ventes groupées mixtes auraient compensé leur coût commercial. Le Tribunal a également considéré que la Commission, parce qu'elle n'avait pas tenu compte de l'asymétrie des situations respectives de General Electric et de Snecma (partenaires dans l'entreprise commune CFMI), avait mal évalué la probabilité de réalisation d'une stratégie de vente groupée mixte dont l'objectif essentiel aurait été de développer les démarreurs Honeywell et qui donc ne présentait aucun intérêt pour Snecma.

La façon dont la Commission a apprécié la probabilité d'une utilisation par l'entreprise issue de la concentration de son pouvoir en tant que fournisseur incontournable de démarreurs Honeywell de certains de ses concurrents (en particulier pour Rolls-Royce) a l'avantage de fournir un exemple de ce que le Tribunal peut considérer être un argument convaincant. Observant qu'un démarreur ne représente que 0,2 % du prix d'un moteur mais qu'il en est un élément essentiel, la Commission soutenait que General Electric / Honeywell aurait eu intérêt à augmenter le prix des démarreurs vendus à ses concurrents (voire à retarder ou à désorganiser la fourniture de ces démarreurs à ses concurrents), puisque les bénéfices qui pouvaient être réalisés en vendant ces démarreurs à ses concurrents motoristes étaient minimes par rapport à ceux qui pouvaient être tirés d'une augmentation de ses ventes sur le marché des moteurs pour avions commerciaux de grande taille. Sur cette question au moins, la Commission est parvenue à convaincre le Tribunal de l'importance de l'incitation économique ou commerciale à adopter un tel comportement. Ce succès est cependant resté relatif dans la mesure où cette conclusion imposait d'apprécier le risque d'une qualification d'abus de position dominante.

Un comportement qui serait rationnel d'un point de vue économique ou commercial peut être par ailleurs interdit. Afin d'apprécier la probabilité de la réalisation d'un tel comportement, en particulier lorsqu'il peut être qualifié d'abus de position dominante au sens de l'article 82 CE, la Commission doit examiner dans quelle mesure le risque de détection, de poursuite et de sanction de cette pratique réduirait ou éliminerait l'incitation à la mettre en œuvre. Pour ce qui est de la tentation qu'aurait pu avoir General Electric d'augmenter ses ventes de moteurs pour avions commerciaux de grande taille en modifiant les pratiques commerciales d'Honeywell sur le marché des démarreurs, le Tribunal a observé qu'une telle pratique était susceptible d'être qualifiée d'abus de position dominante. Or pour être efficace et « pour avoir une incidence matérielle sur la compétitivité de Rolls-Royce sur le marché des réacteurs pour avions commerciaux de grande taille », une telle pratique aurait dû « être d'une telle importance qu'elle serait clairement constitutive d'un comportement abusif « au sens de l'article 82 CE. Faute d'apprécier quel pouvait être l'aspect dissuasif pour General Electric d'une telle qualification anticoncurrentielle, la Commission ne pouvait pas identifier une telle pratique comme suffisamment probable pour être la manifestation d'un renforcement de la position dominante de General Electric.

Ces dernières observations soulignent, s'il en était besoin, une évolution paradoxale du droit de la concurrence communautaire. Autant d'un point de vue procédural, la distinction entre le contrôle des structures et celui des comportements s'accentue puisque les pratiques anticoncurrentielles font, depuis peu, exclusivement l'objet d'un examen *ex post* alors que les concentrations sont appréciées *ex ante*, autant cette différence s'amenuise sur le fond. En effet, tandis que l'examen des pratiques anticoncurrentielles ne permet plus de faire l'économie d'une analyse de la structure du marché, celui des concentrations doit démontrer la probabilité de comportements futurs pour les concentrations non horizontales ou pour les positions dominantes collectives. Il faut reconnaître qu'il est plus facile d'apprécier *a posteriori* une structure de marché que d'évaluer *a priori* la probabilité d'un comportement. C'est la raison pour laquelle, afin de ne pas verser dans la divination, le pronostic par une Autorité de la concurrence d'un comportement doit au moins reposer sur la démonstration d'une série d'étapes logiques et quasi-inévitables pour établir la probabilité d'un comportement futur.

S'il corrige beaucoup d'erreurs, s'il brocarde même des exagérations de la Commission, le ton du Tribunal est loin d'être aussi critique qu'il l'a été lorsqu'il avait annulé les décisions Schneider / Legrand et Tetra Laval / Sidel. En poursuivant dans son arrêt *General Electric* le raisonnement qu'il avait eu dans cette dernière affaire, le Tribunal exige de la Commission une rigueur renforcée pour rapporter la preuve du caractère anticoncurrentiel d'une concentration non horizontale. En outre, le message envoyé indirectement aux entreprises est de démontrer de façon convaincante quelles sont les stratégies qu'elles pourront ou non mener après la concentration. Cette évolution devrait contribuer à élargir sensiblement le lectorat du *Journal officiel de l'Union européenne* au monde des affaires, si toutefois les démonstrations des entreprises ne sont pas entièrement occultées pour des raisons de confidentialité.

J.-M. Cot

Concurrences N° 1-2006, Art. N° 1012, p. 155

> ***Voir aussi***
>
> *F. Zivy, Demande de jonction d'affaires : Le TPICE juge que le recours en annulation introduit par Honeywell était voué au rejet (Honeywell), 14 décembre 2005, Concurrences N° 1-2006, Art. N° 958, pp. 178-180.*

CJCE, gde ch., 10 juill. 2008, Bertelsmann-Sony / Impala, C-413/06 P

La Cour de justice des Communautés européennes invalide l'arrêt du Tribunal de première instance des Communautés européennes ayant annulé la décision d'autorisation de la concentration Sony-BMG et précise le standard de preuve applicable dans les procédures de contrôle des concentrations.

S'écartant clairement des conclusions de l'Avocat général Julian Kokott présentées le 13 décembre 2007, la Cour de justice des Communautés européennes (ci-après la « Cour de justice » ou la « Cour ») a annulé, par un arrêt du 10 juillet 2008, l'arrêt du Tribunal de première instance (ci-après le « Tribunal » ou le « TPI ») rendu le 13 juillet 2006 dans l'affaire Bertelsmann and Sony Corporation of America / Impala. Pour rappel, l'arrêt du Tribunal était le premier, et est à ce jour toujours le seul, à avoir annulé une décision d'autorisation inconditionnelle de la Commission européenne (ci-après la « Commission »).

Cet arrêt de la Cour de justice revêt une importance particulière à plusieurs titres. Tout d'abord, les cas de concentrations sont rarement débattus devant la Haute Cour de justice. En outre, cette affaire a donné à la Cour de justice l'occasion de clarifier et de développer sa jurisprudence sur certains standards légaux applicables en matière de contrôle des concentrations, tant du point de vue des parties à l'opération que de celui de la Commission.

Faits à l'origine du litige

Pour mémoire, le 9 janvier 2004, Bertelsmann AG et Sony Corporation of America (ci-après « Sony »), deux sociétés de médias internationales, ont notifié à la Commission un projet de concentration par lequel les parties envisageaient de regrouper leurs activités mondiales de musique enregistrée (à l'exclusion des activités de Sony au Japon) dans trois nouvelles sociétés exploitées ensemble sous le nom de Sony-BMG.

Bien que cette opération ait fait l'objet d'un examen approfondi de la part de la Commission en raison d'un risque de création ou de renforcement de position dominante collective sur le marché de la musique enregistrée et sur le marché de gros des licences pour la musique en ligne, la Commission a, le 19 juillet 2004, autorisé sans engagement la concentration au terme de la phase II (aff. COMP/M.3333).

À la suite d'un recours introduit par Independant Music Publishers and Labels Association (ci-après « Impala »), une association de sociétés indépendantes de production musicale, le Tribunal, par un arrêt du 13 juillet 2006, a annulé la décision de la Commission autorisant la création de l'entreprise commune Sony-BMG (T-464/04, Rec. p. II-2289). En substance, le Tribunal a considéré que la Commission n'avait pas suffisamment démontré l'inexistence d'une position dominante collective avant la concentration, ni l'absence de risque de création d'une telle position du fait de l'opération, en d'autres termes l'absence de risque de coordination tacite entre les quatre majors restant sur les marchés de la musique enregistrée (EMI, Warner, Universal et Sony-BMG).

Suite à l'annulation de sa décision d'autorisation, la Commission a conduit dans cette affaire une nouvelle procédure de contrôle de la concentration et a autorisé une deuxième fois sans condition la création de Sony-BMG le 3 octobre 2007.

Parallèlement à ce second examen de la concentration par la Commission, Bertelsmann AG et Sony ont introduit devant la Cour de justice un pourvoi contre l'arrêt du Tribunal, estimant que ce dernier avait surévalué les exigences juridiques requises pour une décision d'autorisation de la Commission.

Dans le même temps, Impala a de nouveau introduit, le 13 juin 2008, un recours contre la seconde décision d'autorisation de la Commission devant le Tribunal. À ce jour, le recours d'Impala est toujours pendant devant le Tribunal de Luxembourg.

Considérant que le Tribunal avait commis plusieurs erreurs de droit, la Cour de justice a de son côté annulé le 10 juillet 2008 le premier arrêt du Tribunal, et a décidé de renvoyer l'affaire devant ce dernier. Le Tribunal se trouve donc aujourd'hui doublement saisi de cette affaire, d'une part, du fait du recours d'Impala contre la seconde autorisation de la Commission et, d'autre part, par l'arrêt de renvoi de la Cour de justice (voir schéma ci-dessous).

Standard de preuve applicable dans les décisions d'autorisation et d'interdiction de la Commission

Tout d'abord, la Cour de justice a rejeté l'argument des requérantes selon lequel le Tribunal aurait dû examiner uniquement si la Commission aurait pu, en appliquant des exigences de preuve particulièrement élevées, interdire l'opération litigieuse.

En effet, les parties considéraient que le Tribunal avait commis une erreur de droit en n'admettant pas que la Commission doit se conformer à des exigences de preuve plus élevées en cas d'interdiction d'une opération de concentration qu'en cas d'autorisation d'une telle opération, les opérations de concentration devant selon elles bénéficier d'une présomption de compatibilité avec le marché commun.

Ainsi, selon les requérantes, la Commission ne serait pas soumise à la même obligation en matière de preuve, selon qu'il s'agit d'une décision autorisant une opération de concentration ou d'une décision interdisant une telle opération.

La Cour de justice a rappelé que l'article 2 du règlement (CE) n° 139/2004 relatif au contrôle des concentrations (ci-après le « règlement ») n'impose pas des exigences de preuve différentes en matière de décisions autorisant une opération de concentration et de décisions interdisant une telle opération.

Ainsi, la Cour a estimé qu'on ne pouvait déduire du règlement sur les concentrations une présomption générale de compatibilité ou d'incompatibilité avec le marché commun d'une opération de concentration notifiée.

Nature et rôle de la communication des griefs dans les procédures de contrôle des concentrations

Dans cet arrêt, la Cour de justice a expressément confirmé la nature provisoire de la communication des griefs dans les procédures de contrôle des concentrations.

La communication des griefs est une étape importante dans beaucoup de concentrations communautaires de phase II. C'est un document par lequel la Commission adresse aux parties ses conclusions préliminaires et ses « griefs » sur l'opération envisagée. Cette communication permet aux parties à l'opération d'obtenir des indications détaillées quant aux réserves émises par la Commission à l'égard de leur projet de concentration, ainsi qu'aux arguments et aux éléments de preuve sur lesquels elle s'appuie à cet effet. Après la réception de la communication des griefs, les parties ont la possibilité de présenter dans le cadre de leur audition écrite et orale, tout ce qu'elles estiment être susceptible de réfuter les griefs de la Commission et d'amener celle-ci à autoriser leur opération de concentration proposée.

En l'espèce, Bertelsmann AG et Sony considéraient que le Tribunal avait commis une erreur de droit en utilisant la communication des griefs en tant que point de référence pour évaluer la décision litigieuse au fond. En effet, pour mémoire, dans l'arrêt du 13 juillet 2006, le Tribunal s'est appuyé à plusieurs reprises à la communication des griefs pour étayer son raisonnement, tant en ce qui concerne le moyen tiré d'une insuffisance de motivation de la décision litigieuse qu'en ce qui concerne celui tiré des erreurs manifestes d'appréciation entachant cette décision.

En l'espèce, la Cour de justice a rappelé que le principe du contradictoire, est un principe fondamental du droit communautaire faisant partie des droits de la défense, et que ce principe, pour les procédures de contrôle des opérations de concentration, est également posé à l'article 18, paragraphe 3 du règlement. Cet article dispose notamment : « La Commission ne fonde ses décisions que sur les objections au sujet desquelles les intéressés ont pu faire valoir leurs observations. Les droits de la défense des intéressés sont pleinement assurés dans le déroulement de la procédure ».

La Cour a ensuite énoncé que, par nature, la communication des griefs est un document provisoire et susceptible de modifications lors de l'évaluation à laquelle la Commission procède ultérieurement sur la base des observations qui lui ont été présentées en réponse par les parties ainsi que d'autres constatations factuelles.

Ainsi, la Commission n'est pas tenue de maintenir les appréciations de fait ou de droit portées dans ce document. De même, la Cour a ajouté que la Commission n'est pas dans l'obligation d'expliquer les différences éventuelles de sa décision finale par rapport à ses appréciations provisoires contenues dans la communication des griefs.

Par ailleurs, le fait que la Commission soit soumise à des délais de procédure stricts dans le cadre du contrôle des opérations de concentration, à la différence de ce qui est le cas dans le champ d'application des articles 81 et 82 CE, ne change rien à la nature provisoire de la communication des griefs.

En l'espèce, la Cour de justice a relevé que le Tribunal ne s'est pas limité à l'utilisation de la communication des griefs comme un instrument permettant de vérifier le caractère correct, complet et fiable des faits à la base de la décision de la Commission. La Cour a estimé que dans l'arrêt attaqué, certains des renvois à la communication des griefs font ressortir que le Tribunal, nonobstant ses propres déclarations quant au caractère provisoire de cette communication, a donné un caractère plus fiable et plus décisif à une certaine conclusion figurant dans cette communication alors que celles-ci ne pouvaient pourtant être considérées que comme provisoires.

En effet, la Cour a notamment estimé que, même à supposer que le Tribunal était en droit d'opérer une distinction entre les « constatations factuelles préalablement opérées » et les appréciations figurant dans la communication des griefs, force est de constater qu'il a qualifié de constatations factuelles certaines appréciations complexes qui ne sauraient en tout état de cause être considérées comme des constatations factuelles non susceptibles d'être modifiées (voir points 379 et 446 de l'arrêt du TPI).

Ainsi, la Cour a conclu que le Tribunal a commis une erreur de droit dans la mesure où, dans son examen des arguments tirés de l'existence d'erreurs manifestes d'appréciation, « il a donné à certains éléments figurant dans la communication des griefs un caractère établi sans démontrer les raisons pour lesquelles, en dépit de la position finale adoptée par la Commission dans la décision litigieuse, ces éléments devraient être considérés comme incontestablement établis » (voir point 76 de l'arrêt de la Cour).

Respect des droits de la défense des parties dans les procédures de contrôle des concentrations

La Cour de justice a également estimé que le Tribunal a commis une erreur de droit, d'une part, en imposant en substance à la Commission d'être particulièrement exigeante vis-à-vis du « caractère probant des éléments de preuve et d'argumentation apportés par les parties notifiantes en réponse à une communication de griefs » et, d'autre part, en estimant que « l'absence d'études de marché supplémentaires après la communication des griefs et la reprise par la Commission de l'argumentation en défense des requérantes équivalaient à une délégation illégale de l'enquête aux parties à la concentration ».

Pour mémoire, dans son arrêt d'annulation, le Tribunal avait notamment considéré que « les contraintes de temps ont également pour effet que les parties à la concentration ne sauraient attendre la dernière minute pour soumettre à la Commission des éléments de preuve en vue de réfuter des griefs soulevés en temps utile par la Commission dans la mesure où celle-ci ne serait, dès lors, plus en mesure de procéder aux vérifications nécessaires. À tout le moins convient-il, dans cette hypothèse, que ces éléments de preuve apparaissent comme étant particulièrement fiables, objectifs, pertinents et convaincants pour pouvoir réfuter valablement les griefs soulevés par la Commission » (voir point 415 de l'arrêt du TPI).

En l'espèce, la Cour a souligné à nouveau que « le respect des droits de la défense avant l'adoption de toute décision pouvant faire grief aux entreprises concernées est impératif dans les procédures de contrôle des opérations de concentration ».

À cet effet, la Cour a rappelé qu'il ne saurait être reproché aux parties notifiantes de présenter certains arguments, faits ou éléments de preuve, éventuellement décisifs dans le cadre de leur argumentation en réponse à la communication des griefs. Ainsi, contrairement à ce que le Tribunal laissait entendre, une argumentation produite en réponse à la communication des griefs fait bel et bien partie de l'enquête prévue par la procédure formelle. De plus, cette argumentation n'est pas tardive dès lors qu'elle intervient au moment prévu à cet effet dans la procédure de contrôle des opérations de concentration.

Compte tenu, en particulier, des contraintes de temps qui découlent des délais de procédure, la Cour a rappelé que la Commission ne saurait, en principe, être tenue, dans chaque cas individuel, d'envoyer, après la communication des griefs et après l'audition des entreprises concernées, des demandes de renseignements à de nombreux opérateurs économiques.

La Cour a ainsi considéré que « compte tenu des exigences des droits de la défense, l'argumentation des parties notifiantes, présentée en réponse à la communication des griefs, ne saurait être soumise à des exigences plus élevées quant à sa force probante et à son caractère convaincant que celles posées à l'égard de l'argumentation des concurrents, des clients et d'autres tiers interrogés par la Commission ».

En outre, la Cour a souligné que la Commission a la possibilité de changer ses conclusions préliminaires lorsque les réserves qu'elle émet sur l'opération sont levées par les parties à l'opération.

Ainsi, la Cour a conclu que, lorsque la Commission examine dans sa décision l'argumentation en défense des entreprises notifiantes et se saisit de celle-ci pour revoir ou éventuellement modifier ses conclusions provisoires figurant dans la communication des griefs, elle ne procède pas à une « délégation » de l'enquête auxdites entreprises, tel que suggéré par le Tribunal (voir point 415 de l'arrêt du TPI).

À cet effet, la Cour a noté que les articles 14 et 15 du règlement prévoient l'imposition d'amendes ou d'astreintes lorsque des informations inexactes ou trompeuses sont communiquées. De même, la Commission a le pouvoir de révoquer une décision qui repose sur des indications inexactes ou qui a été obtenue frauduleusement. Ces dispositions signifient que les éléments et témoignages fournis par les parties à l'opération font partie de l'ensemble des éléments à prendre en compte par la Commission, et que celle-ci peut s'appuyer sur ces éléments sans procéder nécessairement à une étude de marché supplémentaire.

En outre, la Cour de justice a également considéré, conformément à l'article 18, paragraphe 3, du règlement, que la Commission ne peut pas fonder une décision sur des objections sur lesquelles les parties n'ont pas pu faire valoir leurs observations. Par conséquent, la Commission ne peut pas s'appuyer sur des documents confidentiels fournis par des tiers et qui n'ont pas été communiqués aux parties à la concentration. Ainsi, la Cour a également considéré que le Tribunal a commis une erreur de droit en s'appuyant sur des documents présentés à titre confidentiel par Impala.

Exigence de motivation des décisions de la Commission

L'arrêt de la Cour de justice confirme également que la Commission dispose d'une certaine marge d'appréciation dans la motivation de ses décisions.

En l'espèce, les requérantes soutenaient que le système communautaire de contrôle des opérations de concentration empêche le Tribunal d'annuler une décision autorisant une opération en raison d'une insuffisance de motivation.

À cet égard, la Cour a rappelé que conformément à une jurisprudence constante, la motivation des décisions de la Commission doit toujours faire apparaître de façon claire et non équivoque le raisonnement suivi de manière à permettre aux intéressés de connaître les justifications de la mesure prise et à la juridiction d'appel compétente d'exercer son contrôle.

La Cour a clairement énoncé que l'exigence de motivation doit être appréciée en fonction des circonstances de l'espèce et qu'il n'est pas nécessaire que la motivation de la Commission spécifie tous les éléments de fait et de droit pertinents. Par ailleurs, il n'est pas non plus nécessaire que la Commission prenne position sur des éléments clairement secondaires ou anticipe des objections potentielles. Le degré de précision de la motivation d'une décision doit être proportionné aux possibilités matérielles et aux conditions techniques ou de délai. Ainsi, la Cour a considéré qu'une exigence plus forte serait en effet difficilement compatible avec l'impératif de célérité et les brefs délais de procédure qui s'imposent à la Commission en matière de contrôle des concentrations.

En l'espèce, la Cour a souligné que, compte tenu notamment du contexte dans lequel la décision litigieuse a été adoptée, caractérisé notamment par les délais imposés en matière de contrôle des concentrations, « le Tribunal ne pouvait, sans commettre une erreur de droit, considérer que la Commission avait manqué, en l'occurrence, à l'obligation de motiver de manière suffisante la décision litigieuse ».

La Cour a ainsi noté que la décision litigieuse faisait ressortir le raisonnement suivi par la Commission, ceci ayant pour effet de permettre d'en contester ultérieurement, comme l'a d'ailleurs fait Impala, le bien-fondé devant la juridiction compétente. Ainsi, elle a considéré qu'il serait à cet égard excessif d'exiger, comme l'avait fait le Tribunal, une description détaillée de chacun des aspects sous-tendant la décision litigieuse.

On peut noter que, depuis l'arrêt du Tribunal, en 2006, la Commission a utilisé le « *stop the clock* » dans une proportion importante des procédures de phase II, afin d'obtenir davantage d'éléments des parties. À cet égard, l'arrêt de la Cour devrait redonner à la Commission un plus grand degré de confiance vis-à-vis du standard de motivation applicable s'agissant des informations collectées par la Commission, et pourrait mener cette dernière à prolonger moins systématiquement les délais d'examen.

Critères applicables à la création ou au renforcement d'une position dominante collective

La théorie des effets coordonnés (ou position dominante collective) a été, ces dernières années, le sujet d'importantes discussions parmi les économistes, les avocats ou les autorités. Ainsi, il convient de noter que le pourvoi de Bertelsmann et Sony a donné une rare opportunité à la Cour de se prononcer sur les critères posés par la jurisprudence Airtours (T-342/99, Airtours / Commission, 6 juin 2002, Rec. p. II-2585).

Pour mémoire, la jurisprudence Airtours a considéré que trois conditions devaient être réunies pour démontrer qu'était créée, à la suite d'une opération de concentration, une position dominante collective entravant de manière significative la concurrence effective dans le marché commun, à savoir :

- (i) la connaissance par chaque membre de l'oligopole du comportement des autres membres, par un degré de transparence du marché suffisant permettant de détecter des déviations d'un équilibre collusif ;
- (ii) la pérennisation de la coordination grâce à des incitations crédibles à ne pas s'écarter de la ligne de conduite commune (existence de possibilités de rétorsion crédible et suffisante en cas de déviation) ;
- et enfin, (iii) l'absence de remise en cause efficace de la coordination par des concurrents actuels ou potentiels, ou par les consommateurs.

En l'espèce, le Tribunal, dans son arrêt d'annulation de la décision Sony-BMG de la Commission, avait considéré que la Commission avait commis une erreur manifeste d'appréciation dans son examen des effets coordonnés et notamment de la transparence du marché.

Le Tribunal avait notamment précisé que dans le cadre de l'appréciation de l'existence d'une position dominante collective, les trois conditions dégagées par la jurisprudence Airtours étaient certes nécessaires, mais « peuvent cependant, le cas échéant, être établies indirectement sur la base d'un ensemble d'indices et d'éléments de preuve, éventuellement même très hétérogènes, relatifs aux signes, manifestations et phénomènes inhérents à la présence d'une position dominante collective » (voir point 251 de l'arrêt du TPI). Le Tribunal avait notamment estimé qu'un « alignement étroit des prix sur une longue durée, surtout s'ils sont d'un niveau supraconcurrentiel, joint à d'autres facteurs typiques d'une position dominante collective, pourraient, en l'absence d'autre explication raisonnable, suffire à démontrer l'existence d'une position dominante collective quand bien même il n'y aurait pas de preuves directes solides d'une transparence forte du marché, compte tenu de ce que cette dernière peut être présumée dans de telles circonstances ».

Selon les requérantes, le Tribunal avait appliqué un « critère édulcoré » pour établir la transparence du marché, en ce qu'il avait inféré cette transparence d'un certain nombre de facteurs qui, en droit, ne seraient pas suffisants pour établir le degré requis de transparence. Les requérantes ont soutenu que le Tribunal aurait en particulier commis une erreur de droit en ignorant la pertinence des remises pour apprécier la transparence au niveau des prix nets de gros et en omettant d'identifier une méthode permettant de surveiller de manière suffisamment précise et opportune les modifications importantes des prix nets de gros des autres majors pour identifier avec précision et à temps toute déviation dans les niveaux de prix tacitement convenus.

En l'espèce, bien que la Cour n'ait pas repris expressément la formulation posée par la jurisprudence Airtours quant aux critères devant être appliqués pour caractériser un risque de position dominante collective, elle a énoncé des critères similaires aux critères dégagés dans la jurisprudence Airtours. En effet, elle a considéré que :

- (i) une coordination tacite est plus forte si les concurrents peuvent facilement parvenir à une perception commune de la manière dont doit fonctionner la coordination, et notamment des paramètres susceptibles de faire l'objet de la coordination envisagée ;
- (ii) une coordination tacite doit être durable et les entreprises qui coordonnent leur comportement doivent être capables de surveiller dans une mesure suffisante si les modalités de la coordination sont respectées. La transparence sur le marché devrait, dès lors, être suffisante pour permettre, notamment, à chaque entreprise concernée de connaître, de manière suffisamment précise et immédiate, l'évolution du comportement sur le marché de chacun des autres participants à la coordination ;
- (iii) il doit exister une forme de mécanisme de dissuasion crédible ;
- et, (iv) les réactions d'entreprises qui ne participent pas à la coordination, telles que les concurrents actuels ou futurs, ainsi que les réactions des clients, ne devraient pas pouvoir remettre en cause les résultats attendus de la coordination (voir point 123 de l'arrêt de la Cour).

La Cour a ajouté que dans le cadre de l'application de tels critères, il y a lieu d'éviter une démarche mécanique consistant à vérifier séparément chacun desdits critères pris isolément, en ignorant le mécanisme économique global d'une hypothétique coordination tacite (voir point 125 de l'arrêt de la Cour). La Cour a souligné que l'appréciation de la transparence sur un marché donné devrait non pas se faire de façon isolée et abstraite, mais s'effectuer à l'aune du mécanisme de l'hypothétique coordination tacite.

Sans contredire explicitement la position du Tribunal vis-à-vis du « critère édulcoré », la Cour a considéré qu'il est impératif que cette recherche soit menée avec précaution et, surtout, dans le cadre d'une approche fondée sur l'analyse des éventuelles stratégies plausibles de coordination.

À cet égard, la Cour a relevé que le Tribunal n'avait pas effectué son analyse de la transparence du marché à la lumière d'une théorie plausible de coordination tacite.

La Cour a noté par exemple que le Tribunal s'était référé à la possibilité d'un « ensemble connu de règles » régissant l'octroi de remises par les majors. S'agissant de la question de savoir si certaines variations de remises, constatées par la Commission dans la décision litigieuse, étaient de nature à remettre en cause la possibilité d'une surveillance adéquate du respect mutuel des modalités d'une éventuelle coordination tacite, la Cour a relevé que le Tribunal s'était contenté d'affirmations non étayées d'un hypothétique professionnel du secteur.

Au final, la Cour a conclu que le Tribunal avait commis une erreur de droit en méconnaissant les principes devant guider son analyse de la transparence du marché dans le contexte d'une position dominante collective.

En l'espèce, ayant estimé le pourvoi fondé la Cour a annulé la décision du Tribunal. En outre, considérant que le litige n'était pas en état d'être jugé, elle a décidé de renvoyer l'affaire devant le Tribunal pour qu'il statue de nouveau.

Cet arrêt de la Cour de justice est d'une grande importance pour toutes les parties aux opérations de concentration, en soulignant notamment l'importance du respect de leur droit à la défense et la nature provisoire de la communication des griefs. De même, cet arrêt devrait permettre à la Commission de se sentir plus confiante à l'avenir dans les cas où elle changerait de position, notamment en autorisant une concentration après avoir envoyé une communication des griefs aux parties qui soulignait ses réserves initiales sur l'opération.

J. Philippe, A. Guyon

Concurrences N° 4-2008, Art. N° 22256

Voir aussi, sur les origines de l'affaire

Comm. CE, 19 juill. 2004, Sony / BMG, COMP/M.3333

I. Girgenson, Position dominante collective : La Commission européenne autorise la création d'une filiale commune entre Sony et Bertelsmann en dépit du fait que cette concentration réduit de cinq à quatre le nombre de principaux opérateurs sur les marchés de la musique enregistrée (Sony / BMG), 19 juillet 2004, Concurrences N° 1-2004, Art. N° 12043, p. 75.

TPICE, 13 juill. 2006, Independant Music Publishers and Labels Association (Impala), T-464/04

J.-M. Cot, Annulation : Le Tribunal annule la décision d'autorisation de concentration Sony / BMG (Impala), 13 juillet 2006, Concurrences N° 3-2006, Art. N° 1745, pp. 119-120.

Trib. UE, 9 mars 2015, Deutsche Börse, T-175/12

Le Tribunal de l'Union européenne rejette le recours contre une décision de la Commission européenne déclarant incompatible le projet de fusion entre deux des plus grosses sociétés de bourse.

Les décisions d'incompatibilité ne sont pas légion dans la pratique de la Commission (d'après les statistiques au 31 mars 2015, sur 5 796 opérations notifiés depuis l'origine du contrôle, seules 24 décisions d'incompatibilité en sont résultées). L'affaire Deutsche Börse – New York Stock Exchange Euronext en fait donc partie. On rappelle que le 1er février 2012, la Commission avait adopté la décision C (2012) 440 déclarant une concentration incompatible avec le marché commun et l'accord EEE (affaire COMP/M.6166 – Deutsche Börse c/ NYSE Euronext) (ci-après la « décision attaquée »). Dans cette dernière, la Commission avait constaté que le projet de concentration conduirait probablement à entraver de manière significative la concurrence effective en créant une position dominante ou une situation de quasi-monopole et en éliminant le concurrent effectif et potentiel le plus proche sur un certain nombre de marchés : à savoir (i) le marché des options et contrats à terme européens existants et nouveaux sur taux d'intérêt qui sont négociés en bourse, que ce marché soit ou non divisé entre les produits dérivés de taux d'intérêt à court terme (ci-après les « produits dérivés TICT ») et les produits dérivés de taux d'intérêt à long terme (ci-après les « produits dérivés TILT ») ou en fonction de la devise du sous-jacent, (ii), le marché des options et contrats à terme européens existants et nouveaux sur actions individuelles négociés en bourse, que ce marché soit ou non défini sur la base de sous-jacents uniques, de tous les sous-jacents d'une nationalité donnée, ou de tous les sous-jacents de l'Espace économique européen (iii), le marché des options et contrats à terme nouveaux sur indices boursiers européens négociés en bourse, (iv) le marché des services hors carnet d'ordres pour les transactions de blocs portant sur des contrats de produits dérivés européens négociés en bourse, que ce marché fasse ou non l'objet de subdivisions supplémentaires en fonction des différents axes envisagés pour la négociation sur carnet d'ordres et (v) le marché des services d'inscription, de confirmation et de compensation avec contrepartie centrale de transactions portant sur des versions flexibles d'options et de contrats à terme sur actions européennes négociés de gré à gré.

Ni les gains d'efficacité allégués susceptibles d'être générés par le projet de concentration n'ont été jugés suffisants pour contrer les restrictions significatives à une concurrence effective qui en résulteraient, ni les engagements présentés par les parties à la concentration n'ont paru de nature à corriger les problèmes de concurrence constatés et n'étaient donc pas susceptibles de lever l'entrave significative à une concurrence effective sur les marchés en cause, ni de rendre le projet de concentration compatible avec le marché commun.

Un recours difficile à organiser

Le 12 avril 2012, la requérante a introduit son recours en annulation et le 26 juillet 2012, Icap Securities (ci-après « Icap ») a demandé à intervenir dans cette affaire au soutien des conclusions de la Commission, ce que le Tribunal a accepté par ordonnance du 12 décembre 2012.

Dans l'intervalle le Tribunal a dû régler un problème lié au fait que l'opération ayant été interdite, NYSE Euronext et Deutsche Börse devaient être considérés comme des concurrents. Or, les documents détenus par la Commission, à raison de la notification, et concernant NYSE Euronext pouvaient-ils être produits, sans enfreindre la confidentialité, et surtout sans risque pour la concurrence, dans la procédure dans laquelle Deutsche Börse était partie ? C'est la Commission qui a saisi le Tribunal de cette question. Par ordonnance du 8 octobre 2012, ce dernier a adopté une mesure d'instruction en vertu de laquelle la Commission était en droit d'utiliser des documents et des informations provenant de NYSE Euronext aux fins de la procédure devant lui, dans la mesure où ils avaient été accessibles aux représentants de la requérante pendant la procédure administrative (ce qui laisse l'observateur sur sa faim en matière de *gun jumping*).

Ce même Tribunal a dû régler également un certain nombre de problèmes de production de documents, soit que la requérante ait demandé au Tribunal d'ordonner à la Commission la production de ceux-ci (*cf.* points 415-420 de l'arrêt. Le Tribunal estimant que le document en cause était un document interne à la Commission ayant un caractère préparatoire, dès lors qu'il a été élaboré dans le cadre de la procédure ayant conduit à l'adoption de la décision attaquée. Or, la légalité de celle-ci, s'agissant en particulier de la définition du marché de produit en cause, ne doit être appréciée qu'au regard des considérations qu'elle énonce, et non au regard de documents préparatoires antérieurs). Soit que la requérante ait été autorisée à produire un document qui a ensuite été versé aux débats. Il a profité de la phase orale pour questionner les deux parties qui ont apporté leurs réponses dans les délais impartis.

Enfin, on signale pour l'anecdote que la composition des chambres du Tribunal ayant été modifiée au cours de la procédure, l'affaire est passée de la cinquième chambre à la troisième.

La question préalable de l'inopérance des moyens

In limine litis, la Commission soulevait l'argument selon lequel le recours ne pouvait être que rejeter dès lors que, même si tous les moyens étaient fondés, la décision attaquée ne pourrait être annulée, dans la mesure où celle-ci comportait des constatations non contestées par la requérante, lesquelles suffisaient à justifier le dispositif de ladite décision. L'argument était de taille car comme le Tribunal l'avait déjà admis dans sa jurisprudence (*cf.* arrêt du Tribunal du 14 décembre 2005, General Electric c/ Commission, aff. T-210/01, Rec. p. II-5575, point 42, et la jurisprudence citée) dans la mesure où certains motifs d'une décision sont, à eux seuls, de nature à justifier à suffisance de droit celle-ci, les vices dont pourraient être entachés d'autres motifs de l'acte sont, en tout état de cause, sans influence sur son dispositif. Plus précisément, « dès lors que le dispositif d'une décision de la Commission repose sur plusieurs piliers de raisonnement dont chacun suffirait à lui seul à fonder ce dispositif, il n'y a lieu d'annuler cet acte, en principe, que si chacun de ces piliers est entaché d'illégalité. Dans cette hypothèse, une erreur ou autre illégalité qui n'affecterait qu'un seul des piliers du raisonnement ne saurait suffire à justifier l'annulation de ladite décision, dès lors que cette erreur n'a pu avoir une influence déterminante quant au dispositif retenu par l'institution auteur de cette décision » (*cf.* point 47 de l'arrêt commenté se référant à l'arrêt précité, *General Electric c/ Commission*, spéc. point 43 et la jurisprudence citée).

Enfin, et plus particulièrement en matière de contrôle des concentrations (*cf.* arrêt du Tribunal du 22 octobre 2002, Schneider Electric c/ Commission, T-310/01, Rec. p. II-4071, point 412), quelle que soit l'ampleur des lacunes que peut présenter une décision de la Commission constatant l'incompatibilité avec le marché commun d'une telle opération, ces lacunes ne peuvent pas en entraîner l'annulation si, et dans la mesure où, l'ensemble des autres éléments contenus dans cette décision permet au Tribunal de considérer comme établi que, en tout état de cause, la réalisation de l'opération aboutira à la création ou au renforcement d'une position dominante ayant pour effet une entrave significative à une concurrence effective. Était-ce le cas en l'espèce ?

Le Tribunal a estimé qu'il n'en allait pas ainsi pour plusieurs raisons. D'abord s'agissant de l'argument de la Commission relatif au marché pertinent, les juges relèvent que, certes, les critiques de la partie requérante (quant à l'existence de marchés distincts pour les ETD et les OTCD) sont concentrés sur un problème particulier (les produits dérivés négociés en bourse ou ETD – pour *Exchange-Traded Derivatives* – et plus particulièrement les produits analogues aux ETD ou ETD *look-alikes*), et non sur la définition de l'ensemble du marché pertinent (par rapport aux OTCD pour *Over-the-Counter Derivatives* ou produits dérivés négociés de gré à gré), toutefois, « aucun élément ne permet toutefois de considérer que, si cette argumentation, le cas échéant combinée aux autres griefs soulevés par la requérante, devait être accueillie, elle ne pourrait remettre en cause la définition du marché pertinent retenue par la Commission ». La formule laisse l'observateur perplexe d'autant qu'elle n'est pas plus avant explicitée. Plus convaincants sont les autres arguments du Tribunal.

D'abord s'agissant de l'argumentation de la requérante relative à la contestation de l'existence d'une entrave significative à la concurrence sur les marchés en cause, le Tribunal remarque que la décision de la Commission a identifié un tel risque d'entrave par l'élimination du concurrent effectif et potentiel le plus proche sur chacun des cinq marchés identifiés (*cf. supra*), sans établir aucune hiérarchie entre les problèmes (*cf.* point 52 de l'arrêt commenté). Le Tribunal va même jusqu'à admettre que la requérante n'a avancé aucun moyen visant à contester spécifiquement et explicitement les conclusions de la Commission sur trois des marchés (point 53 *ibid.*) ; cependant il conclut qu'il n'est pas possible de considérer que les moyens du recours sont, du fait d'une telle absence de contestation explicite, inopérants. Heureusement le Tribunal s'en explique.

En premier lieu – et l'argument est convainquant –, parmi les moyens invoqués par la requérante aussi bien relatifs aux gains d'efficacité qu'aux engagements, il en est qui s'appuient sur des violations des droits de la défense, dont il ne saurait être exclu que, s'ils étaient accueillis, ils pourraient aboutir à une annulation de la décision attaquée. En deuxième lieu, et quant à l'argument relatif au silence de la requête sur certains marchés concernés, le Tribunal relève que certains considérants de la décision attaquée les concernant renvoient à d'autres considérants de ladite décision relatifs aux marchés concernés par la requête. De sorte que ce qui sera décidé pour les marchés attaqués est susceptible d'avoir par ricochet des incidences sur l'ensemble des marchés concernés. Enfin, en troisième lieu, le Tribunal repousse l'argument selon lequel le silence déjà relevé de la requête sur certains marchés conduirait à considérer comme inopérants les moyens visant à contester les appréciations portées par la Commission sur les gains d'efficacité et les engagements seraient inopérants, puisqu'ils ne se rapportent pas spécifiquement à un marché déterminé. À cette fin, le Tribunal commence par une affirmation générale, qui au demeurant pourrait être discutée, selon laquelle (point 57 *ibid.*) à « supposer que les griefs concernant les marchés explicitement contestés soient accueillis, il ne saurait être exclu que l'analyse effectuée par la Commission des gains d'efficacité et des engagements proposés aurait été différente, de sorte qu'elle aurait pu être amenée à autoriser la concentration projetée ». On voit bien les limites de l'exercice consistant à raisonner par hypothèse et surtout en reconstituant ce qu'aurait pu être le raisonnement et la solution de la Commission (notamment au regard du rappel effectué par le Tribunal au point 62 de l'arrêt commenté). Heureusement l'illustration de cette généralité est plus convaincante. Le Tribunal prend en effet comme exemple l'affirmation, par la Commission (point 1479 de la décision précitée), que si les propositions d'engagements, que les parties notifiantes lui avaient adressées, avaient apporté une réponse adéquate aux problèmes de concurrence soulevés par la notification de griefs, elle aurait pu autoriser l'opération. Ce n'est que parce que ces engagements étaient insuffisants que les problèmes de concurrence n'ont pas reçu une réponse suffisante, selon la Commission. Dès lors l'argumentation de la requérante relative à l'appréciation des engagements ne peut être considérée comme inopérante, car elle pourrait remettre en cause l'ensemble de la décision.

Les moyens au fond

Avant même d'examiner les moyens au fond, le Tribunal commence par rappeler les caractères essentiels du contrôle des concentrations, notamment au regard de sa jurisprudence (Tribunal, 6 juillet 2010, aff. T-342/07, Ryanair c/ Commission, Rec. p. II-3457, 6 juin 2002, aff. T-342/99, Airtours c/ Commission, Rec. p. II-2585, 25 octobre 2002, aff. T-5/02, Tetra Laval c/ Commission, Rec. p. II-4381), qui vont lui servir de cadre au raisonnement (*cf.* points 61-67 de l'arrêt commenté). Or, la requérante invoquait en substance trois moyens, le premier tiré d'erreurs de droit et d'appréciation concernant l'analyse des éléments de preuve disponibles, le deuxième tiré d'erreurs de droit et d'appréciation concernant les gains d'efficacité et, le troisième, toujours tiré d'erreurs de droit et d'appréciation mais concernant les engagements.

Premier moyen : les erreurs de droit et d'appréciation concernant l'analyse des éléments de preuve disponibles

Ce premier moyen se subdivisait en deux branches, tirées, la première, de ce que la Commission n'a pas suffisamment tenu compte des pressions concurrentielles horizontales et, la seconde, de ce que la Commission n'a pas examiné de façon suffisante les pressions liées à la demande.

Première branche du premier moyen : les prétendues pressions concurrentielles horizontales

Sur la première branche, la requérante avançait quatre griefs.

Le premier soutenait que l'examen par la Commission des OTCD était entaché d'erreurs de droit et d'appréciation. Selon la requérante la conclusion selon laquelle les ETD et les OTCD relèvent de marchés distincts, au motif qu'ils ne sont pas interchangeables, serait erronée.

Premier grief : sur l'existence d'un marché unique entre ETD et OTCD

Le Tribunal commence par rappeler que dans sa décision la Commission (points 445-642) avait considéré qu'il n'y avait pas lieu de se prononcer sur l'appartenance des ETD *look-alikes* et des ETD au même marché, dans la mesure où la faible part des premiers, qu'ils soient ou non au sein du même marché, ne causerait aucune pression concurrentielle sur les seconds (point 76 de l'arrêt commenté). De sorte que l'argumentation de la requérante sur ce point est inopérante. Elle est de surcroît dénuée de pertinence en ce qui concerne les clients ne négociant que des ETD, étant donné que, par définition, ils ne négocient pas d'ETD *look-alikes* (*ibid.*).

Par ailleurs, la requérante soutenait que le marché des ETD *look-alikes* représentait 5 à 15 % du marché des OTC et que ce dernier était dix fois supérieur à celui des ETD. Les ETD *look-alikes* représenteraient donc de fait entre la moitié et une fois et demie le volume des ETD, de sorte qu'ils auraient, contrairement à ce que la Commission prétendait, une incidence très significative sur les activités des parties à la concentration, ainsi que sur l'analyse des effets sur le jeu de la concurrence.

Pour répondre à l'argument, le Tribunal se contente de vérifier que la Commission n'a pas commis d'erreur manifeste en retenant une méthode quantitative (le chiffre d'affaires notionnel total et le nombre de transactions) et non une analyse qualitative (l'encours notionnel, c'est-à-dire la valeur totale de l'ensemble des transactions en cours). Or, relevant que selon cette méthode quantitative, « les ETD *look-alikes* ne sauraient être considérés comme ayant l'importance alléguée par la requérante », (point 81 de l'arrêt commenté), le Tribunal valide les conclusions opérées par la Commission. De surcroît, il relève que la Commission n'a pas totalement ignoré l'aspect qualitatif, et notamment les caractéristiques économiques des ETD *look-alikes* (point 82 *ibid.*).

La requérante contestait également la conclusion de la Commission selon laquelle le phénomène des ETD *look-alikes* qui était très limité et devait le rester. Elle reposait, selon elle, sur le constat erroné qu'il était peu probable que le groupe de clients qui ne négocie que des ETD bascule vers des OTC en réaction à une hausse de 5 à 10 % du coût global de négociation des ETD. On aura reconnu l'application du test « *Small but significant non-transitory increase in prices* » (SSNIP) (augmentation faible, mais significative et non transitoire des prix) qui vise à déterminer la substituabilité entre deux produits, et donc leur appartenance au même marché en examinant la réaction des clients au regard d'une augmentation du prix du produit en cause. Ce que la requérante reprochait n'était pas tant l'utilisation de ce test que les éléments à prendre en compte pour son utilisation. Pour elle, plutôt que de prendre en compte le coût global de la transaction, il fallait se fonder sur une partie seulement de ceux-ci, à savoir les commissions de bourse (point 84 de l'arrêt). Le Tribunal repousse assez facilement l'argument en relevant que l'enquête de marché avait bien montré que les opérateurs se fondaient sur le coût global de la transaction et non sur une partie d'entre elle, au demeurant non dissociable.

En restant sur ce même test, mais en troisième lieu, la requérante reprochait cette fois à la Commission de n'avoir pas examiné si les clients se détourneraient des ETD pour se tourner vers les ETD *look-alikes* en cas de hausse permanente de 5 à 10 % du prix des ETD. Cependant, il suffit au Tribunal de remarquer que « la Commission a[vait] admis que les ETD *look-alikes* pouvaient, dans une certaine mesure, être considérés comme substituables aux ETD, ainsi qu'il ressort des considérants 310 à 320 de [sa] décision » (point 85). De sorte que l'argument était soit sans objet soit inopérant, puisque la requérante n'apportait aucune preuve que la substituabilité était plus importante. En quatrième lieu, c'est à peu près la même argumentation et le même refus qui ont été apportés à la substituabilité en termes de risque entre les deux types de produits (point 86 *ibid.*)

Enfin, en cinquième lieu, il était reproché à la Commission d'avoir soutenu qu'à l'avenir, les ETD ne seraient plus interchangeables avec les ETD *look-alikes* en raison des évolutions réglementaires. En réalité la Commission, le Tribunal le relève, a envisagé toutes les hypothèses mais a simplement remarqué que le contenu des futures réglementations n'était pas clair et qu'il ne pouvait être exclu que les ETD *look-alikes* soient réintégrés dans le champ de la négociation boursière obligatoire, ce qui ne pouvait lui être reproché (point 87).

Le Tribunal repoussera également l'argument selon lequel serait erronée la conclusion de la Commission quant au fait que les OTC relèvent d'un marché distinct de celui des ETD, au motif qu'il existe un groupe de « clients » capables de négocier uniquement des ETD. L'argument sera jugé inopérant car il résultait d'une lecture erronée de la décision qui n'avait jamais tissé un tel lien de causalité (point 90). En tout état de cause aucun des arguments avancés par la requérante au soutien de cette allégation, lesquels visaient, en substance, à mettre en cause l'existence d'une catégorie de clients ne négociant que des ETD, n'a été jugé fondé : ni la prétendue omission par la Commission des produits dérivés de taux d'intérêt (point 94), ni le prétendu caractère erroné de l'affirmation selon laquelle les parties à la concentration seraient susceptibles de discriminer les clients capables de négocier uniquement des ETD (points 95-99 *ibid.*), ni enfin la critique, en substance, de la composition de l'échantillon retenu par la Commission dans le cadre de son examen et les conclusions que celle-ci a tirées (points 102-103 *ibid.*). Le Tribunal conclue qu'en tout état de cause, il doit être constaté qu'aucun des arguments avancés par la requérante ne permettait de remettre en cause les conclusions de la décision attaquée concernant la définition du marché pertinent (points 106-128), la plupart des arguments manquant en fait.

Le deuxième grief, faisait valoir que la conclusion de la Commission selon laquelle les parties à la concentration exercent une pression mutuelle sur leurs commissions de bourse pour les produits dérivés de taux d'intérêt et d'actions individuelles est entachée d'erreurs de droit et d'appréciation.

Deuxième grief : sur l'existence d'une pression concurrentielle entre les parties sur leurs commissions

Il était tout d'abord reproché à la Commission de n'avoir pas effectué d'analyse quantitative des pressions concurrentielles et d'avoir fait, à cet égard, une interprétation erronée de l'arrêt *Ryanair c/ Commission* (précité *supra).* Sur ce dernier point, le Tribunal rétablit le sens de l'arrêt en rappelant « qu'il n'y a pas lieu d'établir une hiérarchie entre "éléments de preuve non techniques" et "éléments de preuve techniques" » (*cf.* point 136 de l'arrêt *Ryanair c/ Commission*). En effet, il appartient à la Commission d'évaluer globalement le résultat du faisceau d'indices utilisé pour évaluer la situation de concurrence (point 133 de l'arrêt commenté).

Ce préalable va permettre au Tribunal de repousser les arguments de la requérante visant à démontrer, en substance, que la Commission a écarté à tort la pertinence d'une analyse quantitative.

En commençant par rappeler que c'est aux parties à la concentration qu'il appartenait, en particulier, de fournir à la Commission toutes les informations qu'elles jugeaient pertinentes, de sorte qu'elles ne peuvent désormais reprocher à celle-ci de ne pas avoir tenu compte, lors de l'adoption de la décision attaquée, de données qu'elles prétendent avoir été en mesure de communiquer, mais n'ont effectivement pas soumises lors de la procédure administrative (point 136 *ibid.*).

Puis, s'agissant de la critique de la conclusion de la Commission selon laquelle les produits dérivés de taux d'intérêt des parties à la concentration auraient été en concurrence (points 137-138 à propos des produits dérivés LTIR ou STIR, en anglais ou TILT et TICT, pour taux d'intérêt long terme, et taux d'intérêt court terme). Et en continuant en relevant l'inopérance (point 141 *ibid.* sur l'absence de niveau requis pour constituer des éléments de preuve solides, des éléments retenus par la Commission) ou l'inexistence (point 140 *ibid.* sur la prétendue incohérence entre l'analyse de la Commission des produits dérivés TILT et des produits dérivés TICT et celle incompatible suivie pour distinguer les ETD des OTC) des faits allégués, voire le caractère non fondé de l'argument (point 142 *ibid.*).

Ensuite sur l'incohérence entre l'admission de l'existence d'une pression concurrentielle mutuelle entre les produits dérivés TILT d'Eurex et les produits dérivés TICT du Liffe (pour « London International Financial Futures and options Exchange », le marché à terme britannique), et le refus d'admettre une telle pression sur les uns ou les autres du produit dérivé de taux d'intérêt Eurodollar du Chicago Mercantile Exchange (ci-après le « CME »), le Tribunal rappellera que la Commission avait établi « que les produits dérivés de taux d'intérêt basés sur des devises différentes, tant à court qu'à long termes, n'étaient donc généralement pas substituables et qu'il en était de même en ce qui concernait les produits dérivés de taux d'intérêt fondés sur l'euro et sur la livre sterling » (point 145 *ibid.*). De surcroît la Commission n'avait pas exclu dans sa décision une certaine concurrence entre le CME et l'entité issue de la concentration. Enfin, même si le CME disposait d'une réserve de marge de taille similaire, comme l'admettait d'ailleurs la Commission, il n'en demeurait pas moins que, en raison notamment de sa composition, elle n'était pas en mesure de constituer une pression concurrentielle (point 148 *ibid.*).

Enfin, tous les arguments tentant de démontrer que la Commission avait commis des erreurs en estimant que Eurex exerçait une pression sur la tarification des produits TICT de Liffe adossés au Tibeur (taux interbancaire offert en euros), ont été rejetés car la Commission n'avait commis aucune erreur manifeste d'appréciation (*cf.* points 151-154).

Troisième grief : sur la pression concurrentielle que les parties à la concentration exercent l'une sur l'autre en matière d'innovation

La requérante commençait par mettre en question la conclusion de la Commission selon laquelle la concurrence entre les parties à la concentration était l'unique moteur du développement de nouveaux produits. De ce point de vue, le Tribunal commence par relever qu'une partie de l'argumentation était sans pertinence puisqu'elle concernait l'innovation technique alors que dans le cadre de la présente allégation, l'argument concernait l'innovation visant à introduire de nouveaux produits (point 162 *ibid.*). Ensuite, le reste de l'argumentation repose sur une lecture erronée de la décision attaquée (point 163 *ibid.*), notamment le fait qu'aucun élément de la décision attaquée ne contredit le fait, souligné par la requérante, que les parties à la concentration continueraient d'innover en matière de nouveaux produits après la concentration (point 164 *ibid.*). Enfin, il n'est pas inutile de rappeler que la Commission s'était fondée « sur des documents ou des affirmations émanant des parties à la concentration, de réponses à l'enquête de marché, ainsi que sur des exemples concrets, passés ou récents » (point 165). La requérante était donc mal venue d'en contester le principe et avait ignoré d'autres éléments pourtant essentiels (points 166-169).

De surcroît aucun des arguments avancés pour contester le raisonnement de la Commission n'a paru de nature à remettre en cause les analyses de la Commission en la matière (points 173-178).

Quatrième grief : sur la concurrence exercée par d'autres plateformes

Aucun des cinq arguments avancés par la requérante n'a été retenu. En premier lieu, la requérante reprochait à la Commission d'avoir évoqué, au considérant 703 de la décision attaquée, la pression exercée par Eurex sur le CME aux États-Unis, alors qu'elle avait contesté que le CME puisse être en mesure d'exercer une pression identique en Europe, bien que les conditions préalables soient similaires. Il suffit au Tribunal de relever que « la Commission a retenu, au considérant 758 de cette décision, que les compensations entre les produits respectifs des parties à la concentration étaient sensiblement plus importantes que celles qu'il est possible de réaliser entre ces mêmes produits et ceux du CME, ce que la requérante n'a pas valablement remis en cause » (point 182 *ibid.*). Pour le reste, les arguments sont repoussés soit parce qu'ils manquent en fait (point 185 *ibid.*) ou sont inopérants (point 184 *ibid.*), voire non fondés (points 186-187).

Se trouvent ainsi rejetés et le quatrième grief et la première branche du premier moyen.

Deuxième branche du premier moyen : insuffisante analyse des pressions liées à la demande

Dans le cadre de cette branche, la requérante avançait cinq griefs : le premier tenant à ce que, contrairement à ce que la Commission avait conclu, les clients des parties à la concentration faisaient peser sur ces dernières une pression concurrentielle importante, car lesdites parties ne contrôleraient que les coûts qu'elles facturent à leurs clients ; le deuxième, selon lequel la conclusion de la Commission, que les commissions de négociation augmenteraient à l'issue de la concentration méconnaîtrait les éléments prouvant l'existence de pressions liées à la demande ; le troisième, selon lequel la Commission n'a pas examiné les nombreux éléments prouvant que le rôle décisif joué par les clients générait des pressions sur la concurrence ; le quatrième tendant à montrer que les clients des parties à la concentration disposent, dans la mesure où ils agissent en tant qu'agents, de nombreux moyens pour orienter les négociations des utilisateurs finals vers une bourse ou pour les en détourner ; et enfin, le cinquième reprochant à la Commission de ne pas avoir tenu compte de la menace que font peser sur la concurrence les courtiers-négociants.

Premier grief : erreur sur la pression concurrentielle des clients, à raison des coûts qui leur sont facturés

Le Tribunal est assez sévère vis-à-vis de la requérante en remarquant qu'elle procède par pure affirmation (point 195 *ibid.*). De surcroît, il n'est guère possible de procéder par des affirmations générales concernant les clients, alors que le raisonnement avancé ne concerne qu'une toute petite partie des clients à savoir ceux qui jouent un rôle d'animateurs de marché. Enfin, le juge relève que le considérant 502 de la décision montre que les bourses se font concurrence sur le plan des coûts explicites afin d'attirer la liquidité sur leur plateforme, tandis que les coûts implicites sont principalement fonction de l'écart réalisé entre le cours vendeur et le cours acheteur. Or, cette concurrence sur les coûts explicites a nécessairement des conséquences indirectes sur les coûts implicites, dès lors que l'effort consenti pour attirer de la liquidité influence l'écart entre le cours vendeur et le cours acheteur. Il n'y a donc pas d'éléments pour démontrer que les bourses avaient une marge de manœuvre restreinte pour augmenter les commissions de négociation.

Deuxième grief : erreur sur l'effet de la pression concurrentielle de la demande au regard du risque d'augmentation des commissions

Il était également prétendu que la conclusion de la Commission, selon laquelle les commissions de négociation augmenteraient à l'issue de la concentration, aurait méconnu les éléments prouvant l'existence de pressions liées à la demande. Mise à part la question déjà abordée de l'augmentation des commissions (*cf. supra*), le Tribunal ne peut qu'approuver la Commission de s'être limitée à un examen sélectif de déclarations anecdotiques de la requérante et d'avoir estimé que les éléments de preuve cités n'étayent nullement la conclusion selon laquelle les parties à la concentration se font concurrence sur l'un des marchés de produits dérivés sur lesquels elles exercent une activité. À nouveau, il faut constater que la partie requérante n'apporte aucune preuve pour étayer ses affirmations et l'examen de la première branche du présent moyen n'ayant pas permis de remettre en cause le constat selon lequel lesdites parties exerçaient une pression concurrentielle l'une sur l'autre, le grief doit être repoussé, quand bien même la Commission a considéré que l'augmentation des commissions qui serait susceptible de se produire serait supérieure aux gains d'efficacité, sans même quantifier l'ampleur de cette augmentation, puisque personne n'a réussi à démontrer que ce faisant elle aurait commis une erreur manifeste d'appréciation (point 207 *ibid.*)

Troisième grief : erreur sur les éléments de preuve d'une pression concurrentielle exercée par les clients

Par ce grief, la requérante faisait valoir que la Commission n'avait pas examiné les nombreux éléments prouvant que le rôle décisif joué par les clients générait des pressions sur la concurrence. En outre, la Commission aurait rejeté, à tort, les éléments prouvant la puissance d'achat des clients des parties à la concentration, aucun des cinq motifs avancés par cette institution à cet égard n'étant correct. De ce point de vue, il aurait suffi au juge de relever qu'il ressortait assez nettement des considérants 1009 à 1020 de la décision attaquée que la Commission avait bien pris en compte l'argumentation desdites parties (point 212 *ibid.*). Néanmoins, le Tribunal repousse tous les arguments de la requérante contestant les motifs par lesquels la Commission a réfuté l'existence d'une puissance d'achat de la part des clients à la concentration (points 214-218 *ibid.*)

Quatrième grief : erreur sur le rôle des clients en tant qu'agents

Selon cet argument, la Commission n'aurait pas tenu compte du pouvoir de ces clients de fixer le coût global de négociation facturé auxdits utilisateurs pour une large gamme de produits, les commissions facturées aux clients desdites parties ne constituant qu'un élément mineur de ce coût. Il suffit à cet égard de lire ce que dit le Tribunal pour repousser l'argument : « il est à rappeler que, dans son appréciation de l'argumentation des parties à la concentration, selon laquelle leurs principaux clients jouent le rôle d'agents pour leurs clients qui ne sont pas des membres directs des bourses et exercent un pouvoir considérable sur les places boursières, la Commission a, au considérant 375 de la décision attaquée, souligné que l'enquête de marché avait fourni de nombreux éléments de preuve démontrant que 'les clients [des courtiers laissaient] rarement leurs courtiers prendre la décision de négocier ou non de gré à gré, lorsque les deux voies [étaient] possibles [...] [,] presque tous les participants à l'enquête [ayant] déclaré indiquer le mécanisme d'exécution choisi (en bourse ou de gré à gré) lorsqu'ils [négociaient] des contrats dérivés par l'intermédiaire de leurs courtiers'. Elle s'est fondée, à cet égard, sur des déclarations d'acteurs du marché, dont la requérante n'a pas valablement remis en cause la véracité ou le caractère probant » (point 223 *ibid.*). Dès lors l'argument tombe à plat et le Tribunal est à nouveau obligé de constater que la requérante procède par affirmation et n'apporte aucune preuve à l'appui de ces assertions.

Cinquième grief : erreur sur le rôle des courtiers négociants

Enfin, ce grief consistait à prétendre que la Commission n'avait pas tenu compte de la menace que font peser sur la concurrence les courtiers-négociants, qui sont en mesure de créer des plateformes concurrentes et de capter les négociations des utilisateurs finals, ainsi que la liquidité en vue de les faire basculer vers ces plateformes. Ici encore, le Tribunal relève (point 228 *ibid.*) que, contrairement à ce qui était prétendu, la Commission avait parfaitement tenu compte de cette menace dans sa décision (points 374-384 de la décision). Par ailleurs, la requérante n'apporte aucun élément de preuve susceptible de remettre en cause les conclusions de la Commission (point 231 *ibid.*). Un exemple suffit à s'en convaincre s'agissant du prétendu risque résultant du fait que les courtiers-négociants seraient en mesure d'instituer des plateformes concurrentes et de capter ainsi les négociations des utilisateurs finals et la liquidité en vue de les faire basculer vers ces plateformes, « il doit être relevé que, ainsi que l'indique la Commission dans le mémoire en défense sans être contestée par la requérante, les plateformes qui seraient mises en place seraient des plateformes de négociation de gré à gré traitant des OTC et non des ETD. Dès lors que la requérante n'a avancé aucun élément permettant de remettre en cause, ainsi qu'il ressort de l'ensemble de l'examen de la première branche du présent moyen, la conclusion de la Commission selon laquelle la substituabilité des OTC et des ETD est, au mieux, limitée, l'argument selon lequel les courtiers-négociants seraient en mesure d'exercer une pression concurrentielle doit être écarté' (point 230 *ibid.*).

Au bout du compte c'est l'ensemble du premier moyen qui est ainsi écarté.

Deuxième moyen : les erreurs de droit et d'appréciation concernant les gains d'efficacité

Ce moyen, sur lequel on sera plus bref, comportait, en substance, quatre branches, relatives, la première, à la communication des éléments relatifs aux gains d'efficacité, la deuxième, aux économies en termes de garanties, la troisième, aux effets sur la liquidité et, la quatrième, aux économies sur les coûts informatiques et d'infrastructure.

Avant même d'examiner chacune de ces branches, le Tribunal a tenu à rappeler que selon les lignes directrices de 2004 de la Commission (*cf.* Lignes directrices sur l'appréciation des concentrations horizontales au regard du règlement du Conseil relatif au contrôle des concentrations entre entreprises (2004/C 31/03) *JOUE*, C 31 du 5 février 2004, p. 5), et notamment leur paragraphe 78, pour que la Commission tienne compte des gains d'efficacité invoqués dans le cadre de son appréciation d'une concentration et soit en position de conclure que, grâce à ces gains, rien ne s'oppose à ce que l'opération soit déclarée compatible avec le marché commun, ces gains doivent être à l'avantage des consommateurs, être propres à la concentration et être vérifiables. Ces conditions sont cumulatives. De surcroît, et selon le paragraphe 84, *in fine*, du même texte, il est hautement improbable qu'une opération qui débouche sur une position proche du monopole, ou sur un niveau de pouvoir de marché comparable, puisse être déclarée compatible avec le marché commun au motif que les gains d'efficacité suffiraient à contrebalancer ses effets anticoncurrentiels potentiels. Le décor était bien planté et l'issue prévisible.

Première branche : sur la communication des éléments relatifs aux gains d'efficacité

Ce point ne mérite pas que l'on s'y attarde car, à la partie requérante qui soulevait que la Commission n'avait pas opposé la tardiveté de la communication des gains d'efficacité durant la procédure administrative, mais seulement dans ses écritures devant le Tribunal, il suffit à ce dernier de montrer que l'argument est faux, voire mensonger puisque la décision de la Commission (point 1152) révèle que l'argument a bien été avancé et que de surcroît, il n'a pas empêché la Commission d'examiner la question de ces gains d'efficacité (points 1153 à 1160 de la décision). L'argument est donc rapidement écarté (point 244 de l'arrêt).

Deuxième branche : sur les économies en termes de garanties

Plus sérieuse était cette branche puisque la requérante avançait cinq griefs à l'appui. On insistera surtout sur deux d'entre eux, en laissant les autres, écartés eux aussi, de côté (*cf.* points 281-288 pour le troisième, points 290-295 pour le quatrième, points 297-300 pour le cinquième, 246-166).

Premier grief : violation des droits de la défense

Selon ce grief, la Commission aurait violé les droits de la défense des parties à la concentration en ce qu'elle s'est écartée de l'analyse figurant dans la communication des griefs, et a modifié ses calculs concernant les économies réalisées, sans mettre lesdites parties en mesure de présenter des observations sur son examen des économies en termes de garanties.

Le Tribunal prend soin de commencer par rappeler l'état du droit, d'abord s'agissant du caractère de principe général du droit, du respect des droits de la défense (*cf.* par ex., CJCE, 3 septembre 2009, Prym et Prym Consumer c/ Commission, C-534/07 P, Rec. p. I-7415, point 26, et la jurisprudence citée). Il est d'ailleurs consacré expressément à l'article 18, § 3 deuxième phrase du règlement de base n° 139/2004 et à l'article 13, § 2 du règlement d'application de la Commission n° 802/2004. La jurisprudence a d'ailleurs explicité le principe en exigeant de la Commission la communication par écrit de ses objections aux parties à la concentration, avec indication à ces dernières du délai dans lequel elles peuvent faire connaître leur point de vue par écrit (*cf.* CJCE, 10 juillet 2008, Bertelsmann et Sony Corporation of America c/ Impala, C-413/06 P, Rec. p. I-4951, point 62), étant bien entendu que la communication des griefs est un document essentiel pour la mise en œuvre du principe du respect des droits de la défense (*cf.* en ce sens, arrêt de la Cour du 16 juillet 2009, Commission c/ Schneider Electric, C-440/07 P, Rec. p. I-6413, point 163). Toutefois, le principe n'empêche pas la Commission de modifier sa position en faveur des entreprises concernées (*cf.* CJCE, précité aff. Bertelsmann et Sony Corporation of America c/ Impala, point 63).

De sorte que si l'on essaye de résumer la position de la Cour, sur ce point, il est possible de dire que si la Commission n'est pas liée au maintien des appréciations de fait ou de droit portées dans ce document, et qu'au contraire, elle doit motiver sa décision finale par ses appréciations définitives fondées sur les résultats de l'intégralité de son enquête tels qu'ils se présentent au moment de la clôture de la procédure formelle sans être tenue d'expliquer les différences éventuelles par rapport à ses appréciations provisoires contenues dans la communication des griefs (arrêt *Bertelsmann et Sony Corporation of America c/ Impala*, point 248 *supra*, points 64 et 65), il est néanmoins exigé, lorsque la Commission constate au cours de la procédure d'examen approfondi et postérieurement à la communication des griefs, qu'un problème de concurrence susceptible d'aboutir à une déclaration d'incompatibilité n'a pas été ou a été insuffisamment énoncé dans cette communication, qu'elle choisisse soit de renoncer à ce grief au stade de sa décision finale, soit de mettre les entreprises concernées en mesure de formuler, avant celle-ci, toutes observations sur le fond et propositions de mesures correctives utiles (arrêt CJCE précité, aff. Commission / Schneider Electric, point 165).

En l'espèce, alors que les parties avaient allégué une économie en termes de garanties s'élevant à 3,1 milliards d'euros, la Commission avait estimé, dans sa communication des griefs, d'une part, que c'était le coût d'opportunité lié à la détention de liquidités ou de valeurs mobilières déposées en garantie qui constituait l'indicateur pertinent permettant de mesurer les économies réelles de coûts (point 254 de l'arrêt) et, d'autre part, qu'un coût d'opportunité de 5 % entraînerait une économie de coûts de seulement 155 millions d'euros. Toutefois, dans sa décision finale (point 1196), elle a estimé que le gain d'efficacité final devrait osciller dans une fourchette (rendue confidentielle) exprimée en millions d'euros à la condition toutefois que la fourchette alléguée de 3,1 milliards d'euros d'économies en termes de garanties nominales soit bien retenue comme base du calcul du coût d'opportunité. La requérante critiquait la Commission de ne pas lui avoir communiqué ses calculs révisés.

Le Tribunal commence par relever « que, dans la communication des griefs, la Commission avait clairement indiqué qu'elle 'supposait' que le coût d'opportunité de 5 % était une hypothèse 'prudente' et constituait une 'limite supérieure stricte'. Il ressort donc clairement de ladite communication que la Commission ne s'est pas prononcée définitivement sur cet aspect » (point 260 *ibid.*). Mais surtout, c'était aux parties à la concentration d'apporter, à la suite de la notification de la communication des griefs, les éléments permettant de déterminer avec précision ce taux. De surcroît, le point avait fait l'objet d'une discussion lors d'une réunion entre la Commission et les parties (point 263 *ibid.*). De sorte que le grief manquait aussi en fait, et qu'il a été repoussé.

Deuxième grief : gains pour les clients et récupération par les parties

Démontrer que l'opération engendrera un gain pour les consommateurs finals et/ou les clients est une chose (difficile), (point 79 des lignes directrices précitées) mais encore convient-il d'apporter la preuve que ce gain ne sera pas d'une manière ou d'une autre récupéré par l'entité issue de la concentration. On sait que plus cette entité disposera d'une position forte sur le marché, voire proche d'un monopole, moins il est probable que ces gains d'efficacité seront passés au consommateur final (point 84 *ibid.*). Compte tenu de la position à laquelle l'entité issue de l'opération devait arriver, la Commission avait conclu en l'espèce (point 1242 de sa décision), qu'il était possible qu'une fraction des avantages soit répercutée sur les clients, mais qu'il était impossible de déterminer l'ampleur de cet effet à partir des données disponibles.

Le Tribunal repoussera tous les arguments soulevés par la requérante pour contester cette conclusion estimant qu'aucun ne permettait de remettre en cause l'appréciation de la Commission. Pourtant la partie requérante avançait un argument intéressant en ce que les lignes directrices (précitées) ne contenaient nulle part la précision selon laquelle la Commission pouvait remettre en cause les gains d'efficacité par ailleurs démontrés au motif qu'ils pourraient être récupérés par l'entité issue de la concentration. Or, cette constatation était exacte. Cependant, le Tribunal prend le contrepied de l'argument, en relevant que rien dans ces lignes directrices n'interdisait à la Commission de tenir compte de cette éventuelle récupération (le même raisonnement sera tenu pour démontrer qu'aucune disposition ne s'oppose à ce que l'évaluation des gains d'efficacité soit effectuée de manière distincte de l'examen des effets de la concentration sur la concurrence, *cf.* point 275 de l'arrêt). De surcroît, au prix d'une interprétation constructive, le Tribunal trouve une telle possibilité au paragraphe 84 des lignes directrices en relevant « que lesdits gains peuvent n'être répercutés que partiellement et donc qu'ils peuvent être récupérés par les parties à la concentration, étant donné qu'il est indiqué, au paragraphe 84 des lignes directrices en cause, que la Commission doit s'assurer que les gains d'efficacité seront 'suffisamment' répercutés sur les consommateurs, et ce sans distinguer en fonction de la nature ou de la forme de ces gains » (point 273 *ibid.*)

Le grief ainsi que la deuxième branche du moyen sont ainsi rejetés.

Troisième branche : sur les effets en termes de liquidités

La Commission avait examiné le caractère vérifiable des gains en termes de liquidité aux considérants 1309 à 1323 de la décision attaquée et avait conclu, au considérant 1324 de cette dernière, que ceux-ci n'étaient pas vérifiables.

Sur les huit griefs soulevés par la requérante, et tous rejetés par le Tribunal, on ne s'attardera que sur un seul (on passera sous silence ceux qui s'appuyait sur des faits inexistants, notamment le deuxième grief), pour insister à nouveau sur la distinction entre l'argument fondé sur le défaut de motivation et celui tenant à contester le bien-fondé des arguments retenu dans la motivation. Ainsi dans le troisième grief, la requérante sous couvert de la violation d'une obligation de motivation cherchait à remettre en cause l'analyse effectuée par la Commission des gains d'efficacité (points 323-328 *ibid.*).

On relèvera cependant pour terminer que sur le septième grief, le Tribunal prononce une irrecevabilité car « pour étayer son allégation selon laquelle les critiques en cause sont erronées, la requérante se borne à renvoyer au contenu d'une annexe de la requête, constituée par un document de CL, postérieur à la décision attaquée, intitulé « Commentaires supplémentaires sur les critiques soulevées dans la décision d'interdiction ». Force est de constater que, s'agissant de ladite allégation, le corps de la requête ne contient pas d'argumentation dont le contenu serait précisé par l'annexe en cause » (*cf.* point 354 *ibid.*). Or, comme il le rappelle, il faut, pour qu'un recours soit recevable, que les éléments essentiels de fait et de droit sur lesquels celui-ci se fonde ressortent, à tout le moins sommairement, mais d'une façon cohérente et compréhensible, du texte de la requête elle-même. Si le corps de celle-ci peut être étayé et complété, sur des points spécifiques, par des renvois à des passages déterminés de pièces qui y sont annexées, un renvoi global à d'autres écrits, même annexés à la requête, ne saurait pallier l'absence des éléments essentiels de l'argumentation en droit, qui, en vertu des dispositions rappelées ci-dessus, doivent figurer dans la requête (*cf.* TPICE, 17 septembre 2007, Microsoft c/ Commission, T-201/04, Rec. p. II-3601, point 94, et la jurisprudence citée).

Quatrième branche : sur les économies en termes de coûts informatiques et d'infrastructures

En réponse au premier grief qui reposait sur l'existence d'une charge de la preuve trop lourde, le Tribunal ne peut que répéter que « c'est sur les parties à la concentration que pèse la charge de la preuve du caractère vérifiable des gains d'efficacité allégués. Cette répartition de la charge de la preuve peut être considérée comme étant objectivement justifiée dès lors que, premièrement, ce sont lesdites parties qui détiennent les informations pertinentes à cet égard et, deuxièmement, l'argument tiré des gains d'efficacité vise à contrebalancer les conclusions de la Commission tenant à ce que la concentration projetée entraverait probablement de manière significative la concurrence effective en créant une position dominante » (point 362 *ibid.*). Pour le reste, le Tribunal repousse tous les griefs, sur la base, explicite ou implicite, de l'absence de démonstration d'erreur manifeste : « la requérante n'a apporté aucun élément permettant de remettre valablement en cause les appréciations portées par la Commission sur les preuves avancées par les parties à la concentration lors de la procédure administrative » (point 371 *ibid.*).

Troisième moyen : les erreurs de droit et d'appréciation concernant les engagements

Ce dernier moyen comportait quatre branches : la première relative à ce que le rejet de l'engagement de cession était fondé sur des éléments de preuve inexacts, la deuxième, de ce que l'existence d'une relation symbiotique entre les produits dérivés d'actions et les produits dérivés d'indices était contredite par la définition du marché pertinent retenue par la Commission, la troisième, de ce que le rejet par la Commission de l'engagement sur l'accès des tiers décrédibilisait sa définition du marché pertinent et son appréciation des gains d'efficacité et, la quatrième, de ce que le rejet par la Commission de l'engagement de licence était entaché d'une erreur et est contredit par ses conclusions relatives à la concurrence technologique.

On rappellera qu'en l'espèce, les engagements comprenaient trois volets à savoir :

- l'engagement de céder certaines parties des activités des parties à la concentration dans les produits dérivés sur actions individuelles (ci-après l'« engagement de cession ») ;
- l'engagement d'offrir un accès à la réserve de marge et à la chambre de compensation de l'entité issue de la concentration aux tiers indépendants éligibles, pour certains contrats de produits dérivés éligibles sur obligations européennes, indices boursiers européens ou taux d'intérêt européens [ci-après l'« engagement ITPA » (*Independent Third-Party Access*)] ;
- enfin, l'engagement d'accorder une licence pour le logiciel de négociation des produits dérivés de taux d'intérêt d'Eurex (ci-après l'« engagement de licence »).

On ajoutera que les parties avaient également présenté, de manière informelle, l'engagement de ne pas augmenter les frais de négociation et de compensation des produits dérivés pendant une période de trois ans.

En résumé la Commission avait conclu (i) que la portée de ces engagements était insuffisante en ce qu'elle ne permettait pas de résoudre tous les problèmes de concurrence constatés, (ii) qu'ils avaient peu de chances d'être efficaces en pratique, dans la mesure où il existait de sérieux doutes quant à leur faisabilité et à leur capacité à être mis en œuvre et contrôlés, et (iii) qu'ils ne conduiraient probablement pas à une entrée en temps utile qui exercerait une pression concurrentielle suffisante sur l'entité issue de la concentration sur tous les marchés où des problèmes de concurrence avaient été identifiés. De sorte que dans leur ensemble, les engagements ne permettraient pas de corriger les problèmes de concurrence constatés.

La requérante, dans sa première branche, contestait la conclusion de la Commission relative à l'engagement de cession notamment eu égard à sa mise en œuvre incertaine en raison de l'aléa pesant sur l'obtention d'agréments des autorités nationales compétentes. Il suffira au Tribunal de constater que « le rejet de l'engagement de cession ne repose pas uniquement sur l'incertitude quant à l'octroi d'autorisations réglementaires, qui a trait à la portée de cet engagement, mais sur un ensemble de motifs distincts, qui ont trait à la question de savoir s'il est de nature à dissiper les problèmes de concurrence et s'il conduirait à une entrée en temps utile et suffisante » (point 388 *ibid.*).

Dans sa deuxième branche, la requérante contestait l'existence d'une relation symbiotique entre les produits dérivés d'actions et les actions sous-jacentes, d'une part, et les produits dérivés d'actions et les produits dérivés d'indices, d'autre part, impliquant que l'acquéreur de l'activité cédée par les parties à la concentration ne serait pas en mesure de concurrencer celles-ci, sauf à proposer à la fois les produits dérivés et les actions sous-jacentes. En toute hypothèse, la Commission ne l'aurait pas prise en compte. Ces deux affirmations se révèlent fausses, comme le montre le Tribunal (*cf.* points 391-392 *ibid.*). De surcroît, l'argument est inopérant car « même à supposer que la relation symbiotique en cause, qui a été évoquée dans le cadre de l'examen de la portée de l'engagement de cession, n'existait pas, cela serait sans influence sur le rejet de l'engagement de cession, dès lors que ledit rejet est également fondé, ainsi qu'il ressort de la première branche, sur d'autres motifs que ceux en cause dans le cadre de la présente branche, qui ont trait à la question de savoir si l'engagement en cause est de nature à dissiper les problèmes de concurrence et s'il conduirait à une entrée en temps utile et suffisante » (point 393 *ibid.*).

La troisième branche a également été rejetée comme inopérante (point 402 *ibid.*) dès lors que l'argumentation avancée par la requérante à son soutien ne permettait pas de remettre en cause le rejet de l'engagement ITPA par la Commission. En effet, il découlait des points 1446, 1449, 1464 et 1469 à 1471 de la décision attaquée que la Commission avait estimé que l'engagement ITPA ayant une portée insuffisante et son effet n'étant pas semblable à celui d'une cession, il serait insuffisant et ne pourrait être accepté. Des doutes considérables existaient sur son efficacité et, de nature complexe, il nécessiterait un contrôle qui se révélerait difficile à mettre en place au moyen des outils prévus par les règles relatives au contrôle des concentrations. Or ces considérations n'étaient pas contestées par la requérante, donc, même fondés les arguments étaient inopérants. Mais en toute hypothèse ils n'ont pas été considérés comme fondés (points 406 et s. *ibid.*).

Enfin, la quatrième branche prétendait que l'affirmation par la Commission que les parties à la concentration étaient le principal concurrent l'une de l'autre et le seul moteur d'innovation en matière de technologie des systèmes de négociation était contradictoire avec la conclusion de celle-ci selon laquelle des systèmes de négociation aussi adaptés pouvaient être acquis auprès de multiples autres sources. Le tribunal, pour rejeter cette branche se contentera d'indiquer que « la question de la concurrence par l'innovation est en effet une question distincte de l'octroi d'une licence pour accéder à la technologie existante » (point 413 *ibid.*).

L'ensemble du recours étant rejeté, on ne peut s'empêcher de retirer l'impression de cet arrêt que le recours aurait pu aisément être raccourci de moitié, tant nombre d'arguments reposaient au mieux sur des erreurs de lecture de la décision. À vouloir faire feu de tout bois, la partie requérante n'améliore pas toujours son appréciation par les juges. À tout le moins, elle permet à ses conseils juridiques d'exister.

D. Berlin
Concurrences N° 3-2015, Art. N° 75072, p. 112

Trib. UE, 28 mai 2020, CK Telekom, T-399/16

Le Tribunal de l'Union européenne annule une décision d'interdiction d'une opération de concentration sur un marché oligopolistique, en rappelant la portée de la notion d'entrave significative de la concurrence effective, ainsi que le standard de preuve applicable pour que la Commission européenne puisse conclure à un risque d'effets non coordonnés.

Le 11 septembre 2015, le groupe Hutchison, actionnaire de l'opérateur de téléphonie mobile au Royaume-Uni « Three », a notifié à la Commission européenne le projet d'acquisition de son concurrent « O2 », filiale britannique de l'opérateur espagnol Telefonica Europe plc.

Le 30 octobre 2015, la Commission européenne a ouvert une phase d'examen approfondi (phase II). Au terme de cet examen approfondi, la Commission a considéré que l'opération porterait atteinte à la concurrence pour les trois raisons suivantes (trois « théories du préjudice » selon l'expression utilisée par le Tribunal).

Premièrement, la Commission a identifié l'existence d'effets non coordonnés sur le marché des services de télécommunications mobiles au détail au Royaume-Uni dans la mesure où (i) l'opération aurait conduit à un passage de quatre à trois opérateurs de téléphonie mobile ; (ii) la nouvelle entité aurait représenté environ [30-40] % du marché de détail et en serait devenu le principal acteur ; (iii) l'opération aurait remis en cause le rôle d'« important moteur de la concurrence » de Three. Selon la Commission, cette forte diminution de la concurrence aurait « vraisemblablement » entraîné une hausse des prix des services de téléphonie mobile au Royaume-Uni et une limitation du choix pour les consommateurs.

Deuxièmement, la Commission a considéré que l'opération produirait des effets non coordonnés sur ce même marché de détail compte tenu des accords de partage de réseaux existant. Ces accords permettaient à BT/EE et Three (accord *MBLN*), d'une part, et à Vodafone et O2 (accord *Beacon*), d'autre part, de partager les coûts de déploiement de leurs réseaux. Selon la Commission, avant l'opération, chaque acteur de l'oligopole disposait d'incitations à développer soit le réseau MBLN soit le réseau Beacon, la qualité des réseaux étant un facteur déterminant pour la concurrence. Or, la nouvelle entité aurait été partie aux deux accords. Elle disposait de divers plans alternatifs visant à rationaliser soit le réseau MBLN soit le réseau Beacon. Cela aurait conduit la nouvelle entité à diminuer ses incitations à investir dans l'un des deux réseaux, et, par voie de conséquence, à augmenter les coûts d'entretien et d'amélioration du réseau soit de BT/EE, soit de Vodafone. Cette augmentation des coûts aurait pu se traduire par une diminution des investissements de BT/EE ou de Vodafone, une baisse de la qualité de leurs services ou une augmentation de leurs prix sur le marché. Or, sur un marché oligopolistique, il serait hautement probable qu'une perte de la pression compétitive d'un seul opérateur se traduise par une perte globale de la concurrence sur le marché.

Troisièmement, la Commission avait analysé l'existence d'effets non coordonnés sur le marché de gros. En effet, plusieurs opérateurs de réseaux mobiles virtuels, tels que Tesco Mobile, Virgin Mobile et TalkTalk, avaient conclu des accords permettant de disposer d'un accès aux réseaux à des prix de gros. La Commission avait considéré que l'opération (i) entraînerait un passage de quatre à trois opérateurs ; (ii) éliminerait l'important moteur de la concurrence que constituait Three sur ce marché de gros, puisqu'en dépit de parts de marché limitées, Three avait sensiblement crû et animait la concurrence lors des appels d'offres ; (iii) supprimerait les contraintes concurrentielles importantes que les parties exerçaient l'une sur l'autre et réduirait l'intensité concurrentielle s'exerçant sur les autres concurrents. L'opération aurait donc entraîné un risque de hausse des prix de gros, et, *in fine*, des prix pour le consommateur final.

Si les parties ont proposé des engagements pour remédier à ces risques, la Commission ne les a pas acceptés. En substance, elle a considéré que ces engagements étaient essentiellement de nature comportementale et qu'il existait une forte incertitude quant à leur mise en œuvre et leur suivi effectifs. Par conséquent, la Commission a adopté le 11 mai 2016 une décision d'incompatibilité de l'opération avec le marché intérieur.

Le 25 juillet 2016, Hutchison a introduit un recours contre la décision de la Commission devant le Tribunal de l'Union européenne.

Dans un arrêt du 28 mai 2020 riche d'enseignements et particulièrement dense, le Tribunal a accueilli le recours d'Hutchison et annulé la décision de la Commission. Pour cela, il a rappelé certaines notions fondamentales du contrôle des concentrations et constaté que la Commission avait commis plusieurs erreurs de droit et plusieurs erreurs manifestes d'appréciation, entachant chacune des trois « théories du préjudice » examinées par la Commission.

Avant d'examiner les erreurs d'appréciation commises par la Commission lors de l'examen des théories du préjudice (III), le Tribunal a rappelé notamment la portée de la notion d'entrave significative à la concurrence effective lorsqu'une opération de concentration risque de donner lieu à des effets non coordonnés sur un marché oligopolistique (I) et précisé le standard de preuve applicable à la démonstration de l'existence d'une entrave significative à la concurrence effective (II).

Existence d'une entrave significative à une concurrence effective en présence d'un risque d'effets non coordonnés sur un marché oligopolistique

La requérante reprochait à la Commission d'avoir considéré que l'opération donnait lieu à une entrave significative à la concurrence effective essentiellement en raison du caractère oligopolistique du marché. Selon elle, l'approche de la Commission était tellement large qu'elle vidait de tout sens la notion d'entrave significative à la concurrence effective et pourrait faire obstacle à toute concentration horizontale intervenant sur un marché oligopolistique.

De son côté, la Commission soutenait que, s'il n'existait aucune présomption particulière de l'existence d'une entrave significative à la concurrence lorsqu'une opération de concentration concerne un marché oligopolistique, de tels marchés « méritent une attention particulière ».

Le Tribunal devait donc préciser les critères permettant d'établir l'existence d'une entrave significative à une concurrence effective en l'absence de toute création ou renforcement d'une position dominante. Pour mémoire, l'article 2, paragraphe 3, du règlement n° 139/2004 relatif au contrôle des concentrations (règlement du Conseil du 20 janvier 2004 relatif au contrôle des concentrations entre entreprises, ci-après « règlement sur les concentrations » ou « règlement 139/2004 », *OJ* L 24, 29.1.2004) prévoit que « les concentrations qui entraveraient de manière significative une concurrence effective dans le marché commun ou une partie substantielle de celui-ci, notamment du fait de la création ou du renforcement d'une position dominante, doivent être déclarées incompatibles avec le marché commun ».

Le Tribunal commence par rappeler que le règlement n° 4064/89 du Conseil du 21 décembre 1989 relatif au contrôle des concentrations prévoyait uniquement que « les concentrations de dimension communautaire qui créent ou renforcent une position dominante ayant comme conséquence qu'une concurrence effective sur le marché commun ou une partie substantielle de celui-ci serait entravée de manière significative doivent être déclarées incompatibles avec le marché commun » (Trib. UE, 2020, *CK Telecoms UK Investments Ltd*, aff. T-399/16, § 81).

Il rappelle ensuite que les considérants 24 à 26 du règlement 139/2004, ainsi que son article 2, paragraphe 3, reprennent ce principe, tout en y ajoutant qu'une entrave significative à la concurrence effective peut découler « notamment » de la création ou du renforcement d'une position dominante.

Selon le Tribunal, cette rédaction du règlement 139/2004 a été adoptée pour :

- appréhender, dans le contexte spécifique des marchés oligopolistiques, les opérations portant une atteinte significative à la concurrence même en l'absence de création ou de renforcement d'une position dominante ;
- préserver et conforter la notion de position dominante, compte tenu du rôle que cette notion joue dans le système du droit européen de la concurrence ;
- accroître la sécurité juridique, ainsi que rendre plus transparente et prévisible l'analyse des concentrations par la Commission.

Dans ce contexte, le Tribunal interprète l'article 2, paragraphe 3, du règlement 139/2004 comme permettant à la Commission d'interdire, dans certaines circonstances, des concentrations sur des marchés oligopolistiques qui, bien que ne donnant lieu ni à la création ni au renforcement d'une position dominante (individuelle ou collective), sont susceptibles d'affecter les conditions de la concurrence dans une mesure comparable à celle résultant d'une telle position dominante. Tel serait le cas lorsque l'opération de concentration conférerait un pouvoir permettant à la nouvelle entité de déterminer, par elle-même, les paramètres de la concurrence et, notamment, de fixer les prix au lieu de les accepter.

Les conditions et les limites d'une telle extension n'ayant toutefois pas été précisées par le législateur, le Tribunal s'est prononcé – pour la première fois – sur l'analyse permettant de déterminer si des effets non coordonnés découlent d'une concentration sur un marché oligopolistique.

Le Tribunal interprète l'article 2, paragraphe 3, du règlement 139/2004 à la lumière du considérant 25, selon lequel « dans certaines circonstances, les concentrations impliquant l'élimination des fortes contraintes concurrentielles que les parties à la concentration exerçaient l'une sur l'autre, ainsi qu'une réduction des pressions concurrentielles sur les autres concurrents, peuvent (...) avoir pour conséquence une entrave significative à une concurrence effective ».

Le Tribunal en déduit que ces deux conditions cumulatives doivent être remplies pour conclure à l'existence d'une entrave significative à une concurrence effective, à savoir « l'élimination des fortes contraintes concurrentielles que les parties à la concentration exerçaient l'une sur l'autre » et « une réduction des pressions concurrentielles sur les autres concurrents ».

Le Tribunal en conclut que « le seul effet de réduction des pressions concurrentielles sur les autres concurrents n'est, en principe, pas, à lui seul, suffisant afin de démontrer une entrave significative à une concurrence effective dans le cadre d'une théorie du préjudice fondée sur des effets non coordonnés » sur un marché oligopolistique.

Comme exposé ci-dessous, cette approche a amené le Tribunal à censurer la deuxième théorie du préjudice retenue par la Commission européenne.

Standard de preuve applicable

Avant d'examiner les moyens dirigés contre la décision de la Commission, le Tribunal a rappelé le standard de preuve applicable lors de l'examen d'une opération de concentration.

En particulier, il a exposé que :

- « l'analyse prospective nécessaire [dans le cadre des procédures du contrôle des opérations de concentration] consiste à examiner en quoi une telle opération pourrait modifier les facteurs déterminant l'état et la structure de la concurrence sur les marchés affectés » ;
- et « ce type d'analyse requiert d'imaginer les divers enchaînements de cause à effet afin de retenir ceux avec la probabilité la plus forte ». Plus ces enchaînements de cause à effet sont complexes ou incertains, plus la qualité des preuves que la Commission doit rapporter doit être importante, et plus « le juge de l'Union doit être exigeant quant à l'examen concret des preuves produites (...) par la Commission ».

Ceci étant rappelé, le Tribunal a considéré que la Commission devait :

- évaluer le comportement futur adopté par la nouvelle entité et les autres opérateurs sur le marché suite à l'opération, et s'assurer que les comportements en cause seront la conséquence directe et immédiate de la concentration ;
- puis mener une analyse prospective du marché de référence pour déterminer si ce comportement aboutira vraisemblablement à une situation dans laquelle la concurrence effective sera entravée de manière significative. S'agissant de cette deuxième étape, le Tribunal précise que « l'analyse qui doit être effectuée par la Commission étant le résultat d'une appréciation fondée sur des hypothèses, il ne saurait être demandé que soit apportée la preuve que les scénarios et les théories du préjudice retenus dans le cadre de cette appréciation se produiront inévitablement. [Ils] doivent cependant apparaître suffisamment réalistes et plausibles, et ne sauraient donc uniquement être envisageables d'un point de vue théorique, à la lumière d'une analyse de tous les facteurs pertinents ».

La Commission défendait l'hypothèse selon laquelle que le standard de preuve applicable relevait de la « mise en balance des probabilités », c'est-à-dire qu'une atteinte significative à la concurrence effective était « plus probable qu'improbable ». Le Tribunal a considéré que l'exigence de preuve applicable pour ces cas particuliers est plus stricte qu'une simple « mise en balance des probabilités » mais moins stricte qu'une exigence de démontrer « l'absence de doute raisonnable ».

C'est donc à la lumière tant de la portée de la notion d'atteinte significative à une concurrence effective que du standard de preuve ainsi rappelé que le Tribunal a examiné l'appréciation que la Commission avait faite de l'opération en cause.

Examen des théories du préjudice au regard des principes rappelés par le Tribunal

Examen de la première théorie du préjudice

La première théorie du préjudice retenue par la Commission découlait d'un risque d'atteinte à la concurrence sur le marché de détail. La Commission avait en substance retenu un risque d'atteinte significative à la concurrence en raison (i) de ce que Three constituait un important moteur de la concurrence ; (ii) de la proximité concurrentielle entre les parties ; (iii) des modèles quantitatifs démontrant l'existence d'un risque de hausse des prix.

Premièrement, le Tribunal a censuré l'approche de la Commission quant au fait que Three constituait un important moteur de la concurrence.

Pour mémoire, dans les lignes directrices sur l'appréciation des concentrations horizontales, la Commission examine divers facteurs qualitatifs qui peuvent influer sur la probabilité qu'une opération entraîne des effets non coordonnés significatifs. Parmi ces facteurs est le fait que l'opération élimine un important moteur de la concurrence. En particulier, le point 37 des lignes directrices précise que « certaines entreprises ont un rôle plus important dans le jeu de la concurrence que le laisseraient supposer leurs parts de marché ou tout autre indicateur similaire ».

En l'espèce, la requérante soutenait que la Commission avait commis une erreur de droit en considérant qu'il suffisait, pour conclure qu'une entreprise constitue un « important moteur de la concurrence », qu'elle « contribue de manière constante et soutenue au processus concurrentiel ». Selon la requérante, une telle approche aboutirait à qualifier toutes les entreprises présentes sur un marché oligopolistique d'important moteur de la concurrence, et donc à interdire toute concentration horizontale intervenant sur de tels marchés.

Le Tribunal relève que la Commission avait concédé dans son mémoire en défense qu'un important moteur de la concurrence, sans nécessairement être un franc-tireur, « devait avoir un rôle plus important que ses parts de marché ne le laisseraient supposer, se livrer à une concurrence particulièrement agressive et forcer les autres à suivre ce comportement ». Il ressortait néanmoins de la décision attaquée que la Commission avait considéré que :

- un important moteur de la concurrence n'avait pas besoin de se distinguer de ses concurrents s'agissant de son impact sur la concurrence ;
- la simple baisse de la pression concurrentielle qui résulterait, notamment, de la disparition d'une entreprise ayant un rôle plus important que ses parts de marché ne le laisseraient entendre suffirait, en elle-même, à prouver une entrave significative à une concurrence effective.

Le Tribunal a censuré cette approche en considérant que la Commission avait confondu trois notions distinctes, celle d'important moteur de la concurrence, celle d'élimination d'une forte contrainte concurrentielle (visée au considérant 25 du règlement n° 139/2004, *cf. supra*), et celle d'entrave significative de la concurrence effective (visée à l'article 2, paragraphe 3, du règlement n° 139/2004). En effet, la Commission avait, selon le Tribunal, considéré que toute élimination d'un important moteur de la concurrence équivaudrait à l'élimination d'une forte contrainte concurrentielle, qui, à son tour, équivaudrait à l'existence d'une entrave significative à une concurrence effective. Cela reviendrait, selon le Tribunal, à permettre à la Commission d'interdire de ce seul fait toute opération de concentration sur des marchés oligopolistiques.

Le Tribunal a précisé qu'une telle interprétation élargirait de façon considérable le champ d'application de l'article 2, paragraphe 3, du règlement n° 139/2004 et abaisserait le seuil de preuve requis pour prouver une entrave significative à une concurrence effective.

Il a donc censuré l'approche retenue par la Commission, puis a considéré qu'en tout état de cause, la Commission avait commis diverses erreurs d'interprétation quant au degré de contrainte concurrentielle que Three exerçait sur le marché de détail, s'agissant de sa croissance, de sa politique tarifaire, de son rôle historique sur le marché.

Deuxièmement, le Tribunal a censuré l'appréciation que la Commission a faite de la proximité concurrentielle entre Three et O2.

Pour mémoire, dans les lignes directrices sur l'appréciation des concentrations horizontales, la Commission examine le fait que « les parties à la concentration sont des concurrents proches » au titre des facteurs qualitatifs qui peuvent influer sur la probabilité qu'une opération entraîne des effets non coordonnés significatifs (comme il en va de la notion d'important moteur de la concurrence).

Le Tribunal commence par rappeler que déterminer s'il existe un risque d'entrave significative de la concurrence effective, au sens de l'article 2, paragraphe 3, du règlement n° 139/2004 interprété à la lumière du considérant 25 du règlement, impose d'examiner si la concentration conduira à « l'élimination des fortes contraintes concurrentielles que les parties exerçaient l'une sur l'autre ». Pour mener une telle analyse, la jurisprudence a déjà accepté que la notion de proximité concurrentielle puisse constituer une preuve de l'élimination de ces fortes contraintes concurrentielles que les parties exerçaient l'une sur l'autre.

En effet, selon le Tribunal, un marché de produit peut comprendre des substituts plus ou moins proches, de sorte que les rapports de concurrence entre ces produits peuvent varier en intensité, indépendamment des parts de marché. En d'autres termes, selon le Tribunal, les effets non coordonnés peuvent dépendre davantage de la proximité des produits des parties que de leurs parts de marché respectives.

Or, en l'espèce, la Commission avait commis une erreur d'appréciation : alors que le marché de référence se caractérisait par un faible degré de différenciation des produits, la Commission avait d'avantage cherché à démontrer que les parties étaient des concurrents proches des deux autres concurrents (BT/EE et Vodafone), plutôt qu'à démontrer que Three et O2 exerçaient l'un sur l'autre une forte contrainte concurrentielle.

En tout état de cause, les données utilisées par la Commission pour démontrer, grâce à des ratios de diversion, la proximité concurrentielle entre les différents opérateurs, étaient fondée sur un échantillon relativement limité. En parallèle, la requérante avait pu mobiliser un échantillon beaucoup plus représentatif pour démontrer que Three n'était pas un concurrent particulièrement proche d'O2, mais était plus proche d'un autre opérateur du marché.

Ainsi, pour le Tribunal, l'analyse de la Commission de la proximité concurrentielle entre Three et O2 n'était pas suffisamment probante. Le Tribunal précise que même si, sur un marché oligopolistique, tous les opérateurs sont par définition plus ou moins proches, O2 et Three n'étaient pas des opérateurs particulièrement proches.

Troisièmement, le Tribunal a retenu que la Commission avait commis une erreur d'appréciation en retenant l'existence d'un risque d'augmentation des prix de vente au regard d'une analyse quantitative, par recours à un modèle dit GUPPI (*Gross Upwards Price pressure index).*

La requérante critiquait que cette étude puisse constituer une preuve de l'existence d'un risque d'entrave significative à une concurrence effective, notamment dans la mesure où tout modèle GUPPI prédit systématiquement, dans une concentration horizontale, une hausse des prix. Ainsi, la Commission aurait dû définir un seuil à partir duquel la hausse prédite est suffisamment significative pour donner lieu à un risque d'entrave significative à une concurrence effective.

En substance, le Tribunal a critiqué trois aspects de la méthodologie mise en œuvre par la Commission.

D'une part, la Commission avait reconnu que son analyse reposait sur des données limitées et que ses résultats devaient être interprétés avec une certaine prudence – il ne s'agissait pas, pour la Commission, d'un élément de preuve déterminant. Pour le Tribunal, de ce seul fait, cette analyse ne pouvait suffire pour démontrer que l'élimination des fortes contraintes concurrentielles que les parties exerçaient l'une sur l'autre résulterait en une hausse significative des prix et donc déboucherait sur une entrave significative à une concurrence effective.

D'autre part, la Commission refusait de définir un seuil à partir duquel la hausse des prix issue d'un modèle GUPPI serait significative. Cependant, dans d'autres affaires, elle ne s'était pas opposée à des opérations dont les tests GUPPI suggéraient qu'elles entraîneraient des hausses de prix supérieures à celle identifiée en l'espèce. Le Tribunal a cependant précisé qu'il n'avait pas lieu d'imposer à la Commission de définir un seuil de matérialité en dessous duquel une hausse ne serait pas considérée comme significative.

Enfin, la Commission devait établir une hausse des prix avec un degré de probabilité suffisant en tenant compte de tous les facteurs pertinents qui peuvent influer sur le niveau des prix. Le Tribunal a exposé à cet égard que :

- une concentration horizontale sur un marché oligopolistique a tendance à générer une hausse des prix dans un premier temps mais qu'à moyen terme, la nouvelle entité peut être contrainte à baisser ses prix, s'il existe des pressions concurrentielles suffisantes ;
- toute concentration horizontale entraîne des économies de coûts liées à l'élimination des structures doubles ou redondantes, au redéploiement ou au licenciement de personnels, etc.

De telles économies peuvent conduire la nouvelle entité à baisser ses prix, ce qui doit être pris en compte dans l'analyse quantitative. Or, la Commission avait refusé d'en tenir compte, au motif qu'il appartenait à la partie notifiante de rapporter la preuve qu'il s'agissait de gains d'efficience tels qu'ils pourraient contrebalancer les hausses des prix. Or, d'après le Tribunal, la Commission a confondu deux types d'efficiences, celles qui peuvent être prises en compte dans l'analyse globale pour contrebalancer les effets restrictifs de la concentration, et les efficiences dont il est ici question, qui font partie d'un modèle quantitatif visant à déterminer si une concentration est susceptible de créer des effets restrictifs en tenant compte des facteurs pertinents. Ainsi, pour le Tribunal, la Commission n'avait pas démontré avec une probabilité suffisante que les prix subiraient une hausse significative à la suite de l'élimination des fortes contraintes concurrentielles que les parties à la concentration exerçaient l'une sur l'autre.

Enfin, et de manière plus globale s'agissant de la première théorie du préjudice, le Tribunal a également censuré la Commission en ce qu'elle n'avait pas démontré en quoi les effets non coordonnés identifiés pourraient déboucher sur une atteinte « *significative* » à la concurrence. La Commission s'était en effet contentée de lister le faisceau de preuves et de circonstances lui permettant de démonter l'existence d'effets non coordonnés (niveau de parts de marché, élimination d'un important moteur de la concurrence, proximité concurrentielle, etc.). Elle n'avait en revanche pas précisé en quoi les effets non coordonnés seraient « significatifs » au sens de l'article 2, paragraphe 3, du règlement n° 139/2004.

Examen de la deuxième théorie du préjudice

La deuxième théorie du préjudice retenue par la Commission tenait aux effets de l'opération de concentration sur la pression concurrentielle exercée par les concurrents BT/EE et Vodafone, compte tenu de l'existence des accords de partage de réseau MBLN et Beacon. Cette théorie du préjudice a également fait l'objet d'une triple censure, découlant de l'appréciation faite par la Commission (i) d'un risque de remise en cause des incitations des membres de l'oligopole à assurer une concurrence effective entre les réseaux MBLN et Beacon ; (ii) des effets de l'opération sur BT/EE ou Vodafone ; (iii) des conséquences de l'opération sur la transparence des investissements dans les réseaux.

Premièrement, le Tribunal a examiné un moyen tiré d'une erreur de droit quant aux conséquences de l'opération sur la concurrence exercée par les partenaires aux accords de partage de réseau, c'est-à-dire par BT/EE et Vodafone.

Selon la Commission, les opérateurs liés par chaque accord (MBLN ou Beacon) disposaient avant l'opération d'intérêts communs à disposer d'un réseau permettant d'exercer une concurrence effective sur l'autre réseau. Or, l'opération aurait remis en cause cet intérêt commun, l'entité fusionnée n'ayant plus intérêt à assurer la concurrence effective entre les deux réseaux.

La requérante critiquait ce raisonnement en considérant qu'un assouplissement des liens entre les parties aux accords de partage de réseau pourrait favoriser une plus grande concurrence entre les parties à ces accords et renforcer la concurrence entre réseaux.

À cet égard, le Tribunal a constaté qu'un accord de partage de réseau pouvait, dans l'absolu avoir des effets pro- ou anticoncurrentiels (améliorer l'efficacité économique des réseaux et optimiser les investissements, ou, à l'inverse, créer un risque de collusion entre les parties à l'accord). De même, toute modification d'un accord de partage de réseau, dans le cadre d'une opération de concentration, pourrait avoir des effets pro- ou anti-concurrentiels. En particulier, la capacité concurrentielle ou les incitations à investir de BT/EE ou de Vodafone dépendraient, non pas d'une manière décisive des décisions d'investissements de la nouvelle entité ou d'une augmentation de leurs coûts, mais notamment du niveau de concurrence auquel elles feraient face, de leurs capacités d'investissement et de leurs stratégies sur le marché. Une réduction des incitations à investir de la nouvelle entité ne pourrait pas, à elle seule, affaiblir de manière significative la capacité concurrentielle de l'autre partie à l'accord de partage de réseau.

De plus et selon le Tribunal, même en admettant que certains scénarios pourraient affaiblir la position concurrentielle d'un concurrent, ces effets anticoncurrentiels ne pourraient, en l'espèce et en tant que tels, être qualifiés d'entrave significative à une concurrence significative. Toute autre conclusion reviendrait à considérer que la Commission pourrait interdire, par principe et sur ce seul fondement, toute opération de concentration qui impliquerait le passage de quatre à trois opérateurs autres qu'entre les parties à un même accord de partage de réseau.

Ainsi, la Commission avait commis une erreur de droit en considérant qu'un bouleversement durable d'un accord de partage de réseau serait susceptible de constituer une entrave significative à la concurrence effective exercée de la part d'un partenaire à un tel accord.

Deuxièmement, le Tribunal a examiné la décision de la Commission en ce qu'elle avait conclu que l'opération affaiblirait la capacité concurrentielle soit de Vodafone soit de BT/EE. Il a commencé par rappeler que :

- les règles de concurrence ne visent pas à protéger les concurrents mais le processus concurrentiel ;
- la Commission avait simplement affirmé mais pas démontré que, dans le cadre d'un marché oligopolistique, une perte de la pression compétitive d'un seul opérateur se traduirait de manière hautement probable en une perte de concurrence sur le marché ;
- la Commission avait certes examiné la diminution de la pression concurrentielle exercée par BT/EE ou par Vodafone, mais n'avait pas examiné en quoi la concentration entraînerait l'élimination des fortes contraintes concurrentielles que les parties à la concentration exerçaient l'une sur l'autre (comme rappelé ci-dessus, le Tribunal a considéré que prouver l'existence d'effets non coordonnés sur un marché oligopolistique suppose de démontrer tant « l'élimination des fortes contraintes concurrentielles que les parties à la concentration exerçaient l'une sur l'autre » qu' « une réduction des pressions concurrentielles sur les autres concurrents »). Ensuite, le Tribunal a critiqué l'appréciation que la Commission avait faite du risque que l'opération de concentration diminue la pression concurrentielle de Vodafone ou de BT/EE.

À cet égard, le Tribunal a d'abord rappelé l'analyse de la Commission, selon laquelle la nouvelle entité aurait privilégié un des deux réseaux et limité les investissements dans l'autre réseau. Il a ensuite examiné la situation du concurrent impacté dans chaque scénario, c'est-à-dire la situation soit de BT/EE soit de Vodafone.

Pour chacun d'entre eux, le Tribunal a en substance considéré que la Commission n'avait pas prouvé à suffisance de droit comment ce concurrent aurait été impacté par les plans de consolidation du réseau des parties à l'opération. Certes, la nouvelle entité aurait eu une incitation moindre à l'issue de l'opération à investir dans les sites en doublon. Cela aurait pu augmenter les coûts de respectivement BT/EE ou Vodafone, qui auraient dû se substituer à la nouvelle entité pour les investissements liés aux sites délaissés par la nouvelle entité. Pour autant, la Commission n'avait pas démontré qu'une telle augmentation des coûts n'aurait pu être absorbée par Vodafone ou BT/EE, ou que cela aurait nuit à sa capacité d'investissement dans le réseau au point d'en dégrader la qualité ou à augmenter ses prix, et ainsi, à diminuer sa capacité concurrentielle.

En d'autres termes, selon le Tribunal et par exemple en ce qui concerne BT/EE, la décision de la Commission reposait sur « des hypothèses plus ou moins improbables concernant l'absence de toute réaction de BT/EE, qui cesserait tout simplement d'investir, à la suite d'une augmentation de ses coûts ».

Troisièmement, et enfin, le Tribunal a examiné les conséquences de l'accroissement de la transparence découlant de l'opération quant à l'investissement global dans les réseaux.

À cet égard, le Tribunal a essentiellement censuré l'approche retenue par la Commission quant à l'échelle de temps sur laquelle analyser les effets de la concentration.

La Commission avait analysé plusieurs scénarios, de court, de moyen et long terme, sans indiquer clairement le ou les scénarios qui seraient le ou les plus probables ou au regard desquels les effets de l'opération devraient être examinés en priorité.

Pourtant, l'analyse menée différait en fonction de cette échelle de temps :

- à court et moyen terme, la Commission avait noté que l'opération de concentration risquait d'accroître la transparence et de réduire la pression concurrentielle exercée par l'un ou l'autre des partenaires à un accord de réseau ;
- à long terme, la Commission n'avait pas examiné les incidences de l'opération sur la transparence (elle avait simplement considéré que l'entité issue de l'opération ne maintiendrait pas deux réseaux séparés à long terme, compte tenu des coûts et des risques liés à l'exploitation de deux réseaux distincts).

Or, d'une part, le marché des télécommunications nécessite des investissements de long terme et les consommateurs sont souvent liés par des contrats de plusieurs années, de sorte que l'analyse prospective dynamique nécessite la prise en compte d'éventuels effets non coordonnés sur un laps de temps relativement étendu dans l'avenir.

D'autre part, la thèse de la Commission relative aux conséquences de l'accroissement de la transparence sur les investissements globaux partait du postulat que l'entité fusionnée maintiendrait deux réseaux distincts.

Ainsi, la Commission avait commis, là encore, une erreur d'appréciation.

Examen de la troisième théorie du préjudice

La troisième théorie du préjudice retenue par la Commission découlait du rôle que Three exerçait sur la concurrence sur le marché de gros, en dépit de sa part de marché limitée. Selon la Commission, un tel rôle tenait à sa croissance sur ce marché, ainsi qu'à son rôle d'animation de la concurrence lors des appels d'offres lancés par les opérateurs de réseaux mobiles virtuels.

À nouveau, le Tribunal a censuré la Commission.

Premièrement, il a rappelé que la part de marché de Three était très modeste, puisqu'elle était inférieure à 5 %. Une part de marché particulièrement faible tend à suggérer, *prima facie*, l'absence d'entrave significative à une concurrence effective, surtout lorsque les concurrents disposent de parts de marché beaucoup plus importantes. La Commission aurait donc dû disposer de preuves particulièrement convaincantes pour démontrer une entrave significative à la concurrence effective.

Or, en l'espèce :

- une part de marché combinée entre 30 et 40 % n'indiquait pas que l'opération créait ou renforçait une position dominante ;
- certes, les calculs d'IHH faisaient apparaître une variation dépassant le plafond en dessous duquel une concentration est réputée ne pas soulever de difficulté, mais aucune présomption d'existence de problèmes de concurrence ne pouvait en découler ;
- le fait que Three avait un rôle plus important que le laissait penser sa part de marché n'était pas en soi un élément de preuve suffisant pour établir une entrave significative à la concurrence effective, d'autant plus que la Commission était arrivée à cette conclusion sur la seule base de l'ajout brut d'abonnés (c'est-à-dire la part de nouveaux clients acquis) de Three, sans expliquer pourquoi un tel facteur était à ce point déterminant en l'espèce. Ainsi, ces éléments ne suffisaient pas à démontrer que Three était un important moteur de la concurrence.

Enfin, le Tribunal a souligné qu'à supposer que Three constitue un important moteur de la concurrence, la Commission n'avait en tout état de cause pas démontré en quoi Three et O2 exerçaient l'un sur l'autre de fortes contraintes concurrentielles qui auraient été éliminées par l'opération.

Ayant ainsi censuré chacune des théories du préjudice retenues par la Commission, le Tribunal a annulé la décision de la Commission.

Conclusion

Cet arrêt d'annulation est particulièrement riche et intéressant quant à l'analyse des concentrations que la Commission européenne doit mener.

De manière évidente, il apporte des précisions particulièrement utiles pour l'examen de toute opération de concentration sur un marché oligopolistique. En effet, la portée de l'examen que la Commission doit mener a été clarifiée : plus de quinze après l'adoption du règlement n° 139/2004, les conséquences de l'ajout de l'adverbe « notamment » à l'article 2, paragraphe 3, de ce règlement font enfin l'objet d'un éclairage judiciaire.

Au-delà, cet arrêt est particulièrement précieux en ce qu'il clarifie non seulement l'exigence probatoire qui pèse sur la Commission mais également un certain nombre de notions qui sont appliquées au quotidien par les praticiens du droit de la concurrence, comme par exemple celles de proximité concurrentielle et d'important moteur de la concurrence. De même, les méthodes à mettre en œuvre pour mobiliser un modèle GUPPI, l'appréciation des niveaux et delta d'IHH, sont particulièrement intéressants.

Cet arrêt a déjà été largement commenté. Certains ont pu s'enthousiasmer de ce que le Tribunal, dans une chambre à 5 juges, ait mené un examen particulièrement critique des positions adoptées par la Commission, et lui ait imposé d'adopter des décisions répondant à un niveau et à un standard de preuve beaucoup plus élevé. D'autres ont, au contraire, critiqué l'approche retenue, par exemple en ce qu'il serait imposé à la Commission de présumer l'existence de gains d'efficience découlant de concentrations horizontales (ou à tout le moins de la capacité de la nouvelle entité à faire baisser ses coûts).

La Commission européenne a formé un pourvoi le 7 août 2020, contre l'arrêt du Tribunal devant la Cour de justice. La position de la Cour de justice sur l'ensemble des points de droit soulevés par cette affaire est donc particulièrement attendue.

O. Billard, G. Fabre, S. Hamon
Concurrences N° 4-2020, Art. N° 97422, p. 159

Voir aussi
S. Vande Walle, Non-collusive oligopoly gap : The General Court of the European Union annuls the decision of the European Commission's prohibition of a four-to-three merger in the UK telecoms sector, in the first judgment to directly deal with the legal test for "gap cases" (CK Telecoms UK), 28 mai 2020, Concurrences N° 3-2020, Art. N° 96288, pp. 122-125.

Trib. UE, 20 oct. 2021, 2 arrêts, Polskie Linie Lotnicze, T-240/18 et T-296/18

Le Tribunal de l'Union européenne confirme l'analyse du portefeuille de créneaux effectuée par la Commission dans le cadre de deux fusions de compagnies aériennes.

Qu'en est-il du transport aérien et du contentieux des concentrations ? Les fusions dans ce secteur ont certainement apporté leur juste part à la jurisprudence sur le contrôle des fusions. Pensez à *Airtours* (T-342/99), *easyJet* (T-177/04), *Ryanair* (T-342/07), *Niki Luftfahrt* (T-162/10), *Lufthansa* (T-712/16) et *American Airlines* (T-430/18).

Nous pouvons maintenant ajouter deux autres affaires à la liste, bien qu'elles soient de moindre importance que certains des arrêts fondateurs mentionnés au paragraphe précédent. Le 20 octobre 2021, le Tribunal a rendu deux arrêts relatifs à des acquisitions impliquant Air Berlin. La compagnie aérienne allemande est devenue insolvable en 2017 et a été vendue en morceaux à Lufthansa et easyJet. Les arrêts sont très pertinents pour les fusions dans le secteur de l'aviation, mais semblent contenir peu de leçons ou d'implications plus larges pour le contrôle des fusions en général.

La saga d'Air Berlin

Air Berlin était la deuxième plus grande compagnie aérienne d'Allemagne (après Lufthansa) et, à un moment donné, l'une des dix plus grandes compagnies aériennes d'Europe. Elle exploitait des plateformes à l'aéroport de Berlin-Tegel et à l'aéroport de Düsseldorf. En août 2017, après des années de pertes, elle a déposé une demande d'insolvabilité. Grâce à une aide de l'État allemand, approuvée par la Commission (SA.4893), elle a réussi à continuer à voler quelques mois de plus, mais a ensuite définitivement cessé ses activités le 28 octobre 2017.

Des morceaux de Air Berlin ont été vendus à d'autres compagnies aériennes, et ces transactions ont donné lieu aux deux décisions de la Commission qui étaient en cause dans la procédure devant le Tribunal. L'une des décisions portait sur l'acquisition par Lufthansa de certains créneaux horaires et actifs de Air Berlin (M.8633, *Lufthansa / Certain Air Berlin assets*). L'autre décision portait sur une acquisition par easyJet, qui a également acquis certains créneaux horaires et actifs de Air Berlin (M.8672, *easyJet / Certain Air Berlin assets*).

Les deux transactions ont été signées dans le courant du mois d'octobre 2017, alors que Air Berlin était encore en vol. Toutefois, au moment où les transactions ont été notifiées à la Commission, Air Berlin avait cessé toutes ses activités.

Chronology Air Berlin cases

La Commission a approuvé l'acquisition de Lufthansa avec mesures correctives, tandis que celle de easyJet a été autorisée sans conditions. Les deux décisions ont été rendues en phase I.

LOT, une compagnie aérienne polonaise, a fait appel des deux décisions, faisant valoir que la Commission n'avait pas correctement évalué l'impact des acquisitions et qu'elle aurait dû imposer des mesures correctives beaucoup plus strictes ou bloquer les transactions.

La décision de la Commission

La question centrale du litige devant le Tribunal était de savoir si la Commission avait raison d'évaluer l'impact concurrentiel des acquisitions aéroport par aéroport, plutôt que route par route, comme elle le fait normalement dans les affaires de transport aérien.

En règle générale, dans les affaires de concentration entre compagnies aériennes, la Commission définit le marché en cause comme une liaison entre deux villes (par exemple, Düsseldorf-Rome). En d'autres termes, le marché en cause est le transport aérien de passagers entre un point d'origine et un point de destination. Cette approche est donc connue sous le nom d'approche O&D (origine et destination).

Dans les deux décisions Air Berlin, la Commission n'a pas appliqué l'approche O&D. Elle a expliqué que cela n'aurait aucun sens. Elle a expliqué que cela n'aurait pas de sens, car Air Berlin avait cessé toutes ses activités et ne volait donc plus sur aucune route spécifique. Les transactions n'ont donc pas entraîné le transfert d'une position sur une route spécifique. L'essence de la transaction était plutôt un transfert de créneaux horaires. Ces créneaux – le précieux droit d'utiliser un aéroport pour l'atterrissage ou le décollage à un moment précis – pouvaient être utilisés par Lufthansa et easyJet pour voler vers n'importe quelle destination possible, car les créneaux ne sont pas liés à une destination spécifique. Lufthansa et easyJet pourraient donc utiliser les créneaux de Air Berlin pour voler vers des destinations différentes de celles vers lesquelles Air Berlin avait l'habitude de voler. Par exemple, un créneau à Berlin-Tegel à 9 h 00 peut avoir été utilisé par Air Berlin pour voler vers Ibiza mais, après l'acquisition, easyJet ou Lufthansa pourrait l'utiliser pour voler vers Majorque, Tokyo ou toute autre destination. L'impact de l'opération pourrait donc se faire sentir sur un nombre quelconque de liaisons.

Au lieu d'examiner des liaisons spécifiques, la Commission a évalué la situation concurrentielle dans un aéroport donné, en examinant les créneaux horaires détenus par Lufthansa et easyJet dans cet aéroport et la manière dont l'opération renforcerait cette position. En d'autres termes, la Commission n'a pas examiné l'impact de l'opération sur, par exemple, la liaison Düsseldorf-Rome (puisque Air Berlin n'assure plus cette liaison). Elle a plutôt évalué l'impact de l'opération sur les « vols à destination et en provenance de Düsseldorf », en examinant comment l'opération renforcerait la détention de créneaux horaires par Lufthansa dans cet aéroport. Dans les aéroports très fréquentés, les créneaux sont rares et constituent donc une barrière importante à l'entrée et à l'expansion pour les rivaux. Les décisions se concentrent donc sur la détention de créneaux horaires ou « portefeuille de créneaux » de Lufthansa et easyJet. Bien que la détention de créneaux horaires dans les aéroports ait été évaluée dans certaines affaires précédentes (notamment dans l'affaire IAG / bmi, où les créneaux à Heathrow ont été évalués), la décision de la Commission dans l'affaire Lufthansa / Certain Air Berlin actifs est le premier cas où la Commission a formulé et s'est appuyée sur une théorie complète du préjudice fondée sur les effets du portefeuille de créneaux.

Dans le cas de Lufthansa, la Commission a constaté qu'après l'acquisition, Lufthansa détiendrait 54 % de tous les créneaux horaires à l'aéroport de Düsseldorf pendant la saison d'été, ce qui représente une augmentation importante par rapport aux 39 % que Lufthansa détenait avant l'opération. La Commission a estimé qu'avec 54 % de l'ensemble des créneaux horaires, Lufthansa détiendrait une position dominante, lui permettant d'évincer ses concurrents, par exemple en programmant des vols concurrents immédiatement avant ou après les vols d'un concurrent. La Commission a également considéré que Lufthansa serait incitée à utiliser cette position dominante pour évincer les compagnies aériennes concurrentes et qu'une telle stratégie entraînerait des effets anticoncurrentiels.

Lufthansa a dissipé les inquiétudes de la Commission en proposant un remède très simple : elle s'est engagée à réduire le nombre de créneaux horaires qu'elle acquerrait auprès de Air Berlin à l'aéroport de Düsseldorf pendant la saison d'été. Au lieu d'obtenir 408 créneaux, elle n'en acquerrait que 108 (arrêt *Lufthansa*, point 16). En raison de cette réduction, après l'acquisition, Lufthansa ne détiendrait pas 54 % de tous les créneaux horaires à Düsseldorf, mais seulement 50 %. Ce chiffre n'était que légèrement supérieur au nombre de créneaux que Lufthansa aurait détenu en l'absence de l'opération, à savoir 49 %. La raison pour laquelle le nombre de créneaux détenus par Lufthansa aurait augmenté en tout état de cause est que, sans la transaction, les créneaux d'Air Berlin seraient revenus dans le pool de créneaux et, par la suite, une part importante des créneaux d'Air Berlin aurait encore été attribuée à Lufthansa, sur la base de sa présence existante à Düsseldorf. Ce scénario de « pool de créneaux » était le contrefactuel par rapport auquel la Commission a évalué l'opération.

Si l'acquisition de Lufthansa a suscité des inquiétudes, celle de easyJet n'en a pas suscité. Cette fois, l'analyse de la Commission s'est concentrée sur les créneaux horaires détenus par easyJet dans les aéroports de Berlin. easyJet possédait déjà des créneaux à Berlin-Schönefeld et l'acquisition lui donnerait également un nombre important de créneaux à l'aéroport de Berlin-Tegel, l'une des anciennes plaques tournantes d'Air Berlin. La Commission a mené son évaluation en partant du principe que ces deux aéroports – tous deux situés à moins d'une heure du centre-ville de Berlin – sont substituables. Toutefois, même après l'acquisition, la part de easyJet dans les créneaux horaires des aéroports de Berlin serait inférieure à 25 % de l'ensemble des créneaux. La Commission a conclu que ce niveau de détention de créneaux ne donnerait pas à easyJet la capacité d'exclure les compagnies aériennes concurrentes desservant Berlin et, par conséquent, que l'acquisition ne soulevait pas de problèmes.

Les jugements du Tribunal

Dans deux arrêts méthodiques, riches en détails factuels, le tribunal a rejeté chacune des contestations des décisions de la Commission par LOT.

Airport-by-airport au lieu de route-by-route

Comme nous l'avons mentionné, la question centrale était de savoir si la Commission avait évalué la concurrence sur les bons marchés. La Commission a-t-elle eu raison de ne pas évaluer l'impact des transactions sur les routes aériennes individuelles, puisque Air Berlin avait cessé ses activités ? LOT n'a pas contesté que Air Berlin avait cessé ses activités, mais elle a fait valoir que cette cessation n'avait pas eu lieu avant et indépendamment des acquisitions. Elle a souligné que, lorsque les accords d'acquisition ont été signés, Air Berlin volait encore, et que les acquisitions n'ont été notifiées à la Commission que quelques jours après que Air Berlin eut cessé de voler. Dès lors, selon LOT, la Commission n'aurait pas dû admettre, dans son analyse, que Air Berlin avait cessé ses activités.

Le Tribunal n'a rien voulu entendre. Il a constaté que l'insolvabilité de Air Berlin était inéluctable et donc indépendante des acquisitions (arrêt *easyJet*, point 30 ; arrêt *Lufthansa*, point 38). Elle s'était en outre produite avant les concentrations en cause. Le Tribunal a concédé à LOT que la situation au moment de la notification – alors qu'Air Berlin venait de cesser de voler – n'est pas nécessairement concluante (arrêt *Lufthansa*, point 56). En effet, le contrôle des concentrations porte sur une appréciation prospective (arrêt *Lufthansa*, point 54), et la Commission doit prendre en considération tous les éléments dont elle dispose au moment de la décision (arrêt *Lufthansa*, point 55). Or, en l'espèce, ces éléments montraient que Air Berlin était tenue de cesser ses activités. Cela était devenu évident avant même la signature des accords d'acquisition, à savoir lorsque le principal actionnaire de Air Berlin (Etihad Airways) a décidé de mettre fin à son soutien financier à Air Berlin, après des années de pertes.

LOT a également fait valoir qu'il y avait une incohérence : comment la Commission pouvait-elle conclure que Air Berlin avait cessé ses activités mais, en même temps, accepter que les créneaux horaires et les actifs à transférer à Lufthansa et à easyJet constituaient une entreprise ou une partie d'entreprise au sens du règlement communautaire sur les concentrations ? Le Tribunal a répondu que ce n'était pas Air Berlin qui était acquise, mais un ensemble de créneaux horaires et d'actifs (arrêt *easyJet*, points 36-37 ; arrêt *Lufthansa*, points 59-60). LOT n'avait pas contesté le point de vue de la Commission selon lequel, dans certaines circonstances, les actifs qui permettent à l'acquéreur d'établir une présence sur le marché dans un délai de trois ans peuvent constituer une entreprise ayant une présence sur le marché, à laquelle un chiffre d'affaires peut être attribué (arrêt *easyJet*, points 38 et 39). Par conséquent, le tribunal n'a vu aucune raison de remettre en cause la conclusion de la Commission selon laquelle easyJet et Lufthansa avaient acquis une partie d'une entreprise au sens du règlement communautaire sur les concentrations.

Ensuite, le Tribunal a abordé la question clé : la Commission a-t-elle commis une erreur en n'analysant pas les effets des acquisitions sur les routes individuelles (marchés O&D), contrairement à sa pratique lors de précédentes fusions de compagnies aériennes ? Sur ce point, la Cour a souligné que, contrairement aux fusions impliquant des compagnies aériennes encore en activité, il n'était pas certain que les acquisitions auraient un impact sur les routes sur lesquelles Air Berlin avait l'habitude de voler (arrêt *easyJet*, points 57-58 ; arrêt *Lufthansa*, points 80-81). Après tout, les créneaux horaires ne sont pas liés à une route spécifique, mais peuvent être utilisés pour desservir n'importe quelle destination (arrêt *easyJet*, point 57 ; arrêt *Lufthansa*, point 80). Par conséquent, il était tout simplement impossible d'analyser chaque liaison individuelle sur laquelle les créneaux horaires d'Air Berlin pouvaient éventuellement être utilisés (arrêt *easyJet*, point 57 ; arrêt *Lufthansa*, point 80).

Peut-être plus important encore, le Tribunal a approuvé la logique de la Commission consistant à se concentrer sur les créneaux horaires de l'acquéreur dans des aéroports spécifiques et encombrés. Les créneaux dans ces aéroports sont des intrants indispensables mais rares pour offrir des vols aux passagers sur diverses routes. Le Tribunal a estimé que LOT n'a pas démontré comment l'analyse des créneaux horaires par la Commission (techniquement : l'analyse du marché des services d'infrastructure aéroportuaire, car les créneaux donnent aux compagnies aériennes l'accès au tarmac et à tous les autres services aéroportuaires dont elles ont besoin) n'a pas permis de saisir les éventuels effets anticoncurrentiels sur le marché du transport de passagers sur des liaisons spécifiques. Elle ne s'est donc pas acquittée de la charge qui lui incombait en tant que requérante. Cette charge implique qu'un requérant, lorsqu'il soutient que la Commission a omis de détecter un problème de concurrence sur un marché que la Commission n'a pas analysé, doit fournir des éléments sérieux (des indices sérieux) qui démontrent, de manière tangible, l'existence d'un problème de concurrence (arrêt *Lufthansa*, points 67, 83 ; arrêt *easyJet*, points 44, 60). Or, selon la Cour, LOT ne l'a pas fait.

Problèmes de concurrence uniquement à l'aéroport de Düsseldorf

LOT avait non seulement fait valoir que la Commission aurait dû procéder à une évaluation route par route, mais aussi que l'analyse aéroport par aéroport de la Commission était elle-même défectueuse. Selon LOT, l'acquisition par Lufthansa aurait des effets anticoncurrentiels sur plusieurs aéroports : non seulement Düsseldorf, mais aussi Zurich,

Hambourg, Munich, Stuttgart et Berlin-Tegel. Sans ces acquisitions, jusqu'à 50 % des créneaux horaires de Air Berlin dans ces aéroports pourraient être attribués à de nouveaux arrivants, ce qui réduirait les barrières à l'entrée et introduirait une nouvelle concurrence pour les vols à destination et en provenance de ces aéroports.

En réponse, le Tribunal a rappelé que le simple fait qu'une concentration puisse produire des effets anticoncurrentiels est insuffisant pour l'interdire (arrêt *Lufthansa*, point 107). Ce qui est requis, c'est une entrave significative à une concurrence effective (point 107, soulignement propre). Le Tribunal a ensuite confirmé l'analyse de la Commission pour chacun des aéroports mentionnés par LOT, qui était fondée sur la part des créneaux horaires détenus par l'acquéreur dans l'aéroport et sur le niveau de congestion de l'aéroport (plus un aéroport est congestionné, plus il est probable que les créneaux horaires constituent une barrière sérieuse à l'entrée).

Remèdes et question des aides d'État

Le Tribunal a également rejeté les arguments de LOT selon lesquels les mesures correctives acceptées par la Commission dans l'affaire Lufthansa étaient insuffisantes et que la Commission aurait dû imposer des mesures correctives dans l'affaire easyJet. Le tribunal a estimé qu'en ramenant de 54 % à 50 % la part des créneaux horaires de Lufthansa à Düsseldorf, les mesures correctives ont supprimé les effets anticoncurrentiels causés par l'opération. En effet, 50 % était très proche du pourcentage que Lufthansa aurait détenu sans l'acquisition (49 %) car, dans ce cas, les créneaux horaires de Air Berlin auraient été redistribués par le biais du pool de créneaux, une part importante revenant à Lufthansa. En ce qui concerne EasyJet, le Tribunal a estimé qu'il n'y avait pas d'entrave significative à une concurrence effective au départ, et qu'il n'était donc pas nécessaire de prévoir des mesures correctives.

Enfin, le Tribunal a rejeté les arguments de LOT relatifs à l'aide d'État que Air Berlin avait reçue du gouvernement allemand dans ses derniers jours. Le tribunal a estimé que LOT n'a fourni aucun élément montrant que cette aide avait été transférée à la partie de Air Berlin que Lufthansa a finalement acquise (arrêt *Lufthansa*, point 164). Dès lors, l'aide d'État n'a pas affecté la puissance économique et financière de la cible et n'était donc pas pertinente pour l'appréciation de la Commission.

Commentaires

L'apport le plus immédiat de ces arrêts réside dans leur réponse à une question plutôt technique : si une compagnie aérienne fait faillite et que ses créneaux horaires sont acquis par d'autres compagnies aériennes, comment la Commission doit-elle évaluer l'impact de ce transfert ? En confirmant l'analyse de la Commission sur la détention des créneaux, le Tribunal apporte des éclaircissements, y compris sur certains aspects plus détaillés, tels que les niveaux de détention des créneaux qui semblent poser problème (plus de 50 % dans un aéroport semble problématique, bien que cela dépende également du degré de congestion de l'aéroport).

On peut soutenir que les orientations du Tribunal viennent trop tôt. Les affaires Air Berlin ont été les premières dans lesquelles la Commission a véritablement élaboré une théorie du préjudice fondée sur les créneaux horaires dans un aéroport spécifique, et l'on peut supposer que la Commission affinera son approche étape par étape, comme cela s'est produit dans d'autres domaines (par exemple, l'approche évolutive de la Commission dans l'évaluation de l'innovation dans le contrôle des concentrations, ou le rôle des données). En fait, les affaires Air Berlin elles-mêmes fournissent un bon exemple de cette évolution progressive. Par exemple, alors que la Commission s'est référée aux lignes directrices sur les concentrations non horizontales dans la première décision qu'elle a rendue (l'acquisition d'easyJet), dans la deuxième décision (l'acquisition de Lufthansa), elle s'est référée au paragraphe 36 des lignes directrices sur les concentrations horizontales, qui traite d'une concentration horizontale d'intrants importants. Les arrêts du Tribunal sont-ils un carcan pour la Commission lorsqu'elle évalue des portefeuilles de créneaux horaires ? Probablement pas. Sur de nombreuses questions, le Tribunal, plutôt que d'épouser pleinement le raisonnement de la Commission, s'est contenté d'observer que [LOT] n'avait pas fourni suffisamment d'éléments pour mettre en doute ce raisonnement.

Les arrêts ne semblent pas contenir de leçons pour le contrôle des concentrations en général, mais peut-être que la confirmation par le Tribunal de l'analyse du portefeuille de créneaux horaires de la Commission annoncera une plus grande attention portée aux créneaux horaires dans l'application du droit de la concurrence. Aux États-Unis, le ministère de la Justice est depuis longtemps attentif aux concentrations de créneaux horaires dans les aéroports. Il s'est inquiété de la domination des créneaux à l'aéroport de Newark en 2010, dans le contexte de la fusion entre United et Continental, et à nouveau en 2015, lorsqu'il a empêché United d'obtenir de Delta des créneaux supplémentaires dans cet aéroport. De même, en 2013, elle a contesté en justice la fusion entre American Airlines et US Airways, en se fondant notamment sur la domination des créneaux horaires, cette fois à l'aéroport national Reagan Washington.

Si l'on adopte une perspective à plus long terme, les deux affaires Air Berlin pourraient s'avérer être les premières pierres d'un édifice beaucoup plus vaste, à savoir une théorie du préjudice liée au portefeuille de créneaux horaires qui pourrait également être appliquée dans des affaires n'impliquant pas des compagnies aériennes en faillite.

S. Vande Walle

Concurrences N° 1-2022, Art. N° 105461, p. 123

1.3 QUESTIONS DE PROCÉDURE

1.3.1 Sanction de l'absence de notification

CJUE, 3 juill. 2014, Electrabel, C-84/13 P

La Cour de justice de l'Union européenne rejette le pourvoi formé contre l'arrêt du Tribunal qui avait confirmé la décision de la Commission infligeant une amende de 20 millions d'euros à une société, pour avoir acquis le contrôle exclusif d'une autre sans autorisation préalable de la Commission.

On se souvient peut-être que le 12 décembre 2012, le Tribunal avait confirmé la décision de la Commission infligeant une amende de 20 millions d'euros à Electrabel, pour avoir acquis le contrôle exclusif de la Compagnie Nationale du Rhône (CNR) sans autorisation préalable de la Commission.

Pour mémoire on se contentera de rappeler que le 23 décembre 2003, Electrabel avait racheté la participation d'EDF dans CNR, devenant ainsi l'actionnaire principal de CNR, avec 49,95 % du capital et 47,92 % des droits de vote. Le 9 août 2007, Electrabel avait saisi la Commission pour lui demander son opinion sur l'existence d'un éventuel contrôle de fait sur la CNR. La Commission ayant conclu qu'un tel contrôle avait bien été acquis, Electrabel avait notifié l'opération le 26 mars 2008 et obtenu le feu vert de la Commission le 29 avril 2008. Toutefois, une seconde décision, en date du 10 juin 2009, avait sanctionné Electrabel pour violation de l'obligation de suspension prévue par l'article 7 du règlement n° 4064/89, alors qu'elle possédait le contrôle de fait de la CNR depuis 2003.

Dans sa décision, la Commission s'était fondée sur six indices pour asseoir sa conclusion : (i) en acquérant la participation d'EDF, Electrabel était devenue de loin le premier actionnaire de la CNR et était assurée de disposer de fait d'une majorité absolue à l'assemblée générale de celle-ci ; (ii) Electrabel possédait la majorité absolue au sein du directoire de la CNR, ainsi que les moyens de la conserver ; (iii) la loi Murcef n'empêchait pas Electrabel d'acquérir le contrôle de la CNR ; (iv) reprenant le rôle industriel joué par EDF au sein de la CNR, Electrabel était le seul actionnaire industriel de la CNR et jouait un rôle central dans la gestion opérationnelle de celle-ci ; (v) la CNR était de fait considérée comme faisant partie du groupe Suez, tant par les dirigeants de la CNR que par les dirigeants de Suez ; et (vi) Electrabel avait un droit de souscription préférentiel sur les autres actions de la CNR.

Le Tribunal avait approuvé les six indices dans l'arrêt de 2012. À l'appui de son recours contre cet arrêt (ci-après « l'arrêt attaqué »), Electrabel soulevait plusieurs moyens dont certains s'appuyaient sur une violation de l'article 14, paragraphe 3, du règlement n° 4064/89 et, d'autres sur une méconnaissance du principe de non-rétroactivité de la loi. La Cour a décidé de traiter ces deux moyens en même temps

La question de la durée de l'infraction

D'un côté, et par son premier moyen, Electrabel soutenait que l'arrêt attaqué violait les dispositions expresses de l'article 14, paragraphe 3, du règlement n° 4064/89, en ce qu'il retenait la « durée » de l'infraction comme élément de détermination du montant de l'amende, alors que cette disposition, d'une part, ne prévoit pas que cette durée puisse constituer un critère pertinent devant être pris en compte et, d'autre part, dispose que le montant de l'amende doit être déterminé uniquement en fonction de la « nature » et de la « gravité » de l'infraction.

Pour mieux comprendre cet argument, il est important de se souvenir qu'Electrabel, à qui l'on reprochait d'avoir mis en œuvre une concentration en l'absence d'autorisation de la Commission, avait soutenu devant le Tribunal que l'infraction retenue était une infraction instantanée, dès lors qu'elle avait été commise en un seul acte, la réalisation de la concentration, et que seul son résultat durait dans le temps. Le caractère instantané de l'infraction semblait d'autant moins discutable, en l'espèce, qu'il s'agissait d'une infraction commise par négligence et, qu'il ne pouvait donc y avoir eu de réitération de la volonté infractionnelle dans le temps. Enfin, Electrabel avait insisté sur le fait que classer ce type d'infraction dans la catégorie des infractions continues aurait pour conséquence de rendre quasi-éternelle les infractions à l'article 7.

Pour écarter ces arguments, le Tribunal avait estimé que « la capacité d'exercer une influence déterminante sur l'activité de l'entreprise contrôlée s'inscrit nécessairement dans la durée à compter de la date d'acquisition du contrôle et jusqu'à la fin de celui-ci » (§ 212). Sur le caractère quasi-éternel de l'infraction, le Tribunal avait décidé « que le fait de qualifier une infraction telle que celle en cause en l'espèce d'instantanée n'est pas défendable du point de vue de la politique répressive, car en l'absence d'effets perceptibles sur le marché, la prescription du pouvoir de sanctionner une telle infraction serait aisément acquise » (§ 213).

D'un autre côté, et par son deuxième moyen, la requérante faisait valoir que, pour les mêmes raisons, le Tribunal aurait méconnu le principe de non-rétroactivité de la loi, en ce qu'il avait appliqué (ou plus précisément accepté que soient appliquées) les dispositions du règlement n° 139/2004 à une opération de concentration réalisée avant l'entrée en vigueur de celui-ci.

Le piège du recours en cassation : l'irrecevabilité de moyens nouveaux

Ces moyens et notamment le premier ne semblait pas dénué d'intérêt ni de pertinence. Hélas, ils vont être rejetés par la Cour en tant que moyens nouveaux.

On ne se méfie jamais assez de la nature du recours en cassation dont la Cour prend soin de rappeler les caractéristiques (*cf.* § 35). En effet, et selon une jurisprudence constante, permettre à une partie de soulever pour la première fois devant la Cour un moyen qu'elle n'a pas invoqué devant le Tribunal reviendrait à lui permettre de saisir la Cour d'un litige plus étendu que celui dont a eu à connaître le Tribunal. Dans le cadre d'un pourvoi, la compétence de la Cour est, en principe, limitée à l'examen de l'appréciation par le Tribunal des moyens qui ont été débattus devant lui (*cf.* arrêts *Alliance One International* et *Standard Commercial Tobacco c/ Commission* et *Commission c/ Alliance One International*, C-628/10 P et C-14/11 P, EU:C:2012:479, point 111, ainsi que *FIFA c/ Commission*, C-204/11 P, EU:C:2013:477, point 54). Ce n'est que lorsque un moyen constitue une amplification d'un moyen énoncé antérieurement, directement ou implicitement, dans la requête introductive d'instance qu'il doit être considéré comme recevable (voir arrêt *Gualtieri c/ Commission*, C-485/08 P, EU:C:2010:188, point 37 et jurisprudence citée).

En l'espèce, et comme le rappelle la Cour, il ressortait du dossier afférent au recours introduit devant le Tribunal qu'Electrabel n'avait invoqué directement, en première instance, ni une argumentation tirée de la violation de l'article 14, paragraphe 3, du règlement n° 4064/89, résultant de la prise en considération de la durée de l'infraction comme critère aux fins de déterminer le montant de l'amende, ni une argumentation tirée de l'application rétroactive et, ainsi, illégale du règlement n° 139/2004. Et la Cour se livre à une analyse détaillée de la requête d'Electrabel devant le Tribunal pour finalement conclure, en dépit ce qui a été rappelé plus haut, que « En fait, il ressort dudit moyen qu'Electrabel n'a abordé la question de la durée de l'infraction retenue que pour contester le caractère disproportionné de l'amende qui lui a été infligée et invoquer certaines erreurs qui auraient été commises dans l'appréciation de cette durée » (*cf.* § 47).

Un point intéressant résidait dans le fait, invoqué par la requérante, qu'une question que le Tribunal avait posée à la Commission (*cf.* § 33) en cours d'instance aurait montré que le Tribunal avait pris en compte l'argument, qu'Electrabel soulevait en tant que moyen devant la Cour. À cet argument, la Cour répond en deux temps. D'abord en soulignant que le litige est en principe délimité par les parties (articles 21 du statut de la Cour de justice de l'Union européenne et 44, paragraphe 1, du règlement de procédure et arrêt *Commission c/ Irlande*, C-272/12 P, EU:C:2013:812, point 27). Certes certains moyens, tels que ceux se rapportant aux formes substantielles, peuvent être relevés d'office, ou doivent l'être. Toutefois, « un moyen portant sur la légalité au fond d'une décision, qui est tiré de la violation des traités ou de toute règle de droit relative à l'application de ceux-ci, au sens de l'article 263 TFUE, ne peut, en revanche, être examiné par le juge de l'Union que s'il est invoqué par le requérant (voir, en ce sens, arrêts *Commission c/ Sytraval* et *Brink's France*, C-367/95 P, EU:C:1998:154, point 67 ; *VBA c/ Florimex*, C-265/97 P, EU:C:2000:170, point 114, ainsi que *Commission c/ Irlande*, C-89/08 P, EU:C:2009:742, point 40) » (*cf.* § 50).

Ensuite, et en l'espèce, elle en déduit qu'une question posée par le Tribunal en vue d'une réponse écrite ou lors de l'audience devant celui-ci ne peut modifier l'objet du litige, tel qu'il a été déterminé par l'argumentation invoquée par les parties à la procédure.

En conséquence, les moyens soulevés en cassation par Electrabel n'ayant pas été débattus devant le Tribunal ils constituent des moyens nouveaux devant la Cour, irrecevables en tant que tels.

Sur l'erreur de droit et le défaut de motivation

La requérante invoquait également l'article 3 du règlement n° 4064/89, selon lequel une opération de concentration est « réalisée », dès lors qu'une entreprise acquiert le contrôle d'une autre entreprise, (ce que le Tribunal aurait confirmé, dans son arrêt *Aer Lingus Group c/ Commission*, aff. T-411/07, EU:T:2010:281, point 63). Le caractère instantané de la réalisation d'une opération de concentration serait en effet déclenché et entièrement achevé par le changement de contrôle de l'entreprise cible. De sorte que, étant donné que l'opération de concentration en cause, à savoir l'acquisition par Electrabel du contrôle exclusif de la CNR, avait été réalisée « en un trait de temps », le 23 décembre 2003, et que l'article 7 du règlement n° 4064/89 interdit précisément la « réalisation » d'une opération de concentration sans notification ni autorisation préalable, le Tribunal aurait commis une erreur de droit en qualifiant l'infraction reprochée à Electrabel d'infraction continue. Cette erreur de droit avait évidemment une importance majeure au regard de la prescription de l'infraction qui, si cette dernière avait été qualifiée d'instantanée, aurait été acquise.

Il se serait également contredit au sujet de la nature de l'infraction en cause, ce qui constituerait un défaut de motivation. Alors que, dans un premier temps, au point 212 de l'arrêt attaqué, le Tribunal a semblé confirmer l'analyse de la Commission relative au caractère prétendument continu de l'infraction, il a considéré, au point 267 de celui-ci, qu'il était légitime, pour la Commission, de tenir compte de la durée pendant laquelle l'activité était exercée, même s'il s'agissait de circonstances postérieures à la date à laquelle l'infraction avait été commise.

Là encore, le lecteur qui s'attendait à des précisions sur le caractère continu ou instantané de l'infraction sera déçu. La Cour va au plus court en remarquant que la requérante ne conteste à aucun moment les points 209 et 214 de l'arrêt attaqué. Or « dans ces points, le Tribunal a considéré que, quand bien même il s'agirait, en l'occurrence, d'une infraction instantanée impliquant que le point de départ de la prescription devait être fixé au 23 décembre 2003, le délai de prescription, de cinq ans, en vertu de l'article 1er, paragraphe 1, sous b), du règlement n° 2988/74, avait été interrompu par la demande de renseignements du 17 juin 2008 et par la communication des griefs du 17 décembre 2008, conformément à l'article 2 de ce règlement, dont il ressort que la prescription en matière de poursuites est interrompue par tout acte de la Commission visant à l'instruction ou à la poursuite de l'action. Le Tribunal a ajouté que le point 180 des motifs de la décision litigieuse comportait déjà ces précisions » (*cf.* § 60).

La Cour n'a donc aucun mal à conclure que le prétendu caractère instantané de l'infraction en cause, à supposer qu'il doive être retenu, est dénué de pertinence aux fins de la prescription de cette infraction et, partant, n'est susceptible d'invalider ni l'arrêt attaqué ni la décision litigieuse. Il en va d'ailleurs de même de la prétendue contradiction de motifs puisque « à la supposer établie, [elle] ne saurait être de nature à invalider l'arrêt attaqué. En effet, ainsi qu'il a été constaté aux points 61 et 62 du présent arrêt, le fait que l'infraction commise par Electrabel soit, en l'occurrence, qualifiée d'instantanée ou de continue est dénué de pertinence » (*cf.* § 63). Fermez le ban !

D. Berlin

Concurrences N° 1-2015, Art. N° 71336, p. 137

Voir aussi sur les origines de l'affaire

Trib. UE, 12 déc. 2012, Electrabel, T-332/09

S. Sorinas, E. Jegou, Manquement à l'obligation de notification : Le Tribunal de l'UE confirme la décision de la Commission européenne infligeant une amende de 20 millions d'euros à une entreprise pour la réalisation d'une opération de concentration avant l'autorisation de la Commission européenne (Electrabel), 12 décembre 2012, Concurrences N° 3-2013, Art. N° 53921, p. 109.

CJUE, 31 mai 2018, Ernst & Young, C-633/16

La Cour de justice de l'Union européenne rappelle qu'une concentration n'est réalisée que lorsque survient un changement durable de contrôle de l'entreprise cible. Par conséquent, la dénonciation d'un accord de coopération avec un tiers par l'une des parties à la concentration ne peut être qualifiée de concentration et peut avoir lieu avant que la concentration soit notifiée aux Autorités de concurrence et autorisée par celles-ci.

Le 31 mai 2018, la Cour de justice de l'Union européenne (la « Cour ») a eu l'occasion de clarifier la portée de l'obligation de « *standstill* » incluse à l'article 7 § 1er du règlement n° 139/2004 du 20 janvier 2004 relatif au contrôle des concentrations entre entreprises, à savoir l'interdiction de réaliser une concentration avant que celle-ci soit notifiée et autorisée. Cette occasion s'est présentée sous la forme de questions préjudicielles adressées à la Cour par le Tribunal danois des affaires maritimes et commerciales (Sø – og Handelsretten), statuant sur un appel introduit par Ernst & Young contre une décision du conseil de la concurrence danois (Konkurrencerådet).

Cette affaire commence le 18 novembre 2013, lorsque les cabinets d'audit KPMG Statsautoriseret Revisionspartnerselkskab et KPMG Ejendomme Flintholm K/S (ci-après, « KPMG DK ») et les cabinets d'audit Ernst & Young, Ernst & Young LLP, Ernst & Young Godkendt Revisionsaktieselskab, Ernst & Young Global Limited et EYGS LLP (ci-après, « EY ») concluent ensemble un accord de concentration. Cette concentration est notifiée le 13 décembre 2013 et autorisée sous conditions le 28 mai 2014 par le conseil de la concurrence danois.

Le cœur du litige se situe dans le fait que, le jour de la conclusion de l'accord de concentration et conformément à ce dernier, KPMG DK a dénoncé l'accord de coopération qui la liait au réseau international de cabinets d'audit indépendants KPMG International Cooperative (ci-après, « KPMG International ») et qui lui octroyait le droit exclusif de faire partie de KPMG International au Danemark et de faire usage des marques de KPMG International dans ce pays. Le 17 décembre 2014, le conseil de la concurrence danois a décidé qu'en dénonçant cet accord de coopération avant que la concentration soit approuvée, les sociétés KPMG DK avaient enfreint l'interdiction prévue par le droit danois de mettre en œuvre une concentration avant sa notification et son autorisation (« *gun jumping* »). Selon le conseil de la concurrence danois, dont la Cour reprend les termes, cette dénonciation est « propre à la concentration, irréversible et susceptible de produire des effets sur le marché au cours de la période comprise entre cette dénonciation elle-même et l'autorisation de la concentration », sans que le conseil de la concurrence estime nécessaire d'établir que cette dénonciation a réellement eu des effets sur le marché.

EY a introduit un recours en annulation contre cette décision devant le tribunal danois des affaires maritimes et commerciales, lequel a décidé de surseoir à statuer et de poser quatre questions préjudicielles à la Cour. Ces questions visent essentiellement à déterminer si l'obligation de « *standstill* » vise uniquement les mesures de réalisation de la concentration qui constituent « en tout ou en partie, en fait ou en droit [...] un élément de la prise de contrôle ou de la fusion des activités ». La juridiction de renvoi souhaite également savoir si la dénonciation d'un accord de coopération peut être qualifiée de mesure de réalisation d'une concentration et si cette qualification dépend du fait que cette dénonciation « ait effectivement produit des effets significatifs du point de vue de la concurrence sur le marché ».

Le droit national des États membres, objet de questions préjudicielles à la Cour de justice de l'Union européenne

La Commission européenne a soumis des observations à la Cour. Elle y conteste la compétence de la Cour à répondre aux questions préjudicielles qui lui ont été adressées, au motif non seulement que c'est le droit danois et non le droit européen qui s'applique dans cette affaire, mais aussi que celui-ci ne se réfère pas directement au droit européen et ne le reproduit pas fidèlement.

La Cour balaye ces arguments sur la base d'une interprétation extensive de l'article 267 du Traité sur le fonctionnement de l'Union européenne (TFUE) qui lui donne précisément pour mission d'interpréter les traités et la législation européens. La Cour commence par souligner s'être « à maintes reprises déclarée compétente pour statuer sur les demandes préjudicielles [...] dans des situations dans lesquelles les faits au principal se situaient en dehors du champ d'application directe du droit de l'Union, mais dans lesquelles lesdites dispositions avaient été rendues applicables par la législation nationale, laquelle se conformait, pour les solutions apportées à des situations purement internes, à celles retenues par le droit de l'Union ». La Cour estime que, même dans ces situations, « il existe un intérêt certain de l'Union à ce que, pour éviter les divergences d'interprétations futures, les dispositions ou les notions reprises du droit de l'Union reçoivent une interprétation uniforme ».

Bien que la loi danoise n'opère pas de renvoi direct au droit européen, la Cour constate que les travaux préparatoires de la loi danoise montrent l'intention du législateur danois d'harmoniser le droit national avec le droit européen en matière de contrôle des concentrations, en ce compris l'obligation de « *standstill* ».

Enfin, la Cour renvoie à l'interprétation que le tribunal des affaires maritimes et commerciales danois a lui-même faite de son droit national, puisque celui-ci, en posant des questions préjudicielles à la Cour, « a considéré que le droit danois devait être interprété à la lumière, notamment, de la jurisprudence » de cette dernière.

Notons que ce raisonnement semble permettre à la Cour d'interpréter très largement sa compétence, puisque le simple fait de recevoir des questions préjudicielles paraît suffire à indiquer que le droit national doit être interprété à la lumière du droit européen et que la Cour est dès lors compétente pour répondre à ces questions.

L'obligation de « *standstill* », indissociable de la notion de changement de contrôle

Sa compétence établie, la Cour aborde ensuite les questions de fond. Elle rappelle tout d'abord que l'obligation de « *standstill* » prévue à l'article 7 § 1er, du règlement n° 139/2004 « se limite à prévoir qu'une concentration ne peut être réalisée ni avant d'être notifiée ni avant d'avoir été déclarée compatible avec le marché commun », sans préciser si cette réalisation peut avoir lieu au moyen d'une opération qui ne contribue pas au changement de contrôle de l'entreprise cible. Par conséquent, la Cour décide d'interpréter l'article 7 § 1er « en se fondant tant sur sa finalité que sur son économie générale ».

Au regard de la finalité du règlement n° 139/2004 – « s'assurer que les restructurations des entreprises n'entraînent pas de préjudice durable pour la concurrence » – la Cour note que l'obligation de « *standstill* » se limite aux seules concentrations « et exclut par là-même que soit interdite toute opération ne pouvant être considérée comme contribuant à la réalisation d'une concentration ». Or, toute concentration au sens de l'article 3 du règlement n° 139/2004 implique un changement durable de contrôle de l'entreprise cible.

La Cour examine dès lors la possibilité que la dénonciation de l'accord de coopération puisse participer à un changement de contrôle de KPMG DK. Elle note à cet égard que, lorsque des opérations sont des actes accessoires ou préparatoires à la concentration mais ne présentent pas de « lien fonctionnel direct » avec cette dernière et « ne sont pas nécessaires pour parvenir à un changement de contrôle d'une entreprise concernée par cette concentration », ces actes ne sont pas concernés par l'obligation de « *standstill* » et « leur mise en œuvre n'est en principe pas susceptible de porter atteinte à l'efficacité du contrôle des concentrations ».

Le fait que ces opérations accessoires ou préparatoires à la concentration puissent avoir un effet sur le marché ne suffit pas à déclencher l'application de l'obligation de « *standstill* », et cela pour deux raisons. D'une part, l'examen des effets d'une concentration s'effectue au stade de l'analyse de la compatibilité de la concentration avec le marché commun, alors que l'obligation de « *standstill* » est indépendante de cet examen de fond, « sa raison d'être étant précisément celle d'assurer un contrôle efficace de la part de la Commission de toutes les opérations de concentration ». D'autre part, les notions d'effets sur le marché et de changement de contrôle ne se recoupent pas, et il est dès lors possible qu'une opération sans effet sur le marché contribue néanmoins à un changement de contrôle et donc à la réalisation de la concentration.

Après s'être penchée sur la finalité du règlement n° 139/2004, la Cour s'intéresse à son économie générale. Elle rappelle que ce règlement « fait partie d'un ensemble législatif visant à mettre en œuvre les articles 101 et 102 TFUE, ainsi qu'à établir un système de contrôle garantissant que la concurrence n'est pas faussée dans le marché intérieur de l'Union », au même titre que le règlement n° 1/2003 relatif à la mise en œuvre des règles de concurrence prévues aux articles 101 et 102 TFUE. En effet, si le règlement n° 139/2004 s'applique aux concentrations entre entreprises induisant un changement de contrôle de l'entreprise cible, le règlement n° 1/2003 s'applique, lui, aux coordinations anti-concurrentielles entre entreprises qui ne constituent pas une concentration au sens du règlement n° 139/2004.

Par conséquent, la Cour considère qu'étendre le champ d'application de l'obligation de « *standstill* » à des opérations qui ne sont pas des concentrations reviendrait non seulement à enfreindre l'article 1er du règlement n° 139/2004 qui en définit les limites d'application, « mais également à réduire, de manière correspondante, le champ d'application du règlement n° 1/2003, lequel ne serait alors plus applicable à de telles opérations, alors même que celles-ci peuvent donner lieu à une coordination entre entreprises, au sens de l'article 101 TFUE ».

La Cour conclut de ce qui précède que, même si la dénonciation de l'accord de coopération « fait l'objet d'un lien conditionnel avec la concentration et est susceptible d'avoir un caractère accessoire et préparatoire de celle-ci, il n'en demeure pas moins que, en dépit des effets qu'elle est susceptible d'avoir produits sur le marché, elle ne contribue pas, en tant que telle, au changement de contrôle durable de l'entreprise cible ».

Bien qu'il appartienne à la juridiction danoise de vérifier les faits de la cause, il semblerait donc que KPMG DK n'a pas enfreint d'obligation de « *standstill* » en dénonçant l'accord de coopération avant la notification de la concentration et son autorisation par l'autorité de concurrence danoise.

Le « *gun jumping* », priorité des Autorités de concurrence européennes

Cet arrêt tombe à point nommé dans un contexte où les Autorités de concurrence portent un intérêt croissant aux infractions procédurales aux systèmes de contrôle des concentrations et notamment au « *gun jumping* ». Le 10 juin 2009, la Commission a sanctionné Electrabel par une amende de 20 millions d'euros pour avoir acquis le contrôle de la Compagnie Nationale du Rhône sans y être autorisée. Le Tribunal de l'Union européenne a confirmé cette décision en appel. Le 23 juillet 2014, la Commission a infligé une amende du même montant à Marine Harvest pour avoir acquis Morpol sans notification ni autorisation. À nouveau, cette décision a été confirmée en appel par le Tribunal de l'Union européenne.

La Commission semble vouloir durcir son approche des cas de « *gun jumping* ». Le 24 avril 2018, c'est une amende de pas moins de 124,5 millions d'euros que la Commission a infligée à Altice pour avoir illégalement acquis PT Portugal. Notons que cette sanction intervient après une autre amende de 80 millions d'euros imposée par l'Autorité de la concurrence française en 2016 à la même entreprise pour deux autres cas de « *gun jumping* », ce qui peut expliquer la sévérité de la Commission. Enfin, en juillet 2017, la Commission a envoyé une communication des griefs à Canon, lui reprochant l'acquisition illégale de Toshiba Medical Systems. Cette affaire est toujours en cours.

Dans ce contexte, l'arrêt de la Cour dans l'affaire EY / KPMG DK offre aux Autorités de concurrence un rappel utile des principes de base du système de contrôle des concentrations et de l'importance de la notion de changement de contrôle. Cet arrêt devrait mener à l'annulation par le tribunal danois des affaires maritimes et commerciales de la décision du conseil danois de la concurrence. Il devrait également avoir un impact sur l'action pénale entamée contre EY par la saisine, le 11 juin 2015, du procureur de l'État danois contre la grande criminalité économique et internationale (Stasanklageren for Særlig Økonomisk og International Kriminalitet).

J.-F. Bellis, V. Lefever

Concurrences N° 3-2018, Art. N° 87698, p. 130

Voir aussi, sur les conclusions de l'Avocat général

E. Xueref-Poviac, Gun jumping : L'Avocat général N. Wahl se prononce sur l'obligation de suspendre la réalisation de la concentration jusqu'à la déclaration de compatibilité avec le marché commun (Ernst & Young P/S / Konkurrencerådet), 18 janvier 2018, Concurrences N° 2-2018, Art. N° 86920, pp. 114-115.

CJUE, 4 mars 2020, Mowi, C-10/18 P

La Cour de justice de l'Union européenne confirme la possibilité pour la Commission européenne d'imposer concomitamment à une même entreprise deux amendes pour, respectivement, défaut de notification d'une opération et non-respect de l'effet suspensif du contrôle des concentrations.

L'arrêt rendu par la Cour de justice de l'Union européenne le 4 mars 2020 signe la fin de la saga Marine Harvest, à savoir l'acquisition par le producteur et transformateur de saumons norvégien Marine Harvest (devenue depuis Mowi ASA) de son concurrent Morpol.

Le 18 décembre 2012, Marine Harvest avait acquis 48,5 % du capital de Morpol auprès de deux entités juridiques contrôlées par le fondateur de ce dernier. Dans le même temps, elle avait informé les autorités boursières norvégiennes de son intention de soumettre une offre publique sur le restant du capital de Morpol, dont les titres étaient admis sur un marché réglementé. Trois jours plus tard, Marine Harvest avait prénotifié à la Commission européenne l'opération, précisant que si elle avait déjà acquis une participation minoritaire au capital de Morpol, elle n'exercerait pas les droits de vote attachés aux titres acquis avant que la Commission n'autorise l'opération. Après neuf mois de prénotification, l'opération avait été formellement notifiée le 9 août 2013. Le 30 septembre 2013, la Commission européenne avait autorisé l'opération : afin de remédier aux problèmes de concurrence identifiés, Marine Harvest s'était engagée à céder l'essentiel des activités de salmoniculture de Morpol en Écosse. Le 12 novembre 2013, Marine Harvest avait finalisé l'acquisition de Morpol en achetant les actions restantes, portant sa participation à 87,1 % du capital de Morpol.

Six mois après cette décision d'autorisation, la Commission européenne avait envoyé à Marine Harvest une notification de griefs pour, en substance, mise en œuvre anticipée d'une opération de concentration. Au terme de cette procédure d'infraction, la Commission a adopté une décision de sanction le 23 juillet 2014.

La Commission relevait notamment que Marine Harvest n'avait prénotifié l'opération que fin décembre 2012, soit quelques jours après la clôture de sa prise de participation minoritaire au capital de Morpol. Or, cette première étape aurait, selon la Commission, d'ores et déjà conféré à Marine Harvest un contrôle *de facto* sur Morpol, compte tenu de la grande dispersion des actions restantes et des taux de participation antérieurs aux assemblées des actionnaires. La Commission européenne avait également considéré que Marine Harvest ne pouvait pas se prévaloir de l'article 7, paragraphe 2, du règlement n° 139/2004 (règlement n° 139/2004 du Conseil du 20 janvier 2004 relatif au contrôle des concentrations entre entreprises [ci-après « règlement sur les concentrations » ou « règlement 139/2004 »), OJ L 24, 29.1.2004.), selon lequel, à certaines conditions, l'effet suspensif du contrôle des concentrations ne fait pas obstacle à la réalisation d'une offre publique d'achat d'actions, par lequel le contrôle d'une entreprise est acquis par l'intermédiaire de plusieurs vendeurs au moyen d'une série de transactions sur titres. Pour cela, la Commission avait en substance considéré que Marine Harvest avait acquis le contrôle de la cible par une unique transaction réalisée auprès d'un seul vendeur en acquérant 48,5 % du capital de Morpol, sans qu'il soit possible de considérer que cette acquisition constituait une opération de concentration unique avec l'offre publique lancée par la suite, offre publique qui aurait pu, selon Marine Harvest, relever de l'article 7, paragraphe 2, du règlement 139/2004. Par conséquent, Marine Harvest avait mis en œuvre une opération de concentration huit mois avant qu'elle ne soit notifiée, et plus de neuf mois avant qu'elle ne soit déclarée compatible avec le marché intérieur.

La Commission européenne a donc infligé à Marine Harvest, dans la décision du 23 juillet 2014, deux amendes distinctes de chacune 10 millions d'euros :

- la première pour violation de l'obligation de notification préalable (sur le fondement de l'article 4, paragraphe 1, du règlement 139/2004), infraction instantanée commise le 18 décembre 2012, date de la réalisation de la concentration ;
- et la seconde pour violation de l'effet suspensif du contrôle des concentrations (sur le fondement de l'article 7, paragraphe 1, du règlement précité), infraction continue du 18 décembre 2012 au 30 septembre 2013, à savoir de la date de la réalisation de la concentration à la date de son autorisation.

Marine Harvest avait, sans succès, saisi le Tribunal de l'Union européenne d'un recours tendant à l'annulation de la décision de sanction de la Commission européenne (Tribunal de l'Union européenne, Marine Harvest contre Commission européenne, arrêt du 26 octobre 2017, aff. T-704/14). Elle avait ensuite introduit un pourvoi devant la Cour de justice de l'Union européenne aux termes duquel elle :

- contestait l'existence de toute infraction en considérant que l'acquisition du bloc de 48,5 % constituait une opération de concentration unique avec l'offre publique lancée ultérieurement, et pouvait à ce titre bénéficier de la dérogation de l'article 7, paragraphe 2, du règlement 139/2004 ;
- soutenait que la Commission, en la sanctionnant par deux amendes distinctes, avait violé le principe *ne bis in idem*, le principe d'imputation des sanctions, ainsi que les principes régissant le concours d'infractions. Certains commentateurs s'étaient réjouis de la publication de l'opinion de l'Avocat général Tanchev du 26 septembre dernier (Conclusions de l'Avocat général M. Evgeni Tanchev présentées le 26 septembre 2019, Marine Harvest ASA contre Commission européenne, aff. C-10/18P). Estimant que le Tribunal avait violé les principes régissant le concours d'infractions, l'Avocat général considérait que seul le non-respect de l'effet suspensif du contrôle des concentrations par Marine Harvest pouvait être sanctionné. Il avait ainsi invité la Cour de justice à annuler l'amende de la Commission portant sur l'absence de notification préalable de l'opération, ce qui aurait réduit *de facto* l'amende de Marine Harvest de moitié.

Or la Cour de justice n'a pas suivi l'opinion de son Avocat général, et a choisi dans cet arrêt du 4 mars 2020 de rejeter le pourvoi de Marine Harvest dans son intégralité.

Concernant le premier moyen relatif à la qualification de concentration unique de la prise de participation minoritaire et de l'offre publique d'achat

Marine Harvest soutenait que le Tribunal avait commis une erreur de droit en refusant d'examiner les éléments qui auraient pu l'amener à qualifier sa prise de participation minoritaire et l'offre publique d'achat de concentration unique.

Néanmoins, la Cour de justice a rejeté ce premier moyen.

La Cour de justice a d'abord rappelé que l'article 7 du règlement 139/2004 prévoit une dérogation à l'effet suspensif du contrôle des concentrations permettant, à certaines conditions, la réalisation d'une offre publique d'achat avant sa notification à la Commission et avant l'autorisation de cette dernière.

Elle a ensuite rappelé que le considérant 20 du règlement 139/2004 prévoit qu'il convient de traiter comme concentration unique des opérations étroitement liées en ce qu'elles font l'objet d'un lien conditionnel ou prennent la forme d'une série de transactions sur titres effectuées dans un délai raisonnablement bref. Toutefois, la Cour a rappelé que les considérants du règlement 139/2004, s'ils sont susceptibles de servir d'éléments d'interprétation dudit règlement, n'ont pas de valeur juridique et ne peuvent aboutir à une interprétation des dispositions du règlement manifestement contraire à leur libellé.

De plus, la Cour a considéré que l'article 7, paragraphe 1, prévoyant l'effet suspensif du contrôle des concentrations, s'applique aux seules opérations de concentration. De même, l'article 7, paragraphe 2, qui prévoit une dérogation à cet effet suspensif, ne peut s'appliquer qu'aux seules opérations de concentrations. Or, la Cour a déjà jugé que la réalisation d'une concentration a lieu dès que les parties mettent en œuvre des opérations contribuant à changer durablement le contrôle sur l'entreprise cible.

Ainsi, si le considérant 20 du règlement 139/2004 prévoit qu'il convient de traiter comme une concentration unique des opérations étroitement liées, seules les opérations qui sont nécessaires pour parvenir à un changement de contrôle sont susceptibles de relever de l'article 7 de ce règlement.

Ainsi, en l'espèce, la prise de participation minoritaire et l'offre publique d'achat ne pouvaient constituer une concentration unique : Marine Harvest ayant acquis un contrôle de fait sur Morpol dès l'acquisition du bloc de 48,5 %, le lancement d'une offre publique d'achat sans modification du contrôle sur Morpol ne pouvait relever d'une concentration unique avec l'acquisition de ce bloc, et permettre à cette dernière de relever de la dérogation de l'article 7, paragraphe 2, du règlement 139/2004. Ainsi, la Cour de justice constate que le Tribunal a à bon droit écarté l'existence d'une concentration unique au cas d'espèce, de sorte que Marine Harvest avait bien enfreint l'obligation de notification préalable.

Cet arrêt de la Cour vient donc apporter des précisions intéressantes sur une situation assez fréquente en pratique : lorsqu'une entreprise envisage de lancer une offre publique d'achat, elle commence généralement par acheter un bloc de participation, que ce soit sur le marché ou hors du marché. Il est désormais clair que si l'acquisition d'un tel bloc donne des droits de contrôle sur la cible, la perspective d'une offre publique ne permet pas de s'affranchir de l'effet suspensif du contrôle des concentrations.

En revanche, une question pourrait demeurer : si une entreprise achète hors marché auprès d'un seul vendeur un bloc non contrôlant, et ce avant de lancer une offre publique d'achat, faut-il considérer que l'acquisition de ce bloc et l'offre publique peuvent constituer une opération de concentration unique ? Certes, l'offre publique est décisive pour le changement de contrôle mais l'acquisition d'un bloc peut contribuer à ce changement de contrôle, au même titre que l'offre. Dans une telle hypothèse, il semblerait logique de :

- soit considérer que l'acquisition d'un bloc non contrôlant et l'offre publique constituent une opération de concentration unique, pouvant bénéficier de la dérogation de l'article 7, paragraphe 2, dans son intégralité, y compris pour l'acquisition d'un bloc hors marché ;

- soit considérer que l'acquisition du bloc non contrôlant et l'offre publique ne constituent pas une opération de concentration unique, auquel cas l'acquisition du bloc non contrôlant ne relève pas du contrôle des concentrations.

Concernant le second moyen relatif à la méconnaissance du principe *ne bis in idem*, le principe d'imputation ainsi que les principes régissant le concours d'infractions

Par ce deuxième moyen, Marine Harvest soutenait que le Tribunal aurait commis une erreur en n'appliquant pas le principe *ne bis in idem*, le principe d'imputation ainsi que les principes régissant le concours d'infractions.

L'Avocat général Tanchev et la Cour de justice se rejoignent pour considérer que le Tribunal n'a pas méconnu les deux premiers principes.

En effet, est écartée toute violation du principe *ne bis in idem*, qui vise à prévenir qu'une entreprise soit « condamnée ou poursuivie une nouvelle fois », ce qui présupposerait que cette entreprise ait été condamnée ou déclarée non responsable par une décision antérieure qui n'est plus susceptible de recours. Or les sanctions litigieuses ont été imposées en même temps par la Commission, dans une seule et même décision.

Est également écartée toute violation du principe d'imputation, qui exige que la Commission, en fixant le montant d'une amende, prenne en compte les sanctions déjà infligées pour le même comportement par l'Autorité de concurrence d'un État membre. La Cour de justice relève que Marine Harvest n'avance aucun élément concret susceptible de démontrer que le Tribunal a commis une erreur de droit en jugeant que ce principe, à supposer qu'il constitue un principe invocable en l'espèce (puisqu'aucune autorité nationale de concurrence n'avait préalablement sanctionné Marine Harvest pour ce comportement infractionnel), n'est pas applicable à une situation dans laquelle plusieurs sanctions sont imposées dans une seule et même décision, même si ces sanctions sont imposées pour les mêmes faits.

L'Avocat général Tanchev, dans son opinion du 26 septembre dernier, avait néanmoins soutenu Marine Harvest sur la branche de son moyen relative aux principes régissant le concours d'infractions (conclusions de l'Avocat général M. Evgeni Tanchev présentées le 26 septembre 2019, Marine Harvest ASA contre Commission européenne, aff. C-10/18P) :

- premièrement, il relevait que la violation de l'obligation de notification préalable et de celle de ne pas mettre en œuvre l'opération avant la décision d'autorisation (principe de l'effet suspensif ou *standstill*) résultait d'un seul et même comportement, à savoir l'acquisition d'un bloc de contrôle en décembre 2012 ;
- deuxièmement, l'Avocat général précisait que, bien qu'il n'existe pas de règle régissant le concours d'infractions en droit européen de la concurrence, de telles règles existent dans la législation pénale de certains États membres. Il relevait notamment qu'en France, lorsqu'un même fait est susceptible de plusieurs incriminations mettant en danger la même valeur sociale, une seule qualification est normalement retenue, par exemple, parce qu'elle est spécifique ou la plus sévèrement punie, ou si les autres infractions ne sont que des étapes préalables à la commission de l'incrimination retenue ;

- troisièmement et par analogie, l'Avocat général considérait que l'obligation de *standstill* devrait englober celle de notification préalable. Elles poursuivraient en effet le même objectif, à savoir éviter tout préjudice pour la concurrence susceptible de découler d'une mise en œuvre précoce de l'opération. En outre, le défaut de notification serait une étape préliminaire à la violation de l'obligation de *standstill*. L'obligation de *standstill* serait plus spécifique en ce qu'elle contient tous les éléments de l'obligation de notification préalable, auxquels s'ajoute un élément supplémentaire (à savoir l'obligation de ne pas mettre en œuvre l'opération avant l'autorisation de la Commission).

Or, la Cour de justice choisit de ne pas suivre son Avocat général sur ce raisonnement.

La Cour de justice relève qu'il n'existe pas de règles spécifiques concernant le concours d'infractions en droit européen de la concurrence. De plus, le Tribunal a bien vérifié si le règlement 139/2004 contenait une disposition principalement applicable, excluant l'application des autres. Constatant que le règlement précité ne définit pas l'infraction de l'article 7 comme étant plus grave que celle de l'article 4, le Tribunal n'a, selon la Cour de justice, commis aucune erreur de droit.

La Cour de justice considère par ailleurs que les articles 4 et 7 du règlement 139/2004 poursuivent des objectifs autonomes :

- l'article 4 vise une obligation de faire, à savoir notifier toute concentration franchissant les seuils avant sa réalisation ;
- l'article 7 vise une obligation de ne pas faire, à savoir ne pas réaliser cette concentration avant sa notification et son autorisation.

La Cour de justice relève que le règlement 139/2004 prévoit la possibilité, conformément à son article 14, paragraphe 2, sous a) et b), d'infliger des amendes distinctes, au titre de chacune de ces violations, lorsque ces dernières sont commises concomitamment par la réalisation d'une concentration avant sa notification à la Commission.

Elle considère que l'interprétation de Marine Harvest et de l'Avocat général, selon laquelle la Commission ne peut sanctionner que la violation de l'obligation de *standstill* dans la mesure où elle englobe déjà celle de l'obligation de notification préalable, serait contraire à l'objectif du règlement 139/2004. Celui-ci vise à assurer un contrôle efficace des concentrations qui ont une dimension communautaire en obligeant les entreprises à notifier préalablement leurs concentrations et en prévoyant que la réalisation de celles-ci soit suspendue jusqu'à l'adoption d'une décision finale (CJUE, Ernst & Young, arrêt du 31 mai 2018, C-633/16, § 42). La Cour de justice considère qu'une telle interprétation priverait la Commission de la possibilité d'établir une distinction, au travers des amendes qu'elle inflige, entre la simple violation de l'obligation de *standstill* et une double violation de l'obligation de notification préalable et de l'obligation de *standstill*.

À la lumière de ces éléments, la Cour de justice conclut que le Tribunal était fondé à considérer que la Commission pouvait infliger deux amendes distinctes dans une même décision au titre, respectivement, des articles 4 et 7 du règlement 139/2004.

Par cet arrêt du 4 mars 2020, la Cour de justice choisit la voie de la sévérité et donne un blanc-seing à la politique de la Commission de sanctionner lourdement les entreprises qui violent leurs obligations procédurales au titre du contrôle des concentrations. Si cet objectif politique est compréhensible, deux remarques peuvent être formulées :

- l'existence d'une base juridique spécifique pour sanctionner les violations de l'obligation de notification semble être une survivance du régime qui prévalait sous l'empire du règlement 4064/89 du Conseil, du 21 décembre 1989, relatif au contrôle des concentrations. L'article 4 de ce règlement prévoyait en effet une obligation de notification des opérations de concentration dans un délai d'une semaine de la conclusion de l'accord juridique prévoyant une opération de concentration. Il existait donc à l'époque des situations dans lesquelles il pouvait y avoir violation de l'obligation de notification (*i.e.*, toute notification tardive d'un accord signé mais non encore mis en œuvre) sans avoir violation de l'obligation de suspension. Or, aujourd'hui, toute violation de l'obligation de notification entraîne *ipso facto* une violation de l'obligation de suspension, de sorte qu'imposer une sanction autonome pour violation de l'obligation de notification pourrait être inutile ;

- la possibilité pour la Commission d'imposer deux amendes distinctes pourrait ne pas avoir d'impact pratique particulier. La Commission a choisi dans cette affaire Marine Harvest (comme dans d'autres affaires) d'imposer deux sanctions distinctes, de 10 millions d'euros chacune. En l'absence de lignes directrices imposant un mode de calcul du montant de la sanction, la Commission aurait tout à fait pu imposer une sanction unique de 20 millions d'euros pour violation de l'obligation de suspension. Il semble par ailleurs que le plafond légal de 10 % du chiffre d'affaires de l'entreprise s'applique de manière cumulative aux deux sanctions, le texte indiquant que « [la] Commission peut, par voie de décision, infliger (...) aux entreprises concernées des amendes jusqu'à concurrence de 10 % du chiffre d'affaires total réalisé par les entreprises concernées ».

Les deux affaires Altice (requête déposée devant le Tribunal de l'Union européenne le 5 juillet 2018 (T-425/18 – Altice Europe) contre la décision de la Commission européenne du 24 avril 2018, COMP/M.7993, Altice/PT Portugal) et Canon (requête déposée devant le Tribunal de l'Union européenne le 9 septembre 2019 (T-609/19 – Canon) contre la décision de la Commission européenne du 27 juin 2019, COMP/M.8179, Canon/Toshiba Medical Systems Corporation) donneront à la Cour de justice l'occasion de se prononcer sur d'autres cas de *gun jumping.*

O. Billard, G. Fabre, S. Hamon

Concurrences N° 2-2020, Art. N° 94766, p. 118

Voir aussi, sur les origines de l'affaire

Comm. eur., 23 juill. 2014, Marine Harvest / Morpol, COMP/M.7184

D. Tayar, Défaut de notification : La Commission européenne inflige une amende de 20 millions d'euros à l'acquéreur pour défaut de notification préalable d'une concentration (Marine Harvest / Morpol), 23 juillet 2014, Concurrences N° 4-2014, Art. N° 69964, p. 175.

Trib. UE, 26 oct. 2017, Marine Harvest, T-704/14

V. Lefever, J.-F. Bellis, Gun jumping : Le Tribunal de l'Union européenne confirme une décision de la Commission européenne infligeant à une société norvégienne une amende de 20 millions d'euros pour avoir réalisé une opération de concentration sans l'avoir préalablement notifiée ni avoir reçu l'autorisation de la Commission européenne (Marine Harvest), 26 octobre 2017, Concurrences N° 1-2018, Art. N° 86188, pp. 119-120.

Trib. UE, 22 sept. 2021, Altice c/ PT Portugal, T-425/18

Le Tribunal de l'Union européenne confirme la décision de la Commission européenne infligeant des amendes pour la réalisation d'une opération de concentration avant sa notification et son autorisation.

En mars 2016, la Commission européenne [la « Commission »] avait ouvert une enquête afin de déterminer si la société Altice Europe NV [« Altice »] avait violé les obligations de notification préalable et de suspension prévues par le règlement communautaire sur le contrôle des concentrations [le « règlement »] dans le cadre de sa prise de contrôle exclusif de la société PT Portugal.

Par une décision en date du 24 avril 2018, elle avait conclu par l'affirmative et avait imposé à Altice deux amendes de 62 250 000 euros chacune, l'une au titre de la violation de l'obligation de notification préalable de la concentration prévue à l'article 4, paragraphe 1 du règlement [l'« *obligation de notification* »] et l'autre au titre de la violation de l'obligation de suspension de l'opération jusqu'à la décision d'autorisation de la Commission, prévue à l'article 7, paragraphe 1 du règlement [l'« *obligation de suspension* »]. La Commission avait notamment estimé que certaines clauses du contrat d'acquisition conclu entre Altice et le vendeur (le « SPA ») avaient eu pour effet de conférer à Altice le contrôle de la cible avant l'autorisation de la Commission. Elle avait par ailleurs considéré que certains échanges d'informations sensibles entre les parties étaient intervenus en violation de l'obligation de suspension. Altice a fait appel de cette décision.

Dans son arrêt du 22 septembre 2021, le Tribunal de l'Union européenne [le « Tribunal »] confirme la décision tout en réduisant l'une des deux amendes pour tenir compte de la circonstance atténuante selon laquelle Altice avait pris contact avec la Commission avant la signature du SPA, pour l'informer de son projet d'acquisition, et lui demander de désigner une équipe chargée de traiter le dossier.

Le bien-fondé de l'amende

Sur l'exception d'illégalité

Altice soulevait à titre préliminaire une exception d'illégalité de l'article 4 du règlement (qui prévoit l'obligation de notifier une opération avant de la réaliser), au motif que cette disposition était redondante avec l'article 7 qui impose quant à lui de ne pas réaliser une opération avant qu'elle ne soit autorisée. Altice expliquait notamment que ces dispositions permettaient à la Commission d'imposer deux amendes pour un même comportement, à savoir la réalisation de la concentration avant sa notification, qui entraîne automatiquement la violation de l'obligation de suspension.

Une discussion analogue avait déjà eu lieu dans le cadre de l'affaire Marine Harvest (CJUE, C-10/18 P, Marine Harvest, 4 mars 2020, EU:C:2020:149). Déjà dans cet arrêt, la Cour de justice de l'Union européenne [la « Cour »] avait affirmé que considérer que l'automaticité de l'infraction prévue par l'article 7, paragraphe 1 en cas de violation de l'article 4, paragraphe 1 du règlement ferait obstacle à l'imposition d'une amende distincte au titre de cette dernière disposition, aboutirait à priver d'effet utile l'obligation de notification. Après avoir rappelé que des deux dispositions du règlement, aucune n'était « principalement applicable », la Cour avait alors approuvé la Commission d'avoir appliqué les deux cumulativement, tout en indiquant que les arguments des requérantes auraient pu être développés dans le cadre d'une exception d'illégalité puisqu'ils revenaient à critiquer le bien-fondé des dispositions du règlement. Tirant les leçons de ce débat, c'est ce qu'a fait Altice dans la présente affaire. L'exception qu'elle a soulevée a toutefois été rejetée par le Tribunal.

Selon le Tribunal, plusieurs éléments de différenciation permettent de justifier l'imposition de deux amendes distinctes. Tout d'abord, il estime que les dispositions du règlement en cause poursuivent des objectifs différents, tous deux nécessaires à la bonne mise en œuvre de la politique de concurrence de l'Union européenne. En effet, selon le Tribunal, l'obligation de notification est essentiellement nécessaire au fonctionnement du système de « guichet unique », alors que l'obligation de suspension quant à elle permet à la Commission de s'opposer à un projet affectant la concurrence sur un marché ou de l'autoriser sous conditions avant que ce dernier ne produise ses effets, d'autant que certaines réalisations peuvent être difficilement réversibles. Il relève par ailleurs que si la violation de l'obligation de notification de l'opération n'est pas autonome de l'obligation de suspension, l'inverse n'est pas vrai, dans la mesure où il est possible d'enfreindre l'obligation de suspension quand bien même l'opération aurait été notifiée régulièrement. Le Tribunal ajoute que les deux obligations ne sont pas de même nature : l'obligation de notification est une obligation de faire, quand l'obligation de suspension est une obligation de ne pas faire. Il souligne enfin que l'infraction liée à l'obligation de notification est instantanée, tandis que l'infraction liée à l'obligation de suspension est une infraction continue.

Une solution discutable

Même si le Tribunal juge en définitive que les dispositions du règlement permettant l'imposition de deux sanctions sont valables, on ne peut s'empêcher d'être gêné par l'approche de la Commission dans les dossiers Marine Harvest et Altice. Il est en effet curieux de sanctionner deux obligations lorsque l'une ne peut être violée de manière autonome.

En réalité, depuis que l'obligation de notification n'est soumise à aucun délai, la sanctionner de manière spécifique a perdu beaucoup de sa pertinence puisqu'au fond, ce que le règlement cherche à prévenir dans sa rédaction actuelle est la réalisation des concentrations avant leur autorisation, qu'elles aient été notifiées ou non. Il serait donc probablement plus logique de sanctionner uniquement l'obligation de suspension quitte à retenir, le cas échéant, l'absence de notification comme circonstance aggravante.

Les arguments tirés des principes généraux du droit

Altice avançait également une série d'arguments pour tenter de contester le bien-fondé des amendes qui lui ont été infligées. Elle soutenait notamment que le cumul des deux sanctions, au titre de deux dispositions qui protégeaient le même « intérêt juridique » (interprété comme le même « objectif » par le Tribunal) violait le principe de proportionnalité des peines et le principe d'interdiction d'une double sanction pour une même infraction. Cet argument est rejeté par le Tribunal pour des motifs analogues à ceux qui l'ont conduit à rejeter l'exception d'illégalité.

Altice faisait également valoir que les clauses du SPA restreignant la liberté du vendeur jusqu'à la réalisation de l'opération, communément appelés « covenants », s'inscrivaient dans « la pratique standard » en matière de fusions-acquisitions, et que ces clauses étaient acceptées par la pratique décisionnelle de la Commission. Après avoir précisé que cet argument relevait du principe de protection de la confiance légitime, le Tribunal juge que la Commission n'avait pas donné d'indication pouvant légitimement laisser penser que le comportement d'Altice était licite. Selon le Tribunal, le fait que la Commission n'avait pas tenu des entreprises responsables pour des comportements équivalents ne l'empêchait pas de sanctionner de tels comportements à l'avenir si cette réorientation est juridiquement fondée.

S'agissant de l'argument tiré du principe de sécurité juridique, selon lequel les dispositions du règlement ne seraient pas claires, et qu'une interprétation trop extensive du terme de « réalisation » d'une opération conduirait à inclure dans l'infraction des comportements licites, le Tribunal répond que ce principe ne fait pas obstacle au fait que les règles puissent être interprétées et clarifiées progressivement et que les parties à l'opération avaient la possibilité de consulter la Commission en cas de doute.

La réalisation anticipée de la concentration

Sur le fond, le Tribunal valide intégralement la décision de la Commission, à la fois en ce qui concerne les « covenants » et les échanges d'informations sensibles, en ce qu'il considère que ces deux volets ont contribué à la réalisation partielle anticipée de la concentration.

Sur les clauses du SPA

S'agissant des « covenants », le Tribunal approuve le raisonnement de la Commission selon lequel ces clauses étaient contraires à l'obligation de suspension au motif essentiel qu'elles contribuaient à la prise de contrôle sur la cible et n'étaient pas justifiées par la nécessité de préserver son intégrité ou sa valeur. Plus précisément, le Tribunal considère que les « covenants » conférant un droit de regard à Altice sur (i) l'encadrement de la cible, (ii) les évolutions tarifaires, (iii) certains accords de faible valeur étaient effectivement illicites.

Pour parvenir à cette conclusion, il écarte l'argument d'Altice selon lequel l'obligation de suspension ne viserait que l'acquisition durable du contrôle et que, partant, les « *covenants* » (par nature temporaires) échapperaient à cette obligation. Le Tribunal estime en effet que l'obligation de suspension vise les comportements qui contribuent à l'acquisition d'un contrôle durable et que tel était le cas des « covenants » en question. Il relève également que les clauses litigieuses, qui prévoyaient que l'acquéreur soit consulté préalablement à l'adoption des décisions concernées, étaient, contrairement à ce que soutenait Altice, effectivement assimilables à des droits de veto puisque leur non-respect était sanctionné par des dommages et intérêts. Le Tribunal souligne en outre qu'Altice s'était parfois concrètement opposée aux demandes du vendeur et s'était par conséquent immiscée dans la stratégie commerciale de la cible. Il rejette enfin, sur la base d'une analyse de chacun des « *covenants* », dont il relève qu'ils étaient nombreux, rédigés très largement et soumis à des seuils monétaires faibles, l'argument selon lequel ils étaient justifiés par la nécessité de préserver la valeur ou l'intégrité de la cible.

Sur les échanges d'informations sensibles

S'agissant des échanges d'informations intervenus en amont de l'autorisation, le Tribunal juge qu'ils portaient sur des sujets stratégiques et avaient donc, eux aussi, contribué à la prise de contrôle. Il souligne à cet égard que certains échanges étaient intervenus postérieurement à la signature du SPA et qu'ils ne pouvaient donc être justifiés par des impératifs d'évaluation de la cible. Le Tribunal relève en outre qu'Altice avait conscience du caractère potentiellement problématique de ces échanges.

Le *quantum* de l'amende

S'agissant du *quantum* de l'amende, le Tribunal juge que la fixation du montant de l'amende n'est pas un « exercice arithmétique précis » et que, en l'absence de lignes directrices sur la méthode de calcul des sanctions applicables en cas de « *gun jumping* », la Commission n'était pas tenue de chiffrer le montant de base de l'amende séparément des ajustements au titre des circonstances aggravantes ou atténuantes.

Sur la proportionnalité de la sanction, notamment au regard de la pratique décisionnelle antérieure de la Commission, le Tribunal estime que cette dernière n'a pas violé le principe de l'égalité de traitement au motif que sa pratique décisionnelle ne « saurait servir de cadre juridique aux amendes en matière de concurrence » et que des décisions concernant d'autres affaires ne revêtent qu'un caractère indicatif, sauf à ce qu'il soit démontré que les circonstances telles que les marchés, les produits, les entreprises et les périodes concernées soient comparables, ce qui n'était pas le cas en l'espèce. Le Tribunal juge par ailleurs que la Commission peut réévaluer le montant des amendes si cela est nécessaire pour assurer la mise en œuvre de la politique de concurrence. Il relève à cet égard que c'est à bon droit que la Commission a considéré que l'infraction d'Altice avait été commise au moins par négligence, dans la mesure où elle ne pouvait ignorer le caractère anticoncurrentiel de son comportement, comme en attestaient certains documents internes. Il considère également que c'est à juste titre que la Commission avait qualifié le comportement d'Altice comme étant d'une certaine gravité, au motif que l'opération soulevait des préoccupations de concurrence (comme en témoignait le fait qu'Altice ait soumis des engagements dans le but de répondre à ces préoccupations).

Enfin, s'il a refusé de tenir compte de la première amende pour annuler la seconde ou en réduire le montant, le Tribunal, en rappelant que le principe d'imputation ne s'applique pas à une situation dans laquelle plusieurs sanctions sont imposées dans une même décision, a reconnu que le fait que la Commission ait été prévenue du projet de concentration et qu'une réunion s'était tenue avant la signature du SPA constituait une circonstance atténuante justifiant une réduction de 10 % du montant de l'amende infligée au titre de la violation de l'obligation de notification.

D. Tayar, J. El Khanchoufi
Concurrences N° 4-2021, Art. N° 103338, p. 93

Trib. UE, 18 mai 2022, Canon, T-609/19

Le Tribunal de l'Union européenne confirme en tous points la décision de la Commission européenne ayant sanctionné une entreprise active dans la fabrication de produits d'imagerie et optiques à hauteur de 28 millions d'euros pour avoir prématurément procédé à l'acquisition d'une entreprise spécialisée dans la fabrication d'équipements médicaux et précise, à cette occasion, l'application de la notion de gun jumping aux opérations de concentration réalisées en plusieurs étapes, et plus précisément par le biais d'une structure de transaction dite de « portage ».

Au début de l'année 2016, la société japonaise Toshiba Corporation connaissait d'importantes difficultés financières qui l'ont poussée à entamer un processus d'appel d'offres accéléré pour la vente de sa filiale Toshiba Medical Systems Corporation [ci-après « TMSC »], spécialisée dans la fabrication d'équipements médicaux. C'est dans ce contexte que Canon Inc., active dans la fabrication de produits d'imagerie et optiques, a soumis une offre d'acquisition de TMSC qui a finalement été retenue.

La structure de l'opération de concentration en cause

Pour répondre à la situation financière critique de Toshiba, l'offre de Canon proposait de structurer l'opération de reprise en deux temps, de manière à permettre le versement du prix sous quelques semaines seulement, sans avoir à obtenir le feu vert de la Commission européenne pour la réalisation de l'opération.

L'opération a ainsi été réalisée par le biais d'une structure de portage impliquant un acheteur intermédiaire.

Dans un premier temps, le 17 mars 2016, le véhicule de titrisation MS Holding, créé pour les besoins de l'opération, a acquis certaines actions du capital de TMSC – pour environ 800 euros. De son côté, Canon a acquis des options d'achat sur toutes les actions restantes de TMSC, ainsi que son unique action sans droit de vote, en contrepartie de la totalité du prix d'achat de TMSC – soit environ 5,28 milliards d'euros.

Dans un second temps, le 19 décembre 2016, après avoir notifié l'opération à la Commission européenne le 12 août 2016, puis obtenu son autorisation le 19 septembre 2016 (Comm. eur., 19 sept. 2016, aff. M.8006, Canon / Toshiba Medical Systems Corporation), TMSC a acheté ses actions détenues par MS Holding ainsi que l'action sans droit de vote détenue par Canon, et Canon a exercé l'ensemble de ses options d'achat sur le reste du capital.

Ce montage en deux étapes a permis à TMSC de devenir une filiale de Canon, détenue à 100 % par celle-ci.

Première sanction de la Commission européenne pour violation des obligations de notification et de suspension dans le cadre d'une opération de concentration unique impliquant une structure de portage

Le 29 juillet 2016, soit avant même que Canon ait procédé à la notification de l'opération, la Commission européenne l'a informée d'une enquête ouverte à son encontre pour de possibles violations des obligations de notification d'une opération de concentration, d'une part, (article 4, paragraphe 1 du règlement (CE) n° 139/2004), et de suspension de la réalisation d'une telle opération dans l'attente de son autorisation, d'autre part (article 7, paragraphe 1 du règlement (CE) n° 139/2004).

Cette enquête a abouti à la condamnation de Canon à hauteur de 14 millions d'euros pour chacune des deux violations caractérisées par la Commission européenne dans une décision du 27 juin 2019 (Comm. eur., 27 juin 2019, aff. M.8179, Canon / Toshiba Medical Systems Corporation). Un montant total de 28 millions d'euros à mettre en perspective avec l'amende colossale infligée l'année précédente à Altice pour les mêmes violations, culminant à 124,5 millions d'euros (Comm. eur., 24 avril 2018, aff. M.7993, Altice / PT Portugal) – certes réduite, par la suite, de 6,22 millions d'euros par le Tribunal de l'Union européenne (Trib. UE, 22 sept. 2021, Altice Europe NV, aff. T-425/18).

Le présent arrêt du Tribunal vient confirmer la position de la Commission, rejetant l'ensemble des demandes formulées par Canon dans son recours.

La distinction à opérer entre les notions de « réalisation d'une concentration » d'une part, et de « concentration » d'autre part

À l'appui de son recours, Canon faisait valoir que la première étape du montage n'avait pas emporté l'acquisition du contrôle de TMSC, et ne constituait donc pas la réalisation anticipée d'une opération de concentration. Ce faisant, elle soutenait l'hypothèse selon laquelle seul un changement de contrôle de la cible permettrait de caractériser un cas de *gun jumping*.

Le Tribunal, faisant sienne la position de la Commission européenne et s'appuyant sur une jurisprudence établie de la Cour de justice de l'Union européenne (CJUE, 31 mai 2018, aff. C-633/16, Ernst & Young, EU:C:2018:371 ; CJUE, 4 mars 2020, aff. C-10/18P, Marine Harvest, EU:C:2020:149), rappelle ici que la réalisation d'une concentration déclenchant l'obligation de notification a lieu « dès que les parties à une concentration mettent en œuvre des opérations contribuant à changer durablement le contrôle sur l'entreprise cible » (paragraphe 61).

La réalisation d'une concentration est ainsi susceptible de débuter avant l'acquisition du contrôle de la cible, c'est-à dire avant la concentration à proprement parler.

Le Tribunal précise en effet que ces deux notions n'ont pas la même application temporelle. Si la réalisation d'une opération de concentration est susceptible de s'étaler dans le temps, l'acquisition du contrôle d'une entreprise constitue un concept binaire qui ne connaît pas de demi-mesure : « soit le contrôle est acquis, dès lors qu'une entité a la possibilité d'exercer une influence déterminante sur la société cible, soit il n'est pas acquis » (paragraphe 79).

Aussi, pour préserver l'effet utile du contrôle *ex ante* de la Commission européenne sur les opérations de concentrations, le Tribunal considère que « le contrôle de la Commission, pour être effectif, doit être réalisé non seulement avant l'acquisition du contrôle, mais également avant la réalisation, même partielle, de la concentration » (paragraphe 80).

Il appartenait en conséquence à Canon de procéder à la notification de l'opération avant toute étape contribuant au changement de contrôle. La circonstance que cette opération n'ait pas entraîné de changement de contrôle à elle seule est sans incidence.

Une opération de concentration unique en raison du caractère unitaire des deux transactions successives

Dans sa décision de sanction, la Commission européenne avait considéré que les deux transactions opérées dans le cadre du rachat de TMSC constituaient bien une concentration unique dans la mesure où elles s'inscrivaient dans un même projet économique : (i) la première transaction a été réalisée dans la seule perspective de la seconde, (ii) le véhicule de titrisation MS Holding a été créé pour les besoins de l'acquisition du contrôle de TMSC par Canon, et (iii) dès la réalisation de la première transaction Canon était devenue la seule à pouvoir déterminer l'acquéreur final et supportait l'ensemble du risque économique en ayant déjà versé l'intégralité du prix de l'acquisition de TMSC.

Dans cette lignée, le Tribunal vient utilement rappeler, jurisprudence à l'appui (Tribunal de première instance, 23 février 2006, Cementbouw Handel & Industrie BV, aff. T-282/02, EU:T:2006:64), qu'une pluralité de transactions formellement distinctes est susceptible de constituer une opération unique dès lors que les différentes étapes sont interdépendantes, c'est-à-dire que « l'une n'aurait pas été réalisée sans l'autre », et que leur résultat « consiste à conférer à une ou à plusieurs entreprises le contrôle économique, direct ou indirect, sur l'activité d'une ou de plusieurs autres entreprises » (paragraphe 114). Se pose ainsi la question de savoir si les deux transactions successives ayant structuré la reprise de TMSC constituaient des opérations interdépendantes.

Pour contester la position de la Commission, Canon avançait notamment que le véhicule MS Holding n'avait pas pour unique vocation de faciliter l'acquisition du contrôle de TMSC. L'ensemble des arguments présentés au soutien de cette allégation est néanmoins balayé par le Tribunal. Celui-ci relève, par exemple, que MS Holding a été créée sous l'égide de Canon, qu'elle n'a pas pu exercer ses droits de vote librement au sein de TMSC, ou encore de manière plus globale qu'il n'existait que très peu d'éléments de preuve sur son implication dans les activités de TMSC. Il s'agit d'autant d'indices qui permettent de déduire que MS Holding avait bien pour seul objectif de servir l'acquisition du contrôle de TMSC par Canon.

En outre, Canon faisait valoir que sa capacité à déterminer l'acquéreur final de TMSC et les risques économiques du rachat qu'elle supportait dès la première transaction étaient dénués de pertinence pour apprécier le lien entre les deux opérations. Elle soutenait, de surcroît, que la première transaction s'apparentait en réalité à une convention d'achat d'actions « standard ». Le Tribunal relève néanmoins que dans une convention d'achat d'actions « standard », en vertu de laquelle un investisseur ne procède qu'au versement d'une prime correspondant à la valeur des options, le contrat d'acquisition d'actions n'est pas supposé produire d'effet si la concentration n'est pas ultérieurement autorisée. En l'espèce, au contraire, Canon aurait tout à fait conservé la faculté de déterminer le futur acquéreur de TMSC ainsi que la charge du risque financier de l'acquisition, même dans l'hypothèse où la Commission européenne n'aurait pas donné son feu vert à l'opération. En effet, elle avait d'ores et déjà réglé le montant total de l'acquisition de TMSC.

L'existence d'un « lien fonctionnel direct » entre la première étape de l'opération de rachat et la réalisation de la concentration au sens de l'arrêt *Ernst & Young* (C-633/16)

Dans son arrêt *Ernst & Young* (CJUE, 31 mai 2018, aff. C-633/16, Ernst & Young, EU:C:2018:371), la Cour de justice de l'Union européenne avait considéré que les opérations qui ne sont pas nécessaires à l'obtention du changement de contrôle, en ce qu'elles ne présentent pas de lien fonctionnel direct avec la réalisation d'une concentration, ne violent pas les obligations de notification et de suspension du règlement (CE) n° 139/2004.

Dans ce contexte, Canon affirmait que l'existence d'un lien fonctionnel entre l'opération provisoire et le changement de contrôle exigeait que l'opération provisoire entraîne, en elle-même, le changement de contrôle de la cible.

Faisant échec à cette argumentation, le Tribunal commence par rappeler utilement que le changement de contrôle de l'entreprise cible n'est pas requis pour retenir le caractère prématuré de la réalisation d'une concentration. Il est donc erroné d'affirmer qu'un lien fonctionnel direct ne peut être démontré, au sens de l'arrêt *Ernst & Young*, qu'en cas de changement de contrôle.

En l'espèce, la première étape du rachat de TMSC constitue bien une opération nécessaire au changement de contrôle. Le Tribunal relève en effet que (i) l'échelonnement du rachat en deux étapes était le seul moyen pour que Toshiba reçoive le paiement intégral et irréversible du prix d'acquisition de TMSC avant l'autorisation de la Commission européenne, (ii) la première étape du rachat était nécessaire à la modification du contrôle de TMSC, et (iii) aucune structure d'opération alternative n'aurait permis à Toshiba de toucher un apport en capital conséquent dans un délai aussi bref.

Le dossier indiquant que la structure d'acquisition avait bien pour objet de permettre à Toshiba de ne pas présenter des fonds propres déficitaires à la fin de son exercice fiscal, c'est donc vainement que Canon tentait de soutenir que l'opération provisoire était « préférable » (paragraphe 241) plutôt que nécessaire.

Le Tribunal insiste en outre sur la nature temporaire du contrôle exercé par le véhicule MS Holding, compte tenu (i) la somme dérisoire payée en contrepartie des actions de TMSC (environ 800 euros), (ii) du fait que les actionnaires de ce véhicule avaient anticipé de revendre leurs actions à TMSC à un prix fixe dès que Canon exercerait ses options, et (iii) de la liberté de vote particulièrement réduite de MS Holding concernant TMSC. La nature temporaire de ce contrôle intermédiaire vient renforcer, selon le Tribunal, le caractère nécessaire de la première transaction pour la réalisation de la concentration. S'il semble en l'espèce assez aisé de caractériser la nature temporaire du contrôle de MS Holding sur TMSC, il est néanmoins permis de s'interroger sur les contours de cette notion s'agissant de situations plus nuancées.

E. Castagnet, E. Paroche

Concurrences N° 3-2022, Art. N° 108113, p. 122

1.3.2 Accès aux documents de la Commission

CJUE, 28 juin 2012, 2 arrêts, Odile Jacob, C-404/10 P ; Agrofert Holding, C-477/10 P

La Cour de justice de l'Union européenne consacre le caractère confidentiel des documents échangés entre la Commission et les parties ou les tiers dans le cadre des procédures de concurrence.

À la suite de l'arrêt *My Travel*, du 21 juillet 2011 (Suède c/ My Travel et Commission, C-506/08 P), la Cour était apparue peu encline à étendre sa jurisprudence sur l'accès – ou plus exactement l'absence d'accès – aux documents des procédures en matière d'aides d'État (CJUE, Commission c/ Technische Glaswerke Ilmenau, 29 juin 2010, aff. C-139/07 P) à d'autres procédures de concurrence, notamment dans le domaine du contrôle des concentrations. Les arrêts sous chronique illustrent qu'il n'en est rien et apportent, sur ce point, d'utiles éclaircissements. À l'origine de ces deux affaires, il y a le refus de la Commission, sollicitée sur le fondement du règlement n° 1049/2001 relatif à l'accès du public aux documents des institutions de l'Union, de communiquer divers documents concernant des opérations de concentrations à des entreprises n'ayant pas eu accès au dossier dans le cadre de la procédure. Dans la première affaire, les Éditions Odile Jacob avait demandé à avoir accès à un nombre significatif de documents, dont certains qui avaient été remis par les parties notifiantes ou des tiers à l'occasion du contrôle de l'opération de concentration Lagadère / Natexis / VUP, par la suite déclarée compatible par la Commission (Déc. n° 2004/422/CE, Comp/M.2978, du 7 janv. 2004, *JOUE* L 125, p. 54), et d'autres qui avaient été établis par la Commission et ses services pour les besoins de l'analyse. Pour justifier ses demandes, Odile Jacob indiquait que ces documents étaient nécessaires au soutien de ses recours contre la décision d'autorisation de l'opération, ainsi qu'à l'encontre de la décision agréant Wendel Investissement comme acquéreur des actifs cédés par Lagardère à cette occasion. Dans la seconde affaire, la société Agrofert avait également souhaité prendre connaissance de « tous les documents non publiés concernant la procédure de notification et de prénotification » de l'opération d'acquisition d'Unipetrol, dont elle était actionnaire minoritaire, par PKN Orlen (Comp / M.3543). Dans les deux cas, pour justifier son refus de donner l'accès à la quasi-totalité des documents sollicités, la Commission invoquait un ou plusieurs des motifs prévus à l'article 4 du règlement n° 1049/2001 : la protection des objectifs des activités d'enquête (parag 2, troisième tiret), la protection des intérêts commerciaux (parag 2, premier tiret), la protection du processus décisionnel (parag 3, second alinéa), la protection des avis juridique (parag 2, deuxième tiret). Elle excluait même un accès partiel à ces documents (parag 6) ou l'existence d'un intérêt public supérieur susceptible de justifier néanmoins leur divulgation (parag 2). La Commission faisait encore valoir que, dans le cadre des procédures de contrôle des opérations de concentrations, il existait d'autres règles spécifiques d'accès aux documents prévues par les règlements successifs sur les concentrations (règl. n° 4064/89 et 139/2004). Les Éditions Odile Jacob et Agrofert ont alors saisi le Tribunal, lequel a fait droit, pour l'essentiel, à leur recours en annulation (9 juin 2010, Éditions Odile Jacob c/ Commission, aff. T-237/05, et 7 juillet 2010, Agrofert Holding c/ Commission, aff. T-111/07). Il a considéré notamment que la Commission avait insuffisamment justifié avoir procédé à l'examen concret et individuel des documents, tel que requis par la jurisprudence pour le traitement d'une demande d'accès, de sorte qu'elle ne pouvait refuser la communication des documents en question pour les motifs invoqués. Dans l'affaire Odile Jacob, le Tribunal avait néanmoins confirmé le refus d'accès à l'avis du service juridique de la Commission. Le Tribunal a également rejeté l'argumentation de la Commission tirée de l'obligation de secret professionnel à laquelle elle est tenue par les règlements n° 4064/89 et 139/2004 (art. 17), considérant que l'examen concret et individuel des documents exigé par la jurisprudence permet à la Commission « d'assurer l'effet utile des dispositions applicables en matière de concentration, en pleine cohérence avec le règlement n° 1049/2001 » (point 91 de l'arrêt du Tribunal, Odile Jacob c/ Com., repris au point 45 de l'arrêt de la Cour). Devant la Cour, la Commission sollicitait l'annulation des arrêts du Tribunal au motif que, en interprétant les exceptions au droit d'accès aux documents des institutions prévues à l'article 4 du règlement n° 1049/2001, celui-ci avait manqué de prendre en considération les dispositions pertinentes des règlements n° 4064/89 ou 139/2001 relatives à l'accès aux documents d'une procédure de contrôle d'une concentration. Pour la Cour, le grief de la Commission apparaît fondé à la lumière de sa jurisprudence, en particulier ses arrêts *Commission c/ Technische Glaswerke Ilmenau*, *Commission c/ Bavarian Lager* (29 juin 2010, C-28/08 P) et *Suède e. a. c/ API et Commission* (21 sept. 2010, aff. C-514/07 P, C-528/07 P et C-532/07 P). Certes, la Cour constate que le règlement sur l'accès aux documents et certaines réglementations spécifiques poursuivent des objectifs différents : assurer la plus grande transparence possible du processus décisionnel des autorités publiques pour le règlement n° 1049/2001 ; assurer le respect du secret dans les procédures de contrôle des opérations de concentrations de dimension communautaire pour les règlements sur les concentrations. Cependant, aucune disposition ne prévoyant la primauté de l'un sur l'autre, il importe de d'assurer une application cohérente de chaque réglementation. Par ailleurs, la Cour relève que le droit d'accès aux documents n'est pas absolu et connaît certaines limitations fondées sur des raisons d'intérêts public ou privé, lesquelles limites peuvent être conjointement invoquées par la Commission pour justifier un refus.

L'accès aux documents échangés entre la Commission et les parties notifiantes ou des tiers

Dans le cadre des procédures de contrôle des opérations de concentration, la Commission est nécessairement amenée à recueillir des informations commerciales sensibles sur la stratégie commerciale des entreprises impliquées, sur le montant de leurs ventes, sur leurs parts de marché… et l'accès aux documents de ces procédures peut porter atteinte à la protection de leurs intérêts commerciaux. La Cour en déduit que, en l'espèce, les exceptions visant à protéger les intérêts commerciaux et à préserver les objectifs des activités d'enquête sont étroitement liées (art. 4, parag 2, premier et troisième tirets, du règlement n° 1049/2001). Certes, en principe, pour justifier son refus, la Commission doit également expliquer comment l'accès à ces documents pourrait porter concrètement et effectivement atteinte à l'intérêt ainsi protégé. Toutefois, la Cour estime que « il est loisible à cette institution de se fonder, à cet égard, sur des présomptions générales s'appliquant à certaines catégories de documents, des considérations d'ordre général similaires étant susceptibles de s'appliquer à des demandes de divulgation portant sur des documents de même nature » (*Odile Jacob*, point 116 ; *Agrofert*, point 57). Si ces présomptions générales trouvent à s'appliquer dans le domaine des aides d'État, comme dans l'affaire Commission c/ Technische Glaswerke Ilmenau (*cf.* points 53 et 54 de cet arrêt), elles sont également applicables en matière de procédure de contrôle des concentrations, « en raison du fait que la réglementation qui régit cette procédure prévoit également des règles strictes quant au traitement des informations obtenues ou établies dans le cadre d'une telle procédure » (*Odile Jacob*, point 118 ; *Agrofert*, point 59). En l'occurrence, les règlements relatifs aux concentrations n'autorisent l'accès au dossier qu'aux parties directement intéressées et aux autres parties intéressées, tout en leur garantissant la préservation de leurs secrets d'affaires. De même, ils exigent que les informations recueillies ne soient utilisées que dans le but poursuivi par la demande de renseignements, le contrôle ou l'audience et que les informations couvertes par le secret professionnel ne soient pas divulguées (*cf.* art. 17 et 18 des règlements n° 4064/89 et 139/2004). Le même constat prévaudrait également pour les procédures portant sur des pratiques anticoncurrentielles. Le règlement n° 1/2003 contient, à ses articles 27 et 28, des dispositions analogues sur la protection des secrets d'affaires et du secret professionnel. Dans ces conditions, même si le droit de consulter le dossier dans une procédure de concentration et le droit d'accès aux documents, en vertu du règlement n° 1049/2001, se distinguent juridiquement, « il n'en demeure pas moins qu'ils conduisent à une situation comparable d'un point de vue fonctionnel » en permettant d'obtenir les observations et les documents présentés à la Commission (*Odile Jacob*, point 120 ; *Agrofert*, point 61). Aussi, la Cour estime qu'un accès généralisé, sur la base du règlement n° 1049/2001, aux documents échangés entre la Commission et les parties notifiantes ou les tiers serait de nature à mettre en péril l'équilibre voulu par le législateur de l'Union, dans le règlement sur les concentrations, entre l'obligation pour les entreprises concernées de communiquer à la Commission des informations commerciales sensibles aux fins d'apprécier la compatibilité de leur projet et la garantie de protection du secret professionnel et du secret des affaires, éventuellement attachés aux informations ainsi transmises. En conséquence, lorsqu'il a interprété les exceptions prévues à l'article 4, paragraphe 2, premier et troisième tirets, du règlement n° 1049/2001, le Tribunal aurait dû reconnaître l'existence d'une « présomption générale selon laquelle la divulgation des documents échangés entre la Commission et les entreprises au cours d'une procédure de contrôle des opérations de concentration entre entreprises porterait, en principe, atteinte tant à la protection des objectifs des activités d'enquête qu'à celle des intérêts commerciaux des entreprises impliquées dans une telle procédure » (*Odile Jacob*, point 123 ; *Agrofert*, point 64 ; par réf. à Com. c/ *Technische Glaswerke Ilmenau*, point 61). Cette présomption s'applique indépendamment de la question de savoir si la demande d'accès concerne une procédure de contrôle déjà clôturée ou encore pendante. En effet, la publication d'informations sensibles pourrait nuire aux intérêts commerciaux des entreprises impliquées, même après la fin de la procédure, ou encore amoindrir leur collaboration dans le cadre de celle-ci. La Cour concède néanmoins que cela n'exclut pas la possibilité de démontrer qu'un document donné, dont la divulgation a été demandée, n'est pas couvert par cette présomption ou qu'il existe un intérêt public supérieur justifiant la divulgation de ce document en vertu de l'article 4, paragraphe 2, du règlement n° 1049/2001 (Com. c/ *Technische Glaswerke Ilmenau*, point 62). Toutefois, la présomption étant en faveur de la Commission qui a le document entre ses mains, seule la seconde branche de l'alternative paraît effectivement envisageable.

L'accès aux documents internes de la Commission

Concernant l'accès aux documents internes de la Commission (art. 4, parag 3, du règlement n° 1049/2001), tels que les notes de la DG « Concurrence » au Commissaire et ses demandes d'avis au service juridique, l'on se souviendra que dans l'affaire My Travel, qui concernait déjà l'accès à des documents préparés dans le cadre d'une procédure relative à une opération de concentration, la Cour avait souligné l'importance du droit d'accès, lequel se rattache au caractère démocratique des institutions, et que, dans ces conditions, il importait qu'il soit le plus large possible. Les arrêts sous chronique donne l'occasion à la Cour de préciser davantage les circonstances permettant de considérer que la procédure administrative est clôturée, puisque cette clôture conditionne nettement la nature des documents internes de la Commission pour lesquels un accès est possible (art. 4, parag 3, du règlement n° 1049/2001) : si la Commission n'a pas encore pris de décision (premier alinéa), l'accès à tout « document établi par une institution pour son usage interne ou reçu par une institution » peut être refusé ; alors que lorsqu'une décision a été prise (second alinéa), seuls peuvent faire l'objet d'un refus les documents « contenant des avis destinés à l'utilisation interne dans le cadre de délibérations et de consultations préliminaires au sein de l'institution concernée ». En l'espèce, les deux affaires se distinguent sur ce point. Dans le cas des demandes de documents présentées par Odile Jacob, la Cour relève que, à l'inverse de la situation dans l'affaire My Travel, la décision de la Commission était encore l'objet d'un recours, lequel recours devait d'ailleurs être nourri par les documents sollicités. Dans ces conditions, la décision par laquelle la Commission avait statué sur la compatibilité de l'opération de concentration n'était pas encore définitive. Dans cette situation, où la Commission pourrait, en fonction de l'issue de la procédure juridictionnelle, être amenée à reprendre ses activités en vue d'adopter une nouvelle décision, « il convient d'admettre l'existence d'une présomption générale selon laquelle l'obligation qui serait faite à ladite institution de divulguer, au cours de cette procédure, des notes internes [...] porterait gravement atteinte au processus décisionnel de cette institution » (*Odile Jacob*, point 130). En outre, la Cour relève, comme dans l'affaire Suède e. a c/ API et Commission, que le principe de l'égalité des armes dans les procédures juridictionnelles ne serait pas respecté si l'obligation de divulgation ne concernait pas l'ensemble des parties à la procédure (*Odile Jacob*, point 132). En revanche, dans l'affaire Agrofert, la décision de la Commission était devenue définitive et plus aucun recours n'était envisageable. Dès lors, eu égard à la jurisprudence My Travel, la Commission devait « expliciter de quelle manière l'accès à un document donné était susceptible, concrètement et effectivement, et non pas sur la base de considérations générales et abstraites », de porter atteinte au processus décisionnel (*Agrofert*, point 78). C'est pourquoi la Cour retient l'erreur de droit du Tribunal dans l'affaire Odile Jacob, alors qu'elle rejette le grief dans l'affaire Agrofert, confirmant ainsi l'arrêt de ce dernier sur ce seul point. Statuant alors sur la légalité des décisions de la Commission, la Cour confirme le refus d'accès aux documents des parties notifiantes et des tiers dans les deux affaires et le refus d'accès aux documents internes dans l'affaire Odile Jacob.

A. Lacresse

Concurrences N° 4-2012, Art. N° 49414, p. 143

Voir aussi, sur les origines de l'affaire

TPICE, 18 juin 2006, Agrofert Holding, T-111/07 ; TPICE, 10 juill. 2009, Editions Odile Jacob, T-237/05

P. Cardonnel, Accès aux documents de la Commission : Le TPICE ordonne à la Commission la production de documents internes relatifs à des concentrations (Editions Odile Jacob), 19 juillet 2009, Concurrences N° 4-2009, Art. N° 29305, p. 180.

Trib. UE, 9 juin 2010, Éditions Odile Jacob, T-237/05

P. Cardonnel, Annulation – Refus de divulgation : Le Tribunal de l'UE annule le refus de la Commission de divulguer certains documents (Éditions Odile Jacob), 9 juin 2010, Concurrences N° 3-2010, Art. N° 31915, pp. 154-155.

1.3.3 Respect des droits de la défense

Affaire United Parcel Service (UPS)

Trib. UE, 7 mars 2017, UPS, T-194/13

Le Tribunal de l'Union européenne annule une décision de la Commission européenne interdisant une concentration au motif de la violation des droits de la défense de la partie notifiante.

L'affaire avait fait grand bruit. Au printemps 2012, l'entreprise américaine de transport de fret et de livraison de colis express UPS avait annoncé lancer une offre publique d'achat sur le capital de son concurrent néerlandais TNT. Cette offre valorisait TNT à 5,1 milliards d'euros et aurait créé un géant mondial générant un chiffre d'affaires de pas moins de 45 milliards d'euros. D'après les parties, cette opération aurait permis à UPS de disposer d'un réseau de transport intégré dans le monde entier et aurait pu générer des économies d'échelle substantielles, ainsi qu'accélérer la livraison express des colis dans l'intérêt des consommateurs.

En Europe, cette opération entraînait cependant le passage de quatre à trois opérateurs sur les marchés nationaux du transport express de petits colis, voire de trois à deux opérateurs dans certains États membres, ce qui la rendait *a priori* extrêmement compliquée d'un point de vue concurrentiel.

Le 30 janvier 2013, le Commissaire Joaquin Almunia annonçait que la Commission interdisait ce projet de concentration. Selon lui, « le rachat de TNT par UPS aurait directement nui [aux entreprises expédiant des petits colis vers un autre pays européen], car il aurait réduit de manière drastique le choix entre les prestataires de ces services et aurait vraisemblablement entraîné des hausses de prix ». Cette décision de la Commission a été abondamment commentée (dans cette chronique, voir D. Tayar et M. de l'Estang, Interdiction : La Commission européenne pose son véto à un projet de fusion entre deux acteurs majeurs du secteur de la distribution express de petit colis).

UPS a formé un recours contre la décision de la Commission et, le 7 mars 2017, le Tribunal de l'Union européenne a annulé cette décision.

L'arrêt du Tribunal est remarquable non seulement car il s'agit de la première annulation d'une décision de la Commission en matière de contrôle des concentrations depuis 2006 (annulation de la décision de la Commission qui avait autorisé l'opération Sony / BMG), mais également car cette annulation découle d'une violation des droits de la défense d'UPS. C'est, à notre connaissance, la deuxième annulation d'une décision de la Commission en matière de contrôle des concentrations en raison d'une violation des droits de la défense (la première affaire étant l'annulation de l'interdiction du rachat de Legrand par Schneider en 2002).

Après une rapide description des moyens soulevés par UPS et de la réponse de la Commission, est présenté ci-après le raisonnement du Tribunal pour annuler l'intégralité de la décision de la Commission. Le caractère novateur de ce raisonnement est illustré en comparant le raisonnement retenu par le Tribunal à celui des juridictions internes en matière de violation des droits de la défense.

Les arguments d'UPS et la réponse de la Commission

UPS soulevait trois moyens à l'appui de son recours en annulation, tirés respectivement d'erreurs de droit et d'erreurs manifestes d'appréciation, d'une violation des droits de la défense et d'une violation de l'obligation de motivation. Le Tribunal n'examine dans son arrêt que le second moyen, c'est-à-dire celui tiré d'une violation des droits de la défense.

Au cours de la procédure administrative, UPS et la Commission avaient échangé à de nombreuses reprises sur l'élaboration d'une étude économétrique. Cette étude visait à déterminer si l'opération pouvait avoir un effet sur le niveau des prix des services de livraison express de petits colis dans l'Espace économique européen.

Dans sa décision, la Commission se fondait notamment sur cette étude économétrique pour considérer qu'il existait un tel risque d'augmentation des prix dans 15 marchés nationaux et, par voie de conséquence, pour interdire l'opération de concentration.

Cependant, la version finale de l'étude contenue dans la décision de la Commission différait des versions précédentes sur lesquelles UPS et la Commission avaient échangé, sans qu'UPS en ait été informée ou ait été mise en mesure de faire valoir son point de vue sur les modifications apportées par la Commission. UPS a fourni une annexe à son recours recensant l'ensemble des modifications apportées par la Commission à cette étude économétrique et exposant les raisons pour lesquelles elle n'avait pas pu en reproduire les résultats.

En réponse, la Commission soulevait premièrement une exception d'irrecevabilité de ce moyen. Selon elle, l'article 44, paragraphe 1, sous c) du règlement de procédure imposait que la requête comprenne les éléments essentiels du moyen. Or, en l'espèce, selon la Commission, seule l'annexe au recours permettait de comprendre les différences entre le modèle économique ayant fait l'objet d'échanges entre les parties et celui finalement retenu par la Commission.

Deuxièmement et au fond, la Commission considérait, d'une part, que le moyen était inopérant car les résultats de son analyse ne différaient pas substantiellement de ceux de l'analyse discutée avec UPS au cours de la procédure. D'autre part, elle soutenait que ce moyen était infondé car la Commission n'avait pas d'obligation d'entendre les parties sur toutes les modifications apportées à son raisonnement entre la communication des griefs et la décision finale, sous réserve que la décision formule les mêmes griefs que ceux exposés dans la communication des griefs.

L'arrêt du tribunal

Rejet de l'exception d'irrecevabilité

Le Tribunal rejette tout d'abord l'exception d'irrecevabilité soulevée par la Commission. Pour cela, il rappelle que les éléments essentiels de fait et de droit sur lesquels un moyen se fonde doivent ressortir, à tout le moins de manière sommaire, du texte de la requête elle-même. Si la requête peut renvoyer à des annexes, cela doit être sur des points spécifiques : un renvoi global à des annexes ne peut pallier l'absence des éléments essentiels de l'argumentation.

En l'espèce, les éléments de fait et de droit fondant le moyen en cause étaient immédiatement intelligibles et ressortaient sommairement du texte de la requête lui-même.

L'argumentation du moyen s'y trouvait donc bien, fût-ce de manière sommaire et le renvoi à l'annexe ne servait qu'à corroborer l'argumentation.

Cette solution apparaît salutaire : vu les contraintes formelles pour le dépôt des recours, notamment quant à la longueur du mémoire, il aurait vraisemblablement été impossible d'exposer toute la subtilité de l'argumentaire économétrique dans le corps de la requête elle-même.

Au fond, le Tribunal annule la décision de la Commission pour violation des droits de la défense.

Tout d'abord, le Tribunal rappelle l'importance des droits de la défense et du principe du contradictoire.

En l'espèce, il considère, dans un premier temps, que la Commission s'est appuyée sur son étude économique pour déterminer le nombre d'États membres dans lesquels existait un risque d'augmentation des prix. Cette étude a été finalisée deux mois avant l'adoption de la décision, mais n'a pas été communiquée à UPS au prétexte qu'elle ne s'écartait que marginalement des modèles discutés précédemment.

Or, selon le Tribunal, les modifications apportées au modèle économique portaient sur le choix d'une variable qui avait fait l'objet de discussions itératives pendant la procédure administrative, la Commission ayant finalement retenu une approche non discutée avec UPS. Ces modifications étaient loin d'être marginales et portaient donc atteinte aux droits de la défense d'UPS.

Dans un deuxième temps, le Tribunal s'interroge sur la portée de cette violation des droits de la défense. Selon lui, la décision attaquée pouvait être annulée « pour autant que la requérante ait suffisamment démontré non que, à défaut de cette irrégularité procédurale, la décision attaquée aurait eu un contenu différent mais bien qu'elle aurait pu avoir une chance, même réduite, de mieux assurer sa défense ».

Or, selon le Tribunal, UPS aurait pu mieux assurer sa défense en disposant d'une version finale de l'étude économique. D'une part, la Commission s'est fondée sur l'analyse économique pour déterminer le nombre d'États membres dans lesquels existait un risque d'augmentation des prix. D'autre part, au cours de la procédure administrative, UPS a pu influer de manière significative sur l'élaboration du modèle économique proposé par la Commission en apportant des solutions à certains problèmes techniques, ce qui a permis à la Commission de diminuer de 29 à 15 le nombre d'États membres dans lesquels existait un risque d'augmentation des prix.

Enfin, le Tribunal note que l'appréciation des droits de la défense doit, certes, tenir compte de l'impératif de célérité des procédures de contrôle des concentrations. Néanmoins, en l'espèce, la Commission disposait d'une version finale de l'étude économique plus de deux mois avant l'adoption de la décision, et avant même la dernière réunion *state of play*, de sorte que rien n'empêchait la Commission de communiquer sa dernière version de l'étude économique à UPS.

Appréciation au regard de la jurisprudence interne

À première lecture, cet arrêt peut surprendre, au regard du décalage qui semble apparaître entre l'ampleur de l'annulation et le caractère très technique de la violation des droits de la défense – les auteurs de cette chronique ne sont d'ailleurs pas entièrement certains d'avoir compris toutes les subtilités économétriques sous-jacentes.

De plus, dans l'affaire Schneider, le Tribunal avait annulé la décision de la Commission notamment en ce que la violation des droits de la défense (un décalage entre les griefs exprimés dans la communication des griefs et ceux finalement retenus dans la décision de la Commission) n'avait pas mis Schneider en mesure de présenter des remèdes utiles (voir arrêt du Tribunal du 22 octobre 2002, *Schneider Electric c/ Commission*, aff. T-310/01). En d'autres termes, Schneider avait perdu une chance d'obtenir une décision d'autorisation moyennant la mise en œuvre de certains remèdes. En l'espèce, la charge de la preuve de la violation des droits de la défense pesant sur UPS apparaît plus légère car elle a seulement dû prouver l'existence d'une perte de chance, même réduite, de pouvoir mieux assurer sa défense, et non une perte de chance d'obtenir une décision différente, c'est-à-dire une décision d'autorisation.

Néanmoins, si l'on pousse la réflexion un peu plus loin, la motivation apparaît particulièrement convaincante. En particulier, le fait (i) que les échanges entre UPS et la Commission aient amené cette dernière à réduire le champ de ses doutes ; (ii) que la Commission ait disposé de deux mois entre la finalisation de cette étude et l'adoption de la décision ; (iii) qu'il y ait eu plusieurs moments clefs de la procédure pendant ces deux mois (réunion *state of play, letter of facts*, etc.) créait un contexte procédural particulier. En effet, on comprend mal pourquoi, deux mois avant l'adoption de sa décision, la Commission n'a pas jugé utile de continuer les échanges sur un sujet très technique qui pouvait à l'évidence avoir un impact significatif sur son analyse finale, en réduisant encore plus le nombre de marchés sur lesquels existait un risque d'augmentation des prix.

Une comparaison avec deux affaires françaises récentes (certes en matière d'ententes) éclaire également le caractère novateur de cet arrêt.

Premièrement, dans l'affaire dite des Produits d'entretien, les services de l'Autorité avaient pris l'initiative de joindre à leur rapport une étude économétrique concluant que les pratiques en cause avaient généré un surprix pour les consommateurs, certes modéré. Les (nombreuses) entreprises mises en cause avaient répliqué en critiquant la méthodologie retenue, voire en proposant une méthodologie alternative. Leurs conclusions étaient, en substance, que l'existence d'un surprix ne pouvait pas être statistiquement prouvée ou qu'il était encore plus modéré que celui estimé par les services de l'Autorité. Lors de la séance devant le collège de l'Autorité, les services avaient présenté les résultats modifiés de leur étude économétrique pour tenir compte des critiques des parties. Ces nouveaux résultats concluaient toujours à l'existence d'un surprix, mais celui-ci était encore plus faible que dans leurs premières estimations. Les parties avaient fourni une note en délibéré au collège de l'Autorité pour critiquer cette nouvelle étude. Dans sa décision n° 14-D-19 du 18 décembre 2014, signée d'un membre du collège économiste de formation, l'Autorité a considéré que (i) le débat entre économistes (ceux de l'Autorité et ceux des parties) révélait que les données et méthodes utilisées n'étaient pas suffisamment fiables pour fonder une analyse économétrique ; (ii) des critères qualitatifs permettaient de conclure avec certitude à l'existence d'un surprix (significatif).

Cette analyse a été confirmée par la Cour d'appel de Paris dans un arrêt du 27 octobre 2016. La Cour d'appel a considéré que l'Autorité n'avait pas violé le principe du contradictoire en ne permettant pas aux parties de se prononcer sur la fiabilité des données et méthodes d'estimation du surprix. Il était en effet loisible à l'Autorité de considérer que les analyses économiques ne constituaient pas des éléments de preuve suffisamment probants. Au fond, la Cour d'appel a considéré que l'Autorité n'avait pas renversé la charge de la preuve et présumé l'existence d'un surprix. Cet arrêt fait l'objet d'un pourvoi en cassation.

Certes, les faits diffèrent légèrement. Néanmoins, la logique du Tribunal est radicalement différente de celle adoptée par la Cour d'appel de Paris. Dans les deux affaires, les itérations entre économistes permettaient une évolution – dans un sens favorable aux parties – des conclusions de l'analyse économétrique. Dans les deux affaires, la décision avait été adoptée en suivant un raisonnement différent de celui ayant fait l'objet de tels échanges, dans un sens défavorable aux parties. Mais devant la Cour d'appel de Paris, le moyen tiré des droits de la défense – comme celui tiré du renversement de la charge de la preuve – a échoué. Il peut apparaître étonnant que dans un contentieux répressif, quasi-pénal, la charge de la preuve de la violation des droits de la défense soit plus élevée qu'en matière de contrôle des concentrations.

Deuxièmement, et cette fois-ci sans lien avec les analyses économétriques, la Cour de cassation a adopté le 11 janvier 2017 un arrêt n° 15-17.134 relatif à l'affaire dite du Subutex®.

Des sociétés du groupe Reckitt Benckiser condamnées par l'Autorité soutenaient que (i) la notification des griefs leur reprochait la participation à une entente ayant consisté à mettre en œuvre une stratégie visant à empêcher la substitution d'un princeps (le Subutex®) par un générique ; (ii) l'Autorité les avaient finalement sanctionnées non pour la mise en œuvre de cette stratégie mais pour sa simple élaboration (la mise en œuvre ayant été réalisée par leur distributeur Schering Plough de manière unilatérale, ce pour quoi il a été sanctionné au titre d'un abus de position dominante) ; (iii) elles n'avaient pu s'expliquer sur cette nouvelle qualification de l'infraction, ce qui violait leurs droits de la défense. La Cour de cassation a approuvé la Cour d'appel de Paris d'avoir conclu que (i) la réduction du champ du grief notifié tenait compte des explications des sociétés Reckitt Benckiser et était à leur avantage ; (ii) les sociétés Reckitt Benckiser ne précisaient pas quels éléments de fait ou de droit elles auraient pu invoquer pour défendre leurs droits sans pouvoir le faire.

À nouveau, la logique apparaît très différente de celle retenue par le Tribunal dans l'affaire UPS. La réduction du champ de l'infraction au cours de la procédure administrative n'est pas utilisée comme prouvant que les sociétés Reckitt Benckiser auraient perdu une chance de mieux assurer leur défense, mais comme prouvant l'absence de violation de leurs droits de la défense. Le niveau d'exigence pour prouver la violation des droits de la défense apparaît ici encore plus strict puisqu'il s'agit d'être privé de la possibilité de défendre ses droits et non, comme le Tribunal le dit dans l'affaire UPS, « d'une chance, même réduite, de mieux assurer sa défense » sans qu'il soit nécessaire de prouver que « la décision attaquée aurait eu un contenu différent ». Le standard de preuve français requiert ainsi non de prouver la perte de chance (même faible), mais presque de prouver que le contenu de la décision attaquée aurait pu être différent (même si la Cour de cassation ne le dit pas expressément).

Enfin, le Tribunal raisonne en deux étapes, c'est-à-dire (i) l'existence d'une violation des droits de la défense ; puis (ii) la portée de cette violation (l'annulation). En ne raisonnant qu'en un seul temps, la jurisprudence française se prive sûrement d'un certain niveau de flexibilité qui permettrait de reconnaître plus facilement une violation des droits de la défense, quitte à moduler l'ampleur de l'annulation (celle prononcée par le Tribunal dans l'arrêt UPS étant particulièrement large).

Le contraste entre l'arrêt du Tribunal dans l'affaire UPS et la jurisprudence française permet ainsi de mesurer toute l'importance que revêt l'arrêt *UPS*, non seulement pour les procédures de contrôle des concentrations mais également pour d'autres types de procédures d'application du droit de la concurrence.

En effet, cet arrêt devrait logiquement être source d'inflexion de la jurisprudence interne et inciter les autorités de concurrence à une plus grande rigueur dans l'élaboration de leurs dossiers, c'est-à-dire à veiller à impliquer les parties d'une manière qui leur permette pleinement de faire valoir leur point de vue, sur les méthodes d'analyse économétriques mais aussi sur les différents éléments de preuve retenus à charge (ou à décharge).

On peut enfin noter que dans l'affaire Schneider, cette dernière avait obtenu une reconnaissance de la responsabilité des institutions de l'Union européenne pour le préjudice découlant de la violation de ses droits de la défense. Reste à voir si UPS pourra également obtenir une telle reconnaissance.

O. Billard, G. Fabre

Concurrences N° 2-2017, Art. N° 83941, p. 128

Voir aussi, sur les origines de l'affaire

Comm. eur., déc. du 30 janv. 2013, art. 8, § 3 R.139/2004, UPS/TNT Express, COMP/M.6570

D. Tayar, Interdiction de rachat : La Commission européenne pose son véto à un projet de fusion entre deux acteurs majeurs du secteur de la distribution express de petit colis (UPS), mai 2013, Concurrences N° 2-2013, Art. N° 52342, p. 108.

CJUE, 16 janv. 2019, UPS, C-265/17 P

La Cour de justice de l'Union européenne confirme l'annulation de la décision de la Commission européenne interdisant une concentration en raison de la non-communication aux parties du modèle économétrique sur lequel cette décision reposait.

Dans le domaine des concentrations, rares sont les arrêts d'annulation des décisions de la Commission fondés sur la violation des droits de la défense. Le dernier datait de 2002, lorsque le Tribunal a jugé que le manque de clarté et de précision de certains griefs de la Commission a violé les droits de la défense, en ne permettant pas à Schneider de présenter des mesures correctives appropriées (Trib. UE, 22 oct. 2002, Schneider Electric, aff. T-310/01).

Dans le cas d'espèce, UPS et TNT avaient notifié en 2012 leur opération de concentration à la Commission. Cette dernière avait interdit l'opération en se fondant notamment sur les résultats d'un modèle économétrique différent de celui utilisé à l'occasion de la communication des griefs et, surtout, non soumis aux parties à l'opération avant l'adoption de la décision. Ce modèle démontrait des restrictions de concurrence sur les marchés des services internationaux de distribution expresse de petit colis dans 15 marchés nationaux (au lieu de 29 pour le précédent modèle).

UPS estimant ses droits de la défense violés, l'entreprise avait introduit un recours devant le Tribunal qui lui donna gain de cause et annula la décision de la Commission (Trib. UE, 7 mars 2017, UPS, aff. T-194/13, EU:T:2017:144). En désaccord avec le motif exposé par le Tribunal (au point 209) selon lequel « la Commission ne saurait alléguer qu'elle n'avait pas l'obligation de communiquer à la requérante le modèle final de l'analyse économétrique avant l'adoption de la décision », la Commission avait décidé de se pourvoir devant la Cour.

Le droit des concentrations n'échappe pas au respect du principe des droits de la défense…

Parmi les moyens qui étaient invoqués, deux étaient relatifs à la violation des droits de la défense et aux conséquences en découlant. La Commission soutenait notamment qu'après la communication des griefs, elle n'est pas tenue de divulguer ses appréciations intermédiaires ultérieures, car ces appréciations peuvent changer au cours de la procédure.

Pour rejeter un tel argument, la Cour rappelle que le droit des concentrations n'échappe pas au respect du principe des droits de la défense, principe général du droit de l'Union, par une lecture combinée des dispositions des règlements n° 139/2004 et n° 802/2004 relatives à la communication des objections de la Commission aux parties notifiantes et à l'accès au dossier.

En effet, la Commission doit fonder ses décisions sur les objections au sujet desquelles les intéressés ont pu faire valoir leurs observations, les droits de la défense des intéressés étant pleinement assurés dans le déroulement de la procédure (règlement n° 139/2004, art. 18, § 3, et règlement n° 802/2004, art. 13, § 2). En outre, l'accès au dossier est ouvert aux parties intéressées, après notification de la communication des griefs, afin qu'elles puissent exercer leurs droits de la défense (règlement n° 802/2004, art. 17).

Or, s'agissant des modèles économétriques, la Cour estime que leur objectif est de permettre de « parfaire la compréhension de l'opération projetée » et de « contribuer à la qualité des décisions » de la Commission. Par conséquent, le respect du principe des droits de la défense exige de la part de la Commission qu'elle permette aux parties notifiantes de présenter des observations sur ces modèles, lorsqu'elle entend fonder sa décision dessus.

La Cour juge encore que le principe de bonne administration, contenu à l'article 41 de la Charte des droits fondamentaux, oblige d'autant plus la divulgation de tels modèles qu'elle confère à la procédure son caractère équitable.

Certes, la Commission n'a pas à justifier la modification de sa position après l'envoi de la communication des griefs lorsque cette modification est en faveur des entreprises concernées. Mais, tel n'est pas le cas lorsqu'elle modifie la substance d'un modèle économétrique sur la base duquel elle entend fonder ses objections. Ce serait priver les parties notifiantes de leur droit de faire valoir leurs observations, en contradiction avec le principe des droits de la défense.

La Commission tentait également de soutenir que les modèles économétriques constituent des documents internes, exclus de l'accès au dossier et qui ne peuvent faire l'objet d'une communication au risque « de mettre en péril la procédure de contrôle des concentrations ».

La Cour balaie l'argumentation en refusant de qualifier de documents internes les modèles économétriques. En outre, l'impératif de célérité imposé à la Commission, compte tenu de la nature de la procédure de concentration, ne peut justifier une violation des droits de la défense. Pour finir de convaincre, la Cour relève d'ailleurs que le Tribunal a constaté que la version finale du modèle économétrique a été adopté plus de 2 mois avant la décision finale, sans que la Commission explique en quoi il lui était impossible en l'occurrence de recueillir les observations des parties.

... Lequel impose à la Commission de communiquer aux parties notifiantes le modèle économétrique sur lequel se fondent ses objections sur la concentration

Pour contester l'annulation du Tribunal, la Commission invoquait encore la jurisprudence de la Cour dans l'affaire Aalrborg Portland, selon laquelle l'élimination en tant que moyen de preuve d'un document à charge non communiqué ne peut conduire à l'annulation de la décision qu'en l'absence de toutes autres preuves dont les parties ont eu connaissance au cours de la procédure (CJUE, 7 janv. 2004, Aalborg Portland e. a., aff. jtes C-204/00 P, C-205/00 P, C-211/00 P, C-213/00 P, C-217/00 P et C-219/00 P). Or, pour la Commission, le modèle économétrique en question n'était pas le seul élément sur lequel reposait sa décision. En d'autres termes, le Tribunal aurait dû rejeter l'argumentation d'UPS comme inopérante puisque cette décision était justifiée par d'autres motifs.

En réponse, la Cour met en avant le fait que la procédure en matière de contrôle des concentrations repose sur une analyse prospective qui fait intervenir des outils quantitatifs comme des modèles économétriques. Cela empêche de tels modèles de recevoir la qualification de pièce à charge ou à décharge en fonction des résultats auxquels ils aboutissent et de leur utilisation par la Commission dans le cadre de sa décision. En conséquence, le respect des droits de la défense ne dépend pas de leur qualification en tant que pièces à charge.

Il faut donc souligner l'approche de la Cour qui considère que, en raison de leur contribution à l'impartialité, à la qualité des décisions et *in fine* à la confiance du public et des entreprises dans la légitimité de la procédure de contrôle des concentrations, les modèles économétriques revêtent une importance telle que leur communication aux parties notifiantes s'impose à la Commission avant toute prise de décision. L'unique réserve, si c'en est une, est que les modèles en question doivent fonder les objections que la Commission pourrait avoir au sujet d'une concentration, peu important en revanche que leurs résultats soient défavorables ou non aux parties.

Pour faire un rapprochement avec une situation nationale, l'on rappellera que, en 2017, la Cour d'appel de Paris, dans l'affaire dite du « cartel des yaourts », avait déjà annulé l'un des griefs au motif que le principe du contradictoire avait été méconnu, dès lors que les rapporteurs avaient, au stade de la phase orale de la procédure, procédé à une nouvelle évaluation du dommage sur la base de deux méthodes économétriques méconnues des parties (CA Paris, 23 mai 2017, n° 2015/08224, points 38 et 39).

A. Lacresse, B. Monti

Concurrences N° 2-2019, Art. N° 90464, p. 149

Voir aussi, sur les origines de l'affaire

Trib. UE, 7 mars 2017, United Parcel Service, T-194/13

O. Billard, G. Fabre, Annulation d'une interdiction de concentration : Le Tribunal de l'Union européenne annule une décision de la Commission européenne interdisant une concentration au motif de la violation des droits de la défense de la partie notifiante (UPS), 7 mars 2017, Concurrences N° 2-2017, Art. N° 83941, pp. 128-131.

1.3.4 Interprétation et exécution des engagements

CJUE, gde ch., 6 nov. 2012, Éditions Odile Jacob, aff. jtes C-553/10 P et C-554/10 P

La Cour de justice de l'Union européenne donne raison au Tribunal d'avoir annulé la décision de la Commission agréant le cessionnaire d'actifs rétrocédés au motif du manque d'indépendance avec ledit cessionnaire du mandataire charge de veiller à la bonne mise en œuvre de la cession de ces actifs.

On se souvient sans doute du litige opposant les Éditions Odile Jacob, à la Commission et au groupe Lagardère, à propos de la cession au groupe Wendel par ce dernier en 2003 de certains actifs dans l'édition. Cette cession intervenait au titre d'engagements acceptés en tant que conditions de la décision de la Commission autorisant l'opération par laquelle le groupe Lagardère acquérait le contrôle de l'ensemble de Vivendi Universal Publishing SA (VUP), devenue Editis SA, active dans le secteur de l'édition, de la diffusion et de la distribution de livres (décision n° 2004/422/CE, du 7 janvier 2004, affaire COMP/M.2978, Lagardère / Natexis / VUP) (*JO* 2004 L 125, p. 54). On se souvient également de l'arrêt du Tribunal du 13 septembre 2010, dans l'affaire T-452/04 (Rec. p. II-4713) par lequel celui-ci avait annulé la décision d'agrément du cessionnaire au moyen tiré de l'illégalité de la première décision d'agrément en ce qu'elle avait été adoptée au vu d'un rapport rédigé par un mandataire qui ne répondait pas à la condition d'indépendance, à l'égard d'Editis, requise par les engagements de Lagardère, du fait que le président du cabinet S. (mandataire) se trouvait dans un lien de dépendance à l'égard d'Editis, de nature à susciter un doute sur la neutralité dont il devait faire preuve dans l'exercice de sa mission. C'est contre cet arrêt qu'un double pourvoi avait été formé, par Lagardère, d'une part, et par la Commission, d'autre part, et que la Cour a rendu son arrêt confirmatif le 6 novembre 2012. Pour la bonne compréhension de l'ensemble, il est nécessaire de compléter le rappel ci-dessus par les précisions suivantes. À la suite de cette annulation de la décision d'agrément, Lagardère avait repris la procédure en renouvelant à la Commission, en novembre 2010, sa demande d'agrément de Wendel et avait soumis, en décembre 2010, la candidature d'un nouveau mandataire, à savoir la société C. R. Cette dernière ayant été approuvée en janvier 2011, la Commission a de nouveau agréé Wendel en tant que repreneur le 13 mai 2011 (pour mémoire, on signale qu'entre temps, le 30 mai 2008, Wendel avait revendu les actifs d'Editis au groupe espagnol Planeta (ci-après « Planeta »), opérant dans le secteur des médias et, notamment, de l'édition). C'est contre cet agrément que les Éditions Odile Jacob avaient introduit une demande en référé de suspension provisoire, que le Tribunal leur avait refusé par ordonnance de son président en date du 24 novembre 2011, aff. T-471/11 R, Éditions Odile Jacob SAS c/ Commission européenne (*cf.* commentaire in *Concurrences* N° 1-2012).

Les conséquences de l'absence d'indépendance du mandataire

Dans son pourvoi dans l'affaire C-553/10 P, la Commission soulevait trois moyens. Le premier tiré d'une erreur de droit, avançait que le Tribunal aurait omis d'examiner les conséquences de l'éventuel manque d'indépendance du mandataire vis-à-vis d'Editis, sur sa mission, par rapport à Wendel Investissement. Par son deuxième moyen, la Commission faisait valoir que le Tribunal aurait commis une erreur de droit, une contradiction de motifs et une dénaturation des faits en ce qu'il avait conclu que le rapport du mandataire aurait eu une influence déterminante sur la décision litigieuse. Le troisième moyen, tiré d'une erreur de droit quant à la reconnaissance du caractère opérant d'un moyen et d'une violation de l'obligation de motivation à cet égard, se divisait en deux branches. La première branche de ce moyen était relative à une erreur de droit commise par le Tribunal en ce que celui-ci aurait annulé la décision litigieuse sur la base d'un moyen qui aurait dû être considéré comme étant inopérant. La seconde branche du même moyen concernait une violation de l'obligation de motivation, en ce que le Tribunal aurait omis d'indiquer les raisons sur lesquelles il s'est fondé pour considérer que la décision litigieuse aurait pu être différente en l'absence de défaut d'indépendance du mandataire. Quant à Lagardère, il invoquait deux moyens dans son pourvoi dans l'affaire C-554/10 P. Le premier était tiré d'une erreur de droit en ce que le Tribunal aurait invoqué par voie d'exception l'illégalité de la décision d'agrément du mandataire pour fonder l'annulation de la décision litigieuse. Par son second moyen, Lagardère soutenait que le Tribunal avait commis une erreur de droit en jugeant à tort que la présence du mandataire au directoire d'Editis en tant que tiers indépendant pouvait justifier l'annulation de la décision litigieuse. Ce moyen, qui comportait quatre branches, reprenait en substance le premier moyen de l'affaire C-553/10 P.

Le mandataire devait d'abord être indépendant avant d'agir de manière indépendante

Après avoir rappelé l'historique de l'engagement de cession d'Editis, la Cour insiste sur le fait que toute l'opération de concentration était conditionnée par cette cession, et que cette dernière devait être garantie par un mandataire indépendant : « Cette indépendance est un élément des engagements que Lagardère a souscrits et qui doivent être pleinement respectés. Cette indépendance a été fixée *ex ante* et couvre toute activité du mandataire » (point 42). Or, à partir du moment où les constatations de fait du Tribunal ne peuvent pas être remises en cause, sauf dénaturation, devant le juge de cassation, la Cour conclut que « le Tribunal a correctement conclu, au point 104 de l'arrêt attaqué, que l'exercice par B. des fonctions de membre du directoire d'Investima 10, devenue Editis, était de nature à affecter l'indépendance du mandataire et que cette situation ne permettait pas d'assurer l'exercice, en toute indépendance, des attributions de mandataire indépendant visées par le paragraphe 15 des engagements de Lagardère » (point 44), de même que (point 45) le rapport d'évaluation de la candidature de Wendel Investissement au rachat des actifs rétrocédés a été élaboré par un mandataire qui ne répondait pas à la condition d'indépendance à l'égard d'Editis. La Commission opposait à ce raisonnement le fait que le Tribunal s'était contenté de constater que le mandataire n'était pas indépendant des parties sans examiner s'il avait agi de manière indépendante. À quoi la Cour répond que c'était inutile car « un tel mandataire doit d'emblée être indépendant des parties et, en plus, agir de manière indépendante par rapport à celles-ci, de sorte que le manque d'indépendance suffit pour annuler une décision de la Commission telle que la décision litigieuse. La question de savoir si ce mandataire a agi d'une manière indépendante ne se pose que s'il a été constaté au préalable que celui-ci était effectivement indépendant des parties » (point 51).

Exception d'illégalité et chronologie des recours

Quant au premier moyen de Lagardère il consistait à faire valoir que le Tribunal ne pouvait retenir l'illégalité de la décision d'agrément du mandataire pour fonder l'illégalité de la décision litigieuse, dans la mesure où le mécanisme de l'exception d'illégalité ne pourrait être invoqué lorsque sont en cause deux décisions individuelles. En ne formant pas un recours contre la décision d'agrément du mandataire, dans les délais contentieux impartis, Odile Jacob ne pouvait exciper de l'illégalité de cette décision d'agrément, puisque celle-ci serait devenue définitive à son égard, au soutien de sa demande d'annulation de la décision litigieuse. De ce point de vue, le moyen, judicieux dans son principe, ne résiste pas à l'analyse des faits. Ainsi, Odile Jacob avait introduit, le 8 novembre 2004, devant le Tribunal, son recours tendant à l'annulation de la décision litigieuse, en contestant également les conditions d'agrément du mandataire. Or, il convient de relever qu'à cette date-là Odile Jacob n'avait pas encore eu communication de la décision d'agrément du mandataire qui ne lui sera communiquée que le 17 février 2005. Ainsi, il était difficile de lui reprocher d'avoir remis en cause, dans sa requête dirigée contre la décision litigieuse, la légalité de la décision d'agrément du mandataire sans en avoir demandé l'annulation au préalable alors que ladite décision ne lui avait pas été notifiée à l'époque et qu'elle relevait du même ensemble d'actes que la décision litigieuse. Pour la Cour, « il serait d'un formalisme superflu et inutile d'exiger d'Odile Jacob d'intenter un recours distinct pour la contestation d'une décision individuelle, dont elle a eu communication postérieurement à son recours principal et qui fait partie d'une série d'actes et qui est de toute manière mise en cause par ce recours principal » (point 61). Tous les moyens ayant été rejetés, la Cour conclut également au rejet des pourvois.

D. Berlin

Concurrences N° 1-2013, Art. N° 50578, p. 127

Voir aussi, sur les origines de l'affaire

Trib. UE (ord.), 24 nov. 2011, Édition Jacob, T-471/11 R

P. Cardonnel, Concentrations – Référés : Le président du Tribunal de l'UE rejette la demande de sursis à l'exécution de la nouvelle décision d'agrément du mandataire dans l'affaire Éditions Odile Jacob (Éditions Jacob / Commission), 16 février 2012, Concurrences N° 1-2012, Art. N° 42305, pp. 186-187.

D. Berlin, Engagements – Décision d'agrément d'un repreneur : Le Tribunal de l'UE rejette une demande de sursis à l'exécution d'une décision de la Commission relative à l'agrément du même acquéreur que celui désigné dans une décision précédemment annulée (Éditions Jacob / Commission), 16 février 2012, Concurrences N° 1-2012, Art. N° 42283, pp. 143-145.

Voir aussi, sur les suites de l'affaire

Trib. UE, 5 sept. 2014, Éditions Odile Jacob, T-471/11

D. Tayar, Agrément du cessionnaire : Le Tribunal de l'Union européenne rejette un recours contre une décision d'agrément d'un cessionnaire (Odile Jacob), 5 septembre 2014, Concurrences N° 4-2014, Art. N° 69958, pp. 170-173.

CJUE, 28 janv. 2016, Éditions Odile Jacob, C-514/14 P

D. Tayar, M. de l'Estang, Indépendance du mandataire : La Cour de justice de l'Union européenne confirme l'arrêt du Tribunal de l'Union européenne ainsi que l'autorisation de rachat d'un groupe dans le secteur de l'édition (Éditions Odile Jacob), 28 janvier 2016, Concurrences N° 2-2016, Art. N° 79254, pp. 134-135.

A. Lacresse, Concentration : La Cour de justice de l'Union européenne admet la légalité d'une décision avec effet rétroactif prise par la Commission européenne en exécution d'un arrêt du Tribunal de l'Union européenne (Éditions Odile Jacob), 28 janvier 2016, Concurrences N° 2-2016, Art. N° 79525, p. 175.

Trib. UE, 16 déc. 2020, American Airlines, T-430/18

Le Tribunal de l'Union européenne valide l'interprétation proposée par la Commission européenne des engagements de cession de créneaux horaires pour l'exploitation de la ligne London Heathrow – Philadelphia International Airport pris par une compagnie aérienne américaine.

Cette affaire présente surtout l'intérêt d'illustrer concrètement un volet du contentieux des concentrations peu exploré par la jurisprudence, relatif à l'interprétation d'engagements comportementaux. Sans entrer dans les détails de l'argumentaire, l'on se contentera d'en exposer les éléments essentiels.

Le 18 juin 2013, US Airways Group, Inc. (« US Airways »), et AMR Corporation (cette dernière étant la société-mère de la requérante, American Airlines, Inc.) ont notifié à la Commission européenne (la « Commission ») leur intention de procéder à une concentration.

La Commission a estimé que l'opération soulevait des doutes sérieux quant à sa compatibilité avec le marché intérieur en ce qui concernait une liaison long-courrier, à savoir la liaison Londres-Philadelphie, les aéroports concernés étant London Heathrow (au Royaume-Uni) et Philadelphia International Airport (aux États-Unis).

Par sa décision C(2013) 5232 final du 5 août 2013 (Commission européenne, 5 août 2013, affaire M.6607, US Airways / American Airlines), la Commission a déclaré l'opération de concentration compatible avec le marché intérieur, sous réserve du respect de certaines conditions.

En effet, l'opération de concentration aurait abouti à la création d'un monopole notamment sur la liaison Londres-Philadelphie, sur laquelle US Airways et American Airlines, grâce à leur participation dans une entreprise commune avec British Airways et Iberia (appelée « Transatlantic Joint Business »), étaient les seuls transporteurs offrant des vols sans escale. La Commission a en conséquence subordonné sa décision d'autorisation à la cession d'une paire de créneaux par jour à l'aéroport de London Heathrow, ainsi qu'à d'autres engagements afin de favoriser l'entrée d'autres compagnies sur le marché de la liaison Londres-Philadelphie.

Dans le formulaire RM utilisé pour la présentation de la version finale des engagements, les parties précisaient que l'engagement relatif à la cession de créneaux horaires était fondé sur la pratique récente de la Commission dans le secteur des compagnies aériennes (voir, en particulier, Commission européenne, 30 mars 2012, affaire M.6447, IAG/BMI), et prévoyait ainsi des « droits d'antériorité ». Concrètement, le repreneur devait en l'espèce s'engager à utiliser les créneaux sur la liaison Londres-Philadelphie pendant six saisons consécutives, ce qui lui conférait ensuite le droit de les utiliser sur n'importe quelle paire de villes (« droits d'antériorité »). En 2014, Delta Air Lines a formulé une offre pour l'attribution des créneaux, qui a finalement été acceptée.

En l'espèce, les clauses 1.9, 1.11 et 1.13 des engagements finaux stipulaient ce qui suit :

- « 1.9. En règle générale, les créneaux obtenus par l'entrant potentiel au terme de la procédure de libération de créneaux sont utilisés uniquement pour fournir un service aérien concurrentiel sur la paire d'aéroports. Les créneaux ne peuvent être utilisés sur une autre paire de villes à moins que l'entrant potentiel n'ait exploité un service sans escale sur la paire d'aéroports d'une manière conforme à l'offre présentée en application de la clause 1.24 pendant un nombre de saisons IATA complètes consécutives (« période d'utilisation ») » ;

- « 1.10. L'entrant potentiel est réputé avoir des droits d'antériorité sur les créneaux obtenus lorsqu'un usage approprié des créneaux a été fait sur la paire d'aéroports pendant la période d'utilisation. À cet égard, à l'expiration de la période d'utilisation, l'entrant potentiel est en droit d'utiliser les créneaux obtenus sur la base des présents engagements sur n'importe quelle paire de villes (« droits d'antériorité ») » ;
- « 1.13. Pendant la période d'utilisation, un usage abusif est réputé s'être produit lorsqu'un entrant potentiel ayant obtenu des créneaux libérés par les parties décide : (...)

b) d'exploiter un moins grand nombre de fréquences que celui auquel il s'est engagé dans l'offre conformément à la clause 1.24 ou de cesser l'exploitation sur la paire d'aéroports, à moins que cette décision ne soit compatible avec le principe « créneaux utilisés ou créneaux perdus » de l'article 10, paragraphe 2, du règlement [(CEE) n° 95/93, du 18 janvier 1993, fixant des règles communes en ce qui concerne l'attribution des créneaux horaires dans les aéroports de la Communauté (*JO* 1993, L 14, p. 1)] (ou toute suspension de celui-ci) ».

Très rapidement après que la Commission a agréé Delta Air Lines en tant que repreneur des créneaux afférents à la liaison Londres-Philadelphie, American Airlines a soutenu que Delta Air Lines faisait un usage non « conforme à l'offre » des créneaux en les sous-exploitant. La Commission a toutefois, par sa décision C(2018) 2788 final en date du 30 avril 2018 (Commission européenne, 30 avril 2018, aff. M.6607, US Airways / American Airlines), constaté que Delta Air Lines avait fait un « usage approprié » des créneaux durant la période d'usage et approuvé l'octroi de droits d'antériorité à cette dernière en application de la clause 1.10 des engagements finaux.

Dans la mesure où, dans le langage ordinaire, un usage abusif peut être assimilé à un usage non approprié et que dans les engagements finaux les termes « usage abusif » étaient définis alors que les termes « usage approprié » ne l'étaient pas, la Commission en a conclu qu'afin de donner au potentiel nouvel entrant des indications claires et vérifiables, il convenait d'interpréter les termes « usage approprié » comme l'absence d'« usage abusif » au sens de la clause 1.13 des engagements finaux.

Elle a par conséquent réfuté la thèse soutenue par la requérante, selon laquelle il conviendrait d'interpréter les termes « usage approprié » comme visant un « usage conforme à l'offre » (c'est-à-dire un niveau d'utilisation des créneaux à hauteur de 100 %), laquelle impliquerait une « exigence quasiment impossible à remplir » et « rendrait les engagements finaux beaucoup moins attrayant pour un nouvel entrant ».

C'est précisément cette dernière décision qui était contestée par le recours introduit devant le Tribunal par American Airlines, Delta Air Lines ayant a été admise à intervenir au soutien des conclusions de la Commission. En effet, la requérante contestait l'interprétation de la notion d'« usage approprié » proposée par la Commission, en soutenant que cette expression signifiait « usage conforme à l'offre » et non, comme la Commission l'avait entendu, « absence d'usage abusif ».

Ainsi, cette affaire est surtout intéressante en ce qu'elle illustre les différentes méthodes d'interprétation à disposition des autorités de concurrence ; méthodes pouvant tout à fait se conjuguer comme c'est le cas en l'espèce. En effet, dans un premier temps, le

Tribunal commence par recourir à l'interprétation littérale des engagements finaux dans leur langue originale – l'anglais –, ce qui l'amène à conclure que tant l'interprétation retenue dans la décision attaquée que celle défendue par la requérante sont conciliables avec le libellé des dispositions en cause.

Ne pouvant s'en tenir à une interprétation simplement littérale des engagements, le Tribunal procède dans un deuxième temps à une interprétation dite « systématique » de ces derniers, c'est-à-dire au regard d'un ensemble plus vaste composé de la décision d'autorisation, du règlement sur les concentrations, de la communication de la Commission concernant les mesures correctives, du formulaire RM ainsi que du règlement sur les créneaux horaires. À l'issue d'un examen approfondi, le Tribunal juge que la formulation « conforme à l'offre » figurant à la clause 1.9 des engagements finaux constitue une simple « variante linguistique mineure » par rapport aux engagements de l'affaire IAG / bmi, la notion d'« usage approprié » figurant à la clause 1.10 des engagements finaux pouvant être comprise comme l'absence d'« usage abusif » au sens de la clause 1.13 desdits engagements. Il nous semble qu'il faille se féliciter d'une telle démarche interprétative, procédant d'une volonté d'harmonisation et fondée sur l'axiome selon lequel le système juridique forme un véritable ordonnancement dans lequel l'interprétation simplement littérale ne permet pas toujours d'insérer la norme interprétée conformément à sa fonction.

Enfin, afin de conforter sa démonstration, le Tribunal recourt, dans un troisième temps, à une interprétation téléologique des engagements, c'est-à-dire qu'il procède à leur étude en fonction de leur objectif et de leur contexte. Le Tribunal en conclut que l'interprétation retenue dans la décision attaquée, selon laquelle il convenait de comprendre la notion d'« usage approprié » comme l'absence d'« usage abusif » au sens de la clause 1.13 des engagements finaux, est confortée par l'objectif des dispositions en cause et par leur contexte.

En définitive, le Tribunal juge que l'interprétation retenue par la Commission dans la décision attaquée, selon laquelle il convient d'interpréter la notion d'« usage approprié » figurant à la clause 1.9 des engagements finaux comme visant l'absence d'« usage abusif » (misuse) au sens de la clause 1.13 desdits engagements, n'est pas entachée d'erreur et est confortée tant par l'interprétation littérale et systématique des dispositions en cause que par l'interprétation tenant compte du formulaire RM, ainsi que de l'objectif des dispositions en cause et de leur contexte.

Dans la mesure où la requérante ne conteste pas la conclusion tirée aux points 77, 86 et 90 de la décision attaquée, selon laquelle l'usage des créneaux par l'intervenante ne constitue pas un « usage abusif » au sens de la clause 1.13 des engagements finaux, le Tribunal conclut que la Commission n'a pas commis d'erreur en accordant des droits d'antériorité à l'intervenante, de sorte qu'il rejette le recours.

En conclusion, cette affaire laisse transparaître, en filigrane, la question de la complexité du contrôle du respect d'engagements de nature comportementale par les autorités de concurrence, notamment au regard de l'interprétation de la formulation de tels remèdes comportementaux. Si la portée de cet arrêt demeure à notre avis limitée en ce que l'analyse conduite par le Tribunal est enserrée dans la casuistique particulière des faits de l'espèce et les spécificités du secteur du transport aérien, il constitue néanmoins un guide d'analyse utile en matière d'interprétation d'engagements comportementaux, en mettant en lumière les différentes méthodes d'interprétation et l'usage qui en est fait par le Tribunal.

O. Billard, Q. Colombier

Concurrences N° 2-2021, Art. N° 100438, p. 122

1.3.5 Suites d'un arrêt d'annulation : recours en responsabilité

CJCE, gde ch., 16 juill. 2009, Schneider Electric, C-440/07 P

La Cour de justice des Communautés européennes juge que la Commission engage sa responsabilité non contractuelle du fait d'une violation caractérisée du droit communautaire lors de l'examen d'une concentration.

La concentration Schneider / Legrand aura donné bien du fil à retordre à la Commission européenne. Cette fois, c'est terminé : la Cour a sifflé la fin du match. Mais que de rebondissements avant d'en arriver là ! Dans l'ensemble, la Commission doit être satisfaite de l'arrêt rendu par la Cour de justice le 16 juillet dernier. En effet, la Cour a partiellement annulé l'arrêt du Tribunal en ce qu'il avait considéré que la violation par la Commission des droits de la défense de Schneider lors du premier examen de la concentration Schneider / Legrand constituait la cause directe du préjudice subi par Schneider du fait de la réduction du prix de cession de Legrand. Or c'est ce chef de préjudice qui constituait la majeure partie du préjudice subi par Schneider aux termes de l'arrêt rendu par le Tribunal.

Pour mieux comprendre l'arrêt de la Cour, il faut remonter un peu dans le temps et rappeler ce sans quoi cet arrêt du 16 juillet 2009 n'aurait jamais existé.

L'OPE de Schneider sur Legrand

Schneider a notifié le 16 février 2001 l'acquisition du contrôle de Legrand par la voie d'une offre publique d'échange. L'un des aspects essentiels de cette opération était que, s'agissant d'une offre publique, Schneider avait utilisé la faculté ouverte par l'article 7, paragraphe 3, du règlement n° 4064/89 de réaliser l'opération avant même l'autorisation de celle-ci par la Commission. En privilégiant la vitesse, Schneider gagnait en souplesse et en efficacité pour réaliser son offre, mais elle acceptait le risque de devoir céder sa participation dans Legrand en cas d'interdiction de l'opération par la Commission.

Le 10 octobre 2001, la Commission a finalement interdit la concentration et le 22 janvier 2002, elle a adopté une décision ordonnant la séparation de Schneider et Legrand dans un délai de neuf mois. Schneider a alors introduit un recours en annulation contre ces deux décisions et a négocié parallèlement un contrat de cession avec Wendel-KKR en cas de rejet de ses recours en annulation. La décision d'incompatibilité a finalement été annulée par le Tribunal de première instance le 22 octobre 2002. En effet, le Tribunal a considéré que la Commission n'avait pas articulé de façon suffisamment claire et précise l'objection quant à la compatibilité de l'opération dans sa communication des griefs et que cela avait empêché Schneider d'exercer ses droits de la défense en présentant notamment des mesures correctives adaptées.

Cette première victoire de Schneider a eu deux conséquences. La première est que la Commission a repris l'examen de l'opération et, fin novembre 2002, elle a informé Schneider du fait que les mesures correctives proposées n'étaient pas suffisantes pour éliminer toutes les restrictions de concurrence identifiées. Schneider a alors décidé, après un an de procédure, d'abandonner l'opération et de vendre sa participation dans Legrand à Wendel-KKR. La seconde conséquence est que Schneider a introduit un recours en responsabilité extracontractuelle pour obtenir réparation du préjudice subi du fait de la violation de ses droits de la défense par la Commission. Il s'agissait là d'une première en droit communautaire de la concurrence (voir, également, pour l'affaire My Travel, *Concurrences*, N° 4-2008, p. 98).

Par un arrêt du 11 juillet 2007, le Tribunal a donné partiellement raison à Schneider (*Concurrences*, N° 4-2007, p. 94). Il a considéré que la violation des droits de la défense de Schneider par la Commission avait eu pour conséquence de prolonger l'examen de la concentration mais que seul l'allongement de la procédure après l'arrêt d'annulation du Tribunal devait donner lieu à indemnisation puisque l'allongement de la procédure résultant de l'introduction du recours en annulation contre la décision de la Commission avait déjà été indemnisé par la condamnation de la Commission aux dépens de cette instance.

Le Tribunal a également pris en compte un préjudice supplémentaire en jugeant que la faute de la Commission avait également eu pour conséquence d'allonger et de compliquer la cession de Legrand. En effet, Schneider avait dû organiser la cession de sa participation dans Legrand en respectant une date butoir de séparation ordonnée par la Commission mais aussi se réserver la possibilité de ne pas vendre si, comme elle l'espérait, l'interdiction de la Commission devait être annulée par le Tribunal et si l'opération était autorisée ultérieurement par la Commission. Schneider a donc signé un contrat de cession avec Wendel-KKR le 26 juillet 2002, mais sa date de réalisation a cependant été fixée à une date suffisamment reculée (le 10 décembre 2002) pour éviter qu'elle n'intervienne avant l'annulation de la décision d'interdiction de la Commission. Ce contrat prévoyait en outre une faculté de résiliation au bénéfice de Schneider moyennant une indemnité de rupture de 180 millions d'euros.

Si le Tribunal a considéré que cette réduction de prix liée au report de la réalisation effective de la vente de Legrand à Wendel-KKR constituait un dommage réparable, il a réduit celui-ci d'un tiers au motif que Schneider avait participé à la réalisation de son propre dommage en recourant à la dérogation à l'obligation de suspension de l'opération prévue par l'article 7, paragraphe 3. En effet, le Tribunal a estimé qu'en utilisant cette procédure, Schneider ne pouvait ignorer le risque d'une interdiction de la concentration et ce, d'autant plus, que les parts de marché des parties étaient, pour certaines d'entre elles, significatives.

Le débat sur la causalité devant la Cour

À la suite de cet arrêt, la Commission s'est pourvue en cassation. Devant la Cour, le débat s'est essentiellement focalisé sur l'existence d'un lien de causalité direct entre la violation fautive des droits de la défense de Schneider par la Commission et les différents préjudices subis par Schneider. En effet, la Commission contestait l'existence d'un lien de causalité entre le dommage et sa faute.

Concernant les deux premiers préjudices réparables identifiés par le Tribunal, la Cour a confirmé l'arrêt du Tribunal et a considéré que Schneider devait être indemnisée pour les frais exposés du fait du prolongement de la procédure d'examen de la concentration seulement pour la période postérieure à l'arrêt d'annulation du 22 octobre 2002.

En revanche, la Cour a fait une tout autre appréciation de l'existence d'un lien de causalité entre la faute de la Commission et le préjudice résultant de la réduction de prix de cession de Legrand. En effet, la Cour a considéré qu'à la suite de l'annulation, Schneider aurait dû attendre la fin du second examen approfondi de l'opération de la Commission, lequel aurait conduit soit à une autorisation, auquel cas Schneider n'aurait pas été tenue de céder Legrand et n'aurait subi aucune réduction de prix, soit à une décision d'incompatibilité et à une déconcentration, auquel cas la cession de Legrand aurait été la conséquence légale de cette seconde décision et constitué un risque « normal » lié à la faculté ouverte par l'article 7, paragraphe 3, du règlement n° 4064/89 de ne pas suspendre la réalisation de l'opération dans le cadre d'une opération publique d'échange. Afin d'établir de façon incontestable que le préjudice avait pour cause directe l'attitude de Schneider, la Cour souligne que Schneider avait négocié une date de réalisation de la cession (le 10 décembre 2002) alors même qu'elle savait à la date de la négociation (le 26 juillet 2002) que la date butoir de séparation fixée initialement par la Commission dans sa décision de déconcentration avait été prorogée au 5 février 2003. La Cour en tire comme conclusion que l'unique motivation de Schneider lors de la négociation du contrat de cession de Legrand était donc « sa crainte de ne pas obtenir, dans le cadre de la reprise de la procédure d'examen approfondi, même après proposition de mesures correctives, une décision constatant la compatibilité de l'opération ».

Si la notion de lien de causalité directe retenue par la Cour dans cette affaire peut sembler particulièrement restrictive, elle s'explique par les circonstances particulières de cette affaire. Ainsi que le souligne l'Avocat général Ruiz-Jarabo Colomer au point 153 de ses conclusions, « l'octroi par le Tribunal d'une indemnité au titre de la réduction du prix que [Schneider] a dû consentir à [Wendel-KKR] dans l'attente de l'issue des procédures pendantes aboutit à conférer aux entreprises qui choisissent la voie de l'article 7, paragraphe 3, du règlement une garantie ou une assurance contre tous types de frais additionnels susceptibles de découler de l'annulation d'une décision, y compris de dispositions processuelles n'ayant pas de répercussions directes sur l'essence économique de l'opération de concentration ».

À la lecture des conclusions de l'Avocat général, on devine ce qui pourrait être la motivation profonde, le mobile de la Cour. N'y a-t-il pas, dans les conclusions de l'Avocat général Ruiz-Jarabo Colomer, l'idée que Schneider était, en quelque sorte, un mauvais perdant ? Suivant cette idée, en abandonnant l'opération à un stade avancé du second examen à un moment où elle considérait que l'opération ne pourrait finalement pas être autorisée ou qu'elle ne pourrait l'être qu'au prix d'engagements très lourds, Schneider restait un peu artificiellement sur sa belle victoire obtenue avec l'annulation de la décision de la Commission par le Tribunal. Et la Cour n'a peut-être pas voulu que cet abandon au bon moment permette à Schneider de cristalliser le montant de son préjudice à l'instant où celui-ci pouvait être évalué à son plus haut niveau.

En tout état de cause, l'issue de cette affaire n'est certainement ni celle qu'attendait Schneider, puisque le préjudice finalement réparé est très faible si on le compare à celui qu'elle avait évalué, ni celle que souhaitait la Commission, puisque la Cour a reconnu que la Commission avait commis une faute qui ouvrait droit à réparation. Cependant, l'importance de cette affaire ne doit pas être sous-estimée : pour la première fois, le Tribunal et la Cour ont reconnu que la responsabilité extracontractuelle de la Commission pouvait être engagée en raison d'une faute commise lors de l'examen d'une concentration. Quant au caractère particulièrement strict des conditions posées par la Cour pour engager cette responsabilité, on ne doit pas s'y tromper. Les conditions posées par la Cour sont identiques à celles qu'elle avait déjà énoncées pour engager la responsabilité extra-contractuelle de la Communauté européenne dans de précédentes affaires concernant d'autres matières.

J.-M. Cot, A. Blanchet
Concurrences N° 4-2009, Art. N° 29204, p. 131

Voir aussi, sur les origines de l'affaire

TPICE (ord.), 31 janv. 2006, Schneider Electric, T-48/03

F. Zivy, Intérêt à agir – Concentrations : Le TPICE considère que, Schneider ayant abandonné d'elle-même son projet d'acquérir Legrand, la décision ultérieure de la Commission n'a pas pu lui faire grief (Schneider/Legrand), 31 janvier 2006, Concurrences N° 2-2006, Art. N° 779.

TPICE, 11 juill. 2007, Schneider Electric, T-351/03

J.-M. Cot, Responsabilité de la Commission : Le TPICE juge que la Commission européenne engage sa responsabilité non contractuelle du fait d'une violation caractérisée du droit communautaire lors de l'examen d'une concentration (Schneider Electric), 11 juillet 2007, Concurrences N° 4-2007, Art. N° 14423, pp. 94-97.

Trib. UE, 23 févr. 2022, UPS, T-834/17

Le Tribunal de l'Union européenne rejette les recours indemnitaires introduits par deux entreprises pour la réparation des préjudices prétendument subis du fait de l'illégalité d'une décision d'interdiction d'une opération de concentration.

Le 30 janvier 2013, la Commission européenne [ci-après la « Commission »] avait déclaré incompatible avec le marché intérieur une opération de concentration notifiée entre United Parcel Service, Inc. [ci-après « UPS »] et TNT Express NV [ci-après « TNT »] (affaire COMP/M.6570, UPS / TNT Express). Selon la Commission, cette opération aurait abouti à une entrave significative à la concurrence effective sur le marché de la distribution internationale expresse de petits colis dans plusieurs pays de l'Espace économique européen. La Commission a ensuite autorisé, le 8 janvier 2016, le rapprochement entre TNT et Fedex Corp. [ci-après « Fedex »] (affaire COMP/M.7630 – FedEx / TNT Express).

Saisi par UPS, qui invoquait la violation de ses droits de la défense, le Tribunal de l'Union européenne [ci-après le « Tribunal »] a annulé la décision de la Commission, ayant interdit la concentration UPS / TNT, par un arrêt rendu le 7 mars 2017 (affaire T-194/13, United Parcel Service / Commission). Par un arrêt en date du 16 janvier 2019, la Cour de justice de l'Union européenne [ci-après la « Cour »] a, ensuite, rejeté le pourvoi de la Commission (affaire C-265/17 P, Commission / United Parcel Service).

Deux recours indemnitaires ont été introduits devant le Tribunal tendant à la réparation des préjudices économiques prétendument subis du fait de l'illégalité de la décision de la Commission :

- le 29 décembre 2017, par UPS qui invoquait des violations suffisamment caractérisées du droit de l'Union commises par la Commission, susceptibles d'engager la responsabilité non contractuelle de l'Union et ;
- le 11 septembre 2018, par les sociétés ASL Aviation Holdings DAC et ASL Airlines (Ireland) Ltd [ci-après les « sociétés ASL »] qui, en 2012, avaient conclu avec TNT des accords commerciaux devant être exécutés après l'approbation de la concentration entre UPS et TNT, afin d'obtenir réparation du manque à gagner résultant de l'impossibilité d'exécuter ces accords à la suite de la décision de 2013. Le Tribunal s'est prononcé sur ces recours dans deux arrêts du 23 février 2022.

Le rappel des conditions de l'engagement de la responsabilité non contractuelle de l'Union

Le Tribunal rappelle, à titre liminaire et de façon pédagogique, les conditions de l'engagement de la responsabilité non contractuelle de l'Union et les apprécie à la lumière des circonstances de l'espèce. Fondée sur l'article 340, alinéa 2, du Traité sur le fonctionnement de l'Union européenne et selon une jurisprudence constante, cette responsabilité suppose la réunion de trois conditions cumulatives : (i) la violation suffisamment caractérisée d'une règle de droit qui a pour objet de conférer des droits aux particuliers, (ii) un dommage dont la réalité est établie et (iii) un lien de causalité direct entre la violation de l'obligation et le dommage subi.

Le recours introduit par UPS

En premier lieu, UPS invoquait la violation de ses droits procéduraux et, notamment, de l'absence de communication, au cours de la procédure administrative, (i) du modèle économétrique retenu pour l'évaluation de l'opération, (ii) des critères d'évaluation des gains d'efficacité et (iii) de certains documents confidentiels de FedEx.

Le Tribunal estime, à propos du défaut de communication du modèle économétrique, que la Commission a privé UPS « d'une information qui, si elle lui avait été transmise en temps utile, aurait pu lui permettre de faire valoir des résultats différents des effets de l'opération sur les prix, lesquels auraient pu entraîner une reconsidération de la portée des informations qualitatives prises en compte par la Commission et, partant, une baisse du nombre d'États présentant une entrave significative à une concurrence effective » (paragraphe 122). Le Tribunal en déduit que la Commission a commis une méconnaissance manifeste et grave des droits de la défense d'UPS. Il estime que cette dernière est constitutive d'une violation suffisamment caractérisée d'une règle de droit de l'Union ayant pour objet de conférer des droits aux particuliers.

Selon le Tribunal, cette violation ne peut être excusée par un prétendu manque de clarté du droit de l'Union au moment de l'adoption de la décision. En effet, la jurisprudence en matière de respect des droits de la défense imposait cette communication. Par ailleurs, selon le Tribunal, ni la contrainte temporelle qui pesait sur la Commission pour évaluer l'opération dans toute sa complexité, ni le fait que la mise au point du modèle économétrique avait été précédée de multiples échanges avec UPS, ne justifiaient la violation des droits de la défense de cette dernière.

En revanche, l'absence de communication des éléments d'évaluation des gains d'efficacité est considérée, par le Tribunal, comme dénuée de fondement en droit dès lors qu'aucune disposition n'imposait à la Commission de transmettre de tels éléments.

Enfin, UPS se fondait sur l'absence de communication de certains documents confidentiels de FedEx et, plus particulièrement, sur l'accès à 484 documents internes versés au dossier. Toutefois, le Tribunal considère que, faute d'avoir saisi la Direction générale de la concurrence puis, en cas de rejet, le conseiller-auditeur d'une demande d'accès au dossier, « UPS ne saurait prétendre ultérieurement qu'elle remplit les conditions pour obtenir réparation d'un préjudice supposé découler de la violation de ce droit » dès lors qu'elle ne l'a « pas exercé en temps utile et dans les formes prescrites » (paragraphe 181).

En deuxième lieu, UPS s'appuyait sur la méconnaissance, par la Commission, de l'obligation de motivation de ses décisions, qui constitue une formalité substantielle mais dont le Tribunal considère toutefois qu'elle n'est, en principe, pas en soi de nature à engager la responsabilité de l'Union.

En troisième lieu, UPS avançait plusieurs arguments relatifs aux erreurs commises par la Commission lors de l'appréciation de l'opération au fond, à savoir (i) l'absence de prise en considération de certaines données de FedEx, (ii) le fait de s'être écartée de la pratique usuelle et de ses propres règles lors de la conception du modèle économétrique, (iii) l'appréciation erronée du caractère vérifiable des gains d'efficacité et de la situation de FedEx et (iv) une inégalité de traitement par rapport à la décision ayant autorisé le rapprochement entre FedEx et TNT.

Même si le Tribunal reconnaît que la Commission a commis certaines erreurs, le recours d'UPS est rejeté sur ce point. En effet, le Tribunal considère que ces erreurs ne constituent pas des violations suffisamment caractérisées du droit de l'Union susceptibles d'engager la responsabilité non contractuelle de l'Union. En définitive, seule l'absence de communication du modèle économétrique, utilisé par la Commission pour analyser les effets de la concentration notifiée sur les prix, est considérée comme de nature à fonder une responsabilité non contractuelle de la Commission. Toutefois, pour qu'UPS obtienne réparation encore fallait-il que la preuve d'un lien de causalité entre la violation de ses droits et le préjudice allégué soit rapportée. En l'espèce, l'impossibilité de mettre en œuvre l'opération conduisait UPS à alléguer trois préjudices distincts : (i) les frais liés à sa participation à la procédure de contrôle de l'opération entre FedEx et TNT, (ii) le paiement à TNT d'une indemnité contractuelle de rupture et (iii) le manque à gagner subi.

Le Tribunal écarte, tour à tour, l'existence d'un lien de causalité pour ces trois préjudices. Il considère que le premier préjudice résultait du libre choix d'UPS et n'était pas une conséquence directe de la décision litigieuse, ni de la violation de ses droits procéduraux ; que le deuxième résultait d'un engagement contractuel qui émanait de la volonté des parties et, s'agissant du manque à gagner, qu'en l'absence de violation des droits procéduraux d'UPS, la Commission n'aurait pas été, pour autant, tenue de déclarer l'opération entre UPS et TNT compatible avec le marché intérieur.

Le recours introduit par les sociétés ASL

En premier lieu, les sociétés ASL soutenaient que la violation des droits de la défense d'UPS, constatée par le Tribunal dans l'arrêt de 2017, constituait une violation suffisamment caractérisée du droit européen susceptible d'engager la responsabilité non contractuelle de l'Union à leur égard.

Selon le Tribunal, si l'absence de communication par la Commission à UPS de la version finale de son modèle économétrique était constitutive d'une violation des droits de la défense de ce dernier, entraînant ainsi l'annulation de la décision dans son intégralité, les sociétés ASL ne peuvent, pour autant, invoquer la violation des droits procéduraux d'UPS comme fondement de leur propre demande en réparation. Par ailleurs, les sociétés ASL soutenaient qu'en agissant illégalement à l'égard d'UPS, la Commission avait également directement violé leurs droits fondamentaux, notamment ceux résultant des articles 16, 17 et 41 de la Charte des droits fondamentaux de l'Union européenne.

Sur ce point, le Tribunal considère que, dès lors que les sociétés ASL avaient librement choisi de ne pas participer à la procédure de contrôle de la concentration entre UPS et TNT, et ce alors même que les articles 18, paragraphe 4, du règlement n° 139/2004 et 11, sous b) et c) du règlement n° 802/2004 leur permettaient d'être entendues, elles ne sont pas fondées à se prévaloir de la violation, par la Commission, de leurs droits procéduraux.

En second lieu, les sociétés ASL soutenaient que la Commission avait commis, dans son appréciation de la concentration notifiée entre UPS et TNT, des erreurs graves et manifestes en l'absence desquelles les accords de 2012 auraient pu être mis en œuvre. À titre subsidiaire, les sociétés ASL soutenaient que, en interdisant la concentration et en les empêchant ainsi de mettre en œuvre lesdits accords, la Commission aurait violé les articles 16 et 17 de la Charte.

Selon le Tribunal, ce moyen doit être rejeté dès lors que les requérantes s'étaient limitées à un renvoi général à la requête introduite par UPS dans l'affaire T-834/17 alors que, selon les articles 21 du statut de la Cour et 76, sous d), du règlement de procédure du Tribunal, toute requête doit indiquer l'objet du litige et l'exposé sommaire des moyens invoqués. Par ailleurs, l'argumentation n'était étayée que par un rapport d'expertise produit tardivement et sans justification, en annexe à la réplique. Pour ces raisons, le Tribunal écarte le rapport. Dès lors qu'une des trois conditions cumulatives pour l'engagement de l'action en responsabilité non contractuelle de l'Union fait défaut, le Tribunal juge qu'il n'est pas nécessaire d'apprécier les deux autres. Par conséquent, le Tribunal rejette le recours comme non fondé.

D. Tayar, V. Vickers
Concurrences N° 2-2022, Art. N° 106436, p. 141

Chapitre 2

DROIT FRANÇAIS

2.1 Champ d'application du contrôle

CE, Sect., 31 janv. 2007, France Antilles, n° 294896

Le Conseil d'État annule une décision du Ministre qui avait jugé qu'une concentration permettait un contrôle exclusif alors qu'il y avait un contrôle conjoint.

La question avait pu être discutée, mais le doute n'est plus permis : le contrôle français des concentrations s'applique pleinement à la presse quotidienne d'information. Et plutôt deux fois qu'une dans l'affaire rapportée, puisque le Conseil d'État annule une autorisation d'une opération de concentration en jugeant que le Ministre a entaché sa décision d'une erreur de qualification juridique. Si la question de la compétence est donc clarifiée par le Conseil d'État, le débat concernant la définition du contrôle conjoint reste complexe et n'est pas épuisé par l'arrêt du Conseil d'État du 31 janvier 2007.

La décision annulée

Dans cette affaire, L'Est Républicain avait notifié l'acquisition de la société Delaroche auprès de la société Socpresse en avril 2006. L'Est Républicain avait utilisé pour cette opération un véhicule d'acquisition dont il détenait 51 %, le solde appartenant à la Banque fédérative du Crédit mutuel (BFCM).

Lors de l'examen de l'opération, le Ministre s'était penché avec attention sur les règles de gouvernance du véhicule d'acquisition, qui avait la forme d'une société par action simplifiée et dont la dénomination était Est Bourgogne Rhône Alpes (EBRA). Il en avait tiré la conclusion que L'Est Républicain contrôlait seul EBRA. Ce constat permettait au Ministre de considérer l'opération comme une prise de contrôle de la société Delaroche par L'Est Républicain. Le périmètre du contrôle couvrait donc les activités de ces deux entreprises. L'analyse du Ministre sur les marchés sur lesquels L'Est Républicain et la société Delaroche étaient tous les deux présents a été la suivante.

Dans la presse écrite, le Ministre n'avait constaté aucun chevauchement d'activité. La situation de la presse quotidienne régionale (PQR) était exemplaire de ce dossier. Aux Dernières Nouvelles d'Alsace et à L'Est Républicain dont il disposait déjà, l'acquéreur ajoutait des titres aussi importants que Le Dauphiné Libéré et Le Progrès de Lyon. Mais puisque les zones de diffusion des titres de l'acquéreur et de la cible ne se recoupaient pas, le Ministre pouvait en tirer la conclusion que l'opération n'était pas de nature à modifier la structure de la concurrence sur les marchés du lectorat, de la publicité commerciale et des petites annonces en matière de PQR. Le Ministre est parvenu à la même conclusion pour la presse hebdomadaire régionale, tant il est vrai, par exemple, que La Presse de Vesoul n'est pas en concurrence avec La Tribune de Montélimar. De même, en ce qui concerne la presse gratuite, l'acquéreur étant présent dans la Meuse, dans les Vosges et dans la Haute-Marne, la cible, quant à elle étant implantée en Côte-d'Or et à Lyon, l'opération n'affectait pas la concurrence. Le Ministre avait également analysé le marché de la presse spécialisée, des marchés connexes à la presse écrite (par exemple, celui de l'impression pour des titres de presse tiers), celui de la télévision et celui de l'édition de livres.

À chaque fois, la conclusion était celle d'une absence de chevauchement ou celle de l'absence de tout risque pour le fonctionnement de la concurrence. Arrivé à ce point de son analyse, le Ministre ne pouvait qu'autoriser sans condition l'opération qui lui avait été notifiée. C'est ce qu'il a fait le 17 mai 2006 (aff. C2006-52, BOCCRF n° 6 bis du 22 juin 2006).

Les recours

C'est de l'intérieur qu'est venue la contestation. Plus précisément de France Antilles, devenu en cours de procédure Groupe Hersant Média. Ce dernier, qui disposait de 28,9 % de L'Est Républicain, a en effet introduit deux recours à l'encontre de l'autorisation du Ministre devant le Conseil d'État. Le premier était un recours en suspension de l'opération. Ce recours était inspiré par le précédent CCMX (CE, ord., 19 mai 2005, Société Fiducial Informatique et Société Fiducial Expertise, n° 279697, obs. J. Philippe, *Concurrences* N° 3-2005, p. 93). Il a été jugé irrecevable par le juge des référés du Conseil d'État le 25 juillet 2006, puisque l'autorisation du Ministre était entièrement exécutée à la date à laquelle Groupe Hersant Média a introduit sa requête en suspension de l'opération (CE, ord., n° 294897) (sur cette question, v. J. Pellet, Les fusions en sursis : La suspension des opérations de concentration, *Concurrences* N° 2-2007, Doctrines).

Création d'une entreprise commune ou prise de contrôle exclusif ?

Le second recours était plus fondamental, puisqu'il s'attaquait à la décision d'autorisation elle-même. Il ne remettait pas en cause la qualité de l'analyse concurrentielle du Ministre, mais la prémisse de son raisonnement, à savoir la conclusion suivant laquelle l'opération examinée devait être analysée comme une acquisition de la société Delaroche par L'Est Républicain. Pour le Groupe Hersant Média, l'opération en cause ne consistait pas en une prise de contrôle exclusif par L'Est Républicain, mais en une acquisition en commun par L'Est Républicain et par BFCM. Pour reprendre la terminologie habituellement utilisée en droit de la concurrence, le Groupe Hersant Média estimait que l'opération devait donc être considérée comme la création d'une entreprise commune. C'est parce qu'il en a été convaincu que le Conseil d'État a annulé la décision du Ministre dans son arrêt du 31 janvier 2007.

La question essentielle était donc celle de savoir si, en disposant de 49 % des actions d'EBRA, BFCM pouvait contrôler conjointement avec L'Est Républicain la société Delaroche.

Le Ministre n'avait pas ignoré la question dans sa décision et y avait répondu par la négative en deux temps. Il avait, tout d'abord, pris en compte ce qu'il désignait comme les éléments de droit. À ce titre, il avait jugé que la direction, l'administration et la gestion d'EBRA devaient être assurées par un comité de direction, composé de cinq membres, dont trois représentant L'Est Républicain et deux BFCM. Jugeant que l'ensemble des décisions stratégiques étaient prises par ce comité stratégique à la majorité simple, le Ministre en avait tiré la conclusion, qu'en droit, L'Est Républicain contrôlait seul EBRA et donc indirectement la société Delaroche.

Le Ministre a ajouté à cette première démonstration des éléments factuels. Il avait ainsi considéré que la qualité de créancier de BFCM, qui apportait les fonds nécessaires à l'acquisition par EBRA de la société Delaroche, ne lui donnait pas pour autant en l'espèce un pouvoir de contrôle, notamment en raison des termes de la convention de compte courant qui écartait le risque d'une demande de remboursement immédiat de la somme déposée sur le compte courant d'associés.

La conclusion à laquelle était parvenu le Ministre dans sa décision du 17 mai 2006 était donc qu'avec 51 %, L'Est Républicain contrôlait entièrement EBRA. BFCM était ainsi nécessairement ramenée à une position d'investisseur sans pouvoir de contrôle. Elle n'a donc pas été prise en compte en tant qu'acteur dans l'analyse concurrentielle de l'opération.

L'arrêt d'annulation

Le Conseil d'État a également retenu une analyse en deux temps comparable à celle du Ministre pour déterminer l'existence ou non d'un contrôle conjoint de L'Est Républicain et de BFCM sur EBRA dans son arrêt du 30 janvier 2007. Mais, à chacun de ces deux temps, le Conseil d'État est parvenu à une conclusion opposée à celle du Ministre.

En ce qui concerne le comité de direction d'EBRA, tout d'abord, le Conseil d'État n'a pas remis en cause la conclusion du Ministre suivant laquelle il s'agissait de l'organe qui prenait les décisions stratégiques de cette société. L'accent du Conseil d'État a cependant été mis ici sur la désignation de ses membres. Le Conseil d'État a relevé que les statuts d'EBRA prévoyaient que la désignation des membres du comité de direction devait faire l'objet d'une décision des actionnaires à la majorité des deux tiers. Il en tirait comme conclusion que même si L'Est Républicain avait un pouvoir de proposition pour trois des cinq membres du comité de direction et BFCM sur les deux autres, chacun des actionnaires disposait d'un droit de véto sur la nomination et sur la révocation des membres du comité de direction.

Pour ce qui était du second temps du raisonnement, là où le Ministre considérait que la créance de la BFCM ne donnait pas de pouvoir de contrôle, le Conseil d'État jugeait au contraire que l'importance de la créance devait être mise en perspective avec les difficultés financières de la société Delaroche et la faculté qu'avait BFCM de s'opposer à toute augmentation des fonds propres.

Les deux critères identifiés par le Ministre pour conclure à un contrôle exclusif de L'Est Républicain sur EBRA étaient donc repris par le Conseil d'État mais celui-ci en a fait une appréciation différente puisqu'il a jugé que L'Est Républicain et BFCM contrôlaient en commun EBRA. Qu'en penser ? Qui croire ? Comme le Ministre et le Conseil d'État, nous considérons que la question doit être traitée en deux temps. Mais partant du constat que le Ministre et le Conseil d'État font du comité de direction le lieu où sont prises les décisions stratégiques d'EBRA, les deux temps de notre examen seront légèrement différents. Nous limiterons nos observations à cet organe en nous attachant, tout d'abord, à la désignation de ses membres, puis à l'influence que pourraient avoir les actionnaires sur les décisions du comité de direction.

En ce qui concerne la désignation des membres du comité de direction, il existait une ambiguïté. Leur désignation et leur révocation étaient soumises à une décision des actionnaires à la majorité des deux tiers, c'est-à-dire, compte tenu de la répartition du capital, d'une décision à l'unanimité des actionnaires. Il existait cependant également une autre disposition des statuts qui prévoyait que trois des cinq membres étaient choisis par L'Est Républicain et les deux restants par BFCM.

Ces deux dispositions pouvaient-elles être conciliées entre elles ? L'interprétation qu'en fait le commissaire du Gouvernement Glaser est que ce qui est qualifié de choix par chacun des actionnaires de ses représentants au comité de direction n'est en fait qu'une faculté de proposition du nombre de membres auxquels il a droit, mais que ces derniers doivent tout de même faire l'objet d'un vote à la majorité qualifiée des deux tiers. Cette interprétation nous semble raisonnable. On peut simplement regretter, puisque l'un des points essentiels de ce dossier tenait à l'interprétation que l'on pouvait faire des statuts d'une société, que les termes mêmes de ces statuts ne soient pas repris pour nous convaincre de la solution.

Quoi qu'il en soit, il semble en effet établi que la désignation des membres du comité de direction d'EBRA était soumise à une décision commune de ses deux actionnaires. Cette première conclusion est importante mais insuffisante pour nous convaincre de l'existence ou non d'un contrôle en commun. Elle ne peut constituer, tout au plus, que l'un des éléments pris en compte pour apprécier l'influence que pourraient avoir les actionnaires sur les décisions du comité de direction d'EBRA. C'est la deuxième étape de notre analyse.

Puisque les décisions stratégiques d'EBRA sont prises dans son comité de direction, la question du contrôle conjoint ou non d'EBRA dépend de l'influence déterminante ou du contrôle que chacun des actionnaires peut avoir sur ce comité de direction. L'Est Républicain disposant de la majorité des membres d'un organe qui vote à la majorité simple, la première intuition est celle d'un contrôle exclusif par L'Est Républicain. Cette conclusion serait remise en cause si l'actionnaire minoritaire disposait tout de même d'un droit de véto sur les décisions stratégiques qui concernent l'activité de l'entreprise commune.

Mais la nomination du personnel d'encadrement n'est-elle pas en elle-même l'une des décisions habituellement jugées comme stratégiques et un droit de véto portant sur la nomination du personnel d'encadrement l'un des « droits de véto les plus importants », pour reprendre les termes de la Commission ? (communication de la Commission sur la notion de concentration, *JOCE* n° C.66 du 2 mars 1998, p. 5, spéc., n° 25 ; Voir dans le même sens, le projet d'orientations codifiées concernant les compétences en matière de contrôle des concentrations de la Commission du 28 sept. 2006, spéc., n° 25).

Certes, mais si la Commission envisage un droit de véto sur la désignation du personnel d'encadrement comme indice de contrôle, c'est parce qu'il s'agit d'un moyen pour un actionnaire minoritaire d'exercer une influence déterminante : « le pouvoir de participer aux décisions relatives à la structure de l'encadrement donne à son titulaire le pouvoir d'exercer une influence déterminante sur la politique commerciale d'une entreprise » (*Ibid.*).

Et puisque l'on sait que la Commission entend par influence déterminante un pouvoir de véto en droit ou en fait sur les décisions les plus importantes, on ne peut évidemment pas normalement déduire un contrôle du fait d'une représentation minoritaire dans un organe de décision. Si tel était le cas, chaque modification ou presque de la composition d'un conseil d'administration ou de surveillance d'une société du CAC 40 ferait l'objet d'une notification à Bruxelles, puisque leurs membres sont généralement dirigeants d'autres entreprises importantes.

La désignation à l'unanimité des actionnaires des membres du comité de direction ne nous renseigne donc pas de façon convaincante sur l'existence d'un éventuel contrôle en commun si l'on garde à l'esprit que L'Est Républicain disposait de la majorité dans cet organe. Mais cette exigence d'unanimité pour désigner les membres du comité de direction permet-elle tout de même de qualifier autrement un contrôle qui serait exercé par l'actionnaire minoritaire ?

Les conclusions du commissaire du Gouvernement

Les conclusions du commissaire du Gouvernement montrent qu'il y a eu un débat savant sur le risque d'un blocage dans l'hypothèse d'un refus systématique éventuel par BFCM de nommer les candidats proposés par L'Est Républicain. Il a été avancé par les uns qu'il n'y aurait pas là une situation de blocage, puisqu'un juge y verrait nécessairement un abus de minorité et qu'il désignerait un administrateur judiciaire qui pourrait statuer en lieu et place de BFCM pour donner raison à L'Est Républicain. Les autres y ont répondu que s'il fallait un juge pour débloquer la situation, c'est qu'il y avait bien blocage et donc contrôle en commun. Chacune de ces deux thèses a son lot d'excès, mais ce qui manque le plus au débat, pour que nous puissions apprécier la situation, est l'information suivante : était-il établi que la conséquence d'un désaccord sur la désignation d'un membre du comité de direction serait la paralysie d'EBRA ?

Indépendamment de cette question, peut-on alors considérer que, compte tenu du mode de désignation des membres du comité de direction, ceux qui auront été désignés sur proposition de L'Est Républicain auront une double fidélité à la fois à l'actionnaire qui les a proposés et à l'autre qui ne s'est pas opposé à leur nomination ?

C'est l'idée développée par le commissaire du Gouvernement dans ses conclusions. En gagnant la fidélité de l'actionnaire minoritaire, les membres du comité de direction proposés par L'Est Républicain seraient assurés de conserver leur siège, puisque les révocations sont également décidées à la majorité des deux tiers des actionnaires.

L'argument d'un contrôle conjoint

S'il est vrai, comme le souligne le commissaire du Gouvernement à propos de BFCM, que la philanthropie n'est pas la première caractéristique du monde des affaires, les exemples de représentants d'actionnaires qui trahissent celui à qui ils doivent leur siège constituent plus l'exception que la règle. Si nous poursuivons tout de même l'idée d'une fidélité paradoxale des membres du comité de direction désignés par L'Est Républicain à BFCM pour espérer garantir la pérennité de leur siège, on peut également considérer qu'un tel comportement pourrait ébrécher celle de L'Est Républicain à l'égard de ses représentants peu sincères. Et ces derniers n'auraient-ils pas alors comme seul salut, pour conserver leur siège, de se rallier entièrement à la cause de BFCM ? Le Conseil d'État ne devait-il alors pas en conclure à un contrôle exclusif de BFCM sur EBRA ?

C'est dire que nous ne sommes pas convaincus par l'argument concernant la gouvernance d'entreprise d'EBRA. Notre conclusion aurait pu être différente s'il avait été établi que les mandats des membres du comité de direction d'EBRA étaient brefs et que les membres du comité de direction étaient donc soumis fréquemment au suffrage de leurs actionnaires. Nous comprenons implicitement des conclusions du commissaire du Gouvernement que ce n'est pas le cas.

Mais soyons justes : la question du mode de désignation des membres du comité de direction n'était que l'un des piliers du raisonnement du Conseil d'État. Qu'en était-il de l'autre ?

Le Conseil d'État a jugé que le contrôle de BFCM sur EBRA résultait également du fait que BFCM avait financé seule les 189 millions d'euros nécessaires à la reprise de la société Delaroche par la filiale EBRA. Cet argument n'est pas nouveau. Il s'agit de celui du pouvoir du créancier, qui peut parfois caractériser une gestion de fait en droit des sociétés, ou un pouvoir de contrôle en droit de la concurrence (voir, Le contrôle français des concentrations, J.-M. Cot et J.-P. de La Laurencie, LGDJ, 2e éd., n° 137). Cette question dépend également largement de circonstances de fait, comme celle de la capacité effective du débiteur à rembourser le prêt.

Le commissaire du Gouvernement avait également relevé des déclarations du président du groupe L'Est Républicain, pour qui le journal L'Alsace, qui appartient au groupe dont relève BFCM, entrait dans le périmètre du groupe qu'il était en train de constituer. Dans l'affaire GE / Honeywell, déjà, le Tribunal avait utilisé des déclarations attribuées à Jack Welsh faites au magazine Fortune, pour appuyer sa démonstration de l'existence d'une position dominante (TPICE, 14 décembre 2005, aff. T-210/01, points 225 et 226).

Les doutes quant à l'existence d'un contrôle conjoint

Pris séparément, ces différents éléments permettaient-ils de considérer qu'il y avait contrôle conjoint ? Nous sommes convaincus que non. Pris ensemble comme un faisceau d'indices, était-il possible d'arriver à cette conclusion ? La question devient plus complexe. La réponse nous semble toujours négative si le seul élément du faisceau d'indices était constitué par le financement apporté par BFCM.

Il reste que d'autres éléments, qui ne sont pas évoqués dans l'arrêt et qui ne sont pas traités avec suffisamment de conviction par le commissaire du Gouvernement, pourraient éventuellement justifier la conclusion d'un contrôle en commun. Le Ministre lui-même, interprète parfois de façon relativement large la notion de concentration. Ainsi, par exemple, quand il juge qu'une opération fait l'objet d'un contrôle en commun en raison de l'existence d'intérêts communs (V., par ex., Min. Éco. 29 mars 2005, CFF Recycling / PPS, aff. C2005-9, *Concurrences* N° 3-2005, p. 95, obs. J.-M. Cot).

Finalement, l'histoire réserve parfois des surprises. Qui aurait parié, il y a quelques années encore, qu'une entreprise dénommée Groupe Hersant Média se ferait le héros de la concurrence en s'opposant à ce que l'une de ses filiales prenne le contrôle du pôle Est de la Socpresse ? Par ailleurs, il faut reconnaître que, mis à part sa préoccupation concernant l'intérêt général, l'objectif poursuivi par Groupe Hersant Média n'apparaît pas clairement dans cette affaire. Mais il reste qu'il ne peut être exclu que certaines préoccupations soulevées en droit de la concurrence soient légitimes s'il existait des risques de coordinations sur des marchés secondaires (ou « *spillover markets* ») entre les titres détenus par L'Est Républicain (dont Les Dernières Nouvelles d'Alsace et L'Est Républicain) et ceux contrôlés par Crédit Mutuel (dont L'Alsace). Comme la notion de contrôle en commun, cette question de la coordination entre les entreprises fondatrices fait partie des questions spécifiques qui se posent pour les entreprises communes qui sont toujours un peu entre contrôle des structures et contrôle des comportements. Si la question est pertinente, elle sera traitée par le Ministre auquel l'opération sera renotifiée.

J.-M. Cot

Concurrences N° 2-2007, Art. N° 13443, p. 134

2.2 Appréciation au fond des opérations

CE, 13 févr. 2006, Fiducial informatique et Fiducial expertise, CEGID / CCMX, n° 279180

Le Conseil d'État autorise la fusion CEGID / CCMX.

Le 13 février 2006, en confirmant la décision d'autorisation ministérielle relative à la prise de contrôle exclusif de la société CCMX Holding par Cegid SA, le Conseil d'État a mis fin à une longue procédure engagée contre cette concentration.

Pour rappel, le 19 octobre 2004, le Ministre a autorisé sans condition, ni avis du Conseil de la concurrence, l'acquisition de CCMX par Cegid, sociétés actives sur le marché des progiciels de gestion destinés aux experts-comptables libéraux (V., Min. Éco., 19 octobre 2004, CEGID SA / CCMX Holding, aff. C2004-122, obs. J. Philippe, *Concurrences* N° 2-2005, p. 74). Les sociétés Fiducial Informatique et Fiducial Expertise, concurrentes des parties à l'opération ont formé un recours contre la décision ministérielle devant le juge des référés du Conseil d'État qui, pour la première fois, a décidé, par une ordonnance du 19 mai 2005, de suspendre une opération de concentration (V., CE, ord., 19 mai 2005, Société Fiducial Informatique et Société Fiducial Expertise, n° 279697 et CE, 20 juillet 2005, Société Fiducial Informatique et Société Fiducial Expertise, n° 279180, obs. J. Philippe, *Concurrences* N° 3-2005, p. 93).

Saisi au fond par ces mêmes sociétés aux fins d'annulation pour excès de pouvoir de cette décision d'autorisation, le Conseil d'État, a décidé, par un arrêt du 20 juillet 2005, qui constituait également une innovation, de saisir pour la première fois, le Conseil de la concurrence afin qu'il examine l'opération de concentration dans les conditions prévues à l'article L. 430-6 du Code de commerce, c'est-à-dire comme s'il était saisi par le Ministre lui-même dans le cadre d'une « phase II » de contrôle des concentrations. Le Conseil d'État a motivé cette première par « l'incertitude résultant du caractère largement contradictoire » de la décision ministérielle.

Durant l'instruction devant le Conseil de la concurrence, le Conseil d'État a d'ailleurs dû se prononcer de manière plus précise sur la procédure à suivre dans le cadre de cette saisine inhabituelle. En effet, les Sociétés Fiducial Informatique et Fiducial Expertise ont présenté le 27 septembre 2005 une requête aux fins de voir ordonner que le Conseil de la concurrence respecte le principe du contradictoire à l'égard des requérantes à tous les stades de sa procédure. On rappellera que les plaignants n'ont pas accès au dossier devant le Conseil de la concurrence. Toutefois, dans ce cas, dans la mesure où la saisine émanait non du Ministre mais du Conseil d'État, les plaignants estimaient que le caractère contradictoire de la procédure devant le Conseil d'État devait s'étendre à la procédure devant le Conseil de la concurrence lorsque ce dernier est saisi par la juridiction administrative. Le Conseil d'État a estimé qu'il n'en était rien, et que le Conseil de la concurrence devait suivre exactement la procédure prévue à l'article L. 430-6 du Code de commerce, dont le caractère pleinement contradictoire n'est prévu qu'à l'égard des parties à la concentration.

Ainsi, le 14 décembre 2005, pour la première fois, le Conseil de la concurrence a rendu un avis en matière de concentration sur saisine du Conseil d'État. Comme le Ministre, le Conseil de la concurrence a validé cette opération en considérant qu'elle ne portait pas atteinte à la concurrence.

Le 13 février 2006, le Conseil d'État a suivi l'avis du Conseil de la concurrence et les conclusions de son commissaire du Gouvernement Emmanuel Glaser, sans pour autant procéder à la substitution de motifs à laquelle il était invité par le commissaire du Gouvernement.

Par cet arrêt, le Conseil d'État a ainsi rejeté définitivement la requête des sociétés Fiducial Informatique et Fiducial Expertise visant à l'annulation de la décision ministérielle et a autorisé la concentration entre les deux principaux acteurs du marché, en procédant à l'analyse concurrentielle de l'opération conformément à la méthode classique d'examen du Conseil de la concurrence et du Ministre : l'analyse du marché pertinent, des parts de marché de la nouvelle entité et des effets de l'opération.

S'agissant du marché pertinent, le Conseil d'État, comme le Ministre puis le Conseil de la concurrence, a retenu le marché français de l'offre de progiciels spécialisés et des services associés à la profession des experts comptables libéraux (PCL), à l'exclusion des services de formation. Le Conseil d'État a noté que sur ce marché, la nouvelle entité détient 45 % des parts de marché tant en valeur (exprimées en fonction du chiffre d'affaires) qu'en volume (exprimées en fonction des sites de production) et que son plus proche concurrent, le groupe Sage, détient 25-30 % des parts de marché en valeur et 19,3 % en volume. Le Conseil d'État a relevé que, bien que ces deux sociétés occupent une grande partie du marché, de nombreux autres acteurs, tels que les Groupes Isagri-Agiris, Cador-Dorac et Azur Conception détiennent aussi une part de marché significative.

Selon les termes de son analyse, le Conseil d'État, à l'instar du Conseil de la concurrence, a considéré que le développement de progiciels adaptés à la PCL ne présente aucune barrière à l'entrée liée à la technologie ou aux coûts d'investissement. Par ailleurs, il a relevé que la constitution d'un réseau de démarcheurs spécialisés pour la PCL, bien qu'impliquant un investissement notable, est susceptible d'être réalisée par plusieurs groupes d'éditions internationaux déjà présents sur le marché des progiciels « entreprise ».

Le Conseil d'État a finalement considéré que la véritable barrière à l'entrée est due à l'inertie des clients, qui hésitent à supporter les risques « migratoires » et les coûts de formation liés à un changement de fournisseur. Cependant, le Conseil d'État a noté qu'il existe différents facteurs d'animation concurrentielle sur le marché des progiciels : (i) les modifications réglementaires contraignant les clients à anticiper le renouvellement de leurs progiciels, (ii) l'accélération des innovations technologiques et (iii) la mobilité des équipes de salariés qui développent ce type d'application en changeant d'entreprise.

S'agissant du bilan concurrentiel, le Conseil d'État, en s'appuyant sur l'avis du Conseil de la concurrence, a exclu les risques d'effets unilatéraux, coordonnés et congloméraux.

En premier lieu, concernant les risques d'effets unilatéraux sur les prix, sans reprendre l'intégralité du raisonnement suivi par le Conseil de la concurrence, le Conseil d'État a considéré qu'aucun des membres restants de l'oligopole, Cegid et Sage, n'aura intérêt à augmenter le prix des licences. Pour parvenir à cette conclusion, le Conseil de la concurrence a considéré que, sur un marché oligopolistique, il fallait analyser les effets unilatéraux en fonction notamment de l'existence de proches substituts vers lesquels se reporterait la demande en cas d'augmentation du prix des produits concernés par l'opération. Le Conseil a conclu que les produits des parties à l'opération n'étaient pas fortement substituables entre eux, Cegid intervenant plus particulièrement sur les logiciels de production comptable alors que CCMX est réputé pour son logiciel de paie. Il ressort des tableaux et de l'analyse du Conseil qu'en cas d'augmentation des prix, les clients pourront se tourner vers les produits alternatifs de concurrents.

Par ailleurs, le Conseil de la concurrence a noté qu'en général, deux tiers du chiffre d'affaires réalisé par les éditeurs de progiciels sont réalisés grâce aux services attachés aux licences pendant leur durée de vie. Par conséquent, les concurrents ont tout intérêt à faire jouer la concurrence au moment de la vente des licences de façon à attirer des clients qui leur apporteront du chiffre d'affaires ensuite. Le Conseil a conclu que les risques d'une augmentation des prix sont donc exclus dans la mesure où la présence de Sage, opérateur de dimension internationale, et la présence d'une frange concurrentielle assez dynamique sont deux facteurs qui contribuent à une forte pression concurrentielle sur le marché.

En second lieu, concernant le passage de trois à deux acteurs sur le marché, le Conseil d'État a exclu le risque d'effets coordonnés traduisant la création d'une position dominante collective en raison du manque de transparence dans la fixation des remises effectivement octroyées sur les prix affichés. En, effet, il est très difficile pour les acteurs du marché de connaître les prix effectivement pratiqués par les concurrents. Le Conseil de la concurrence a considéré qu'aucun des trois critères jurisprudentiels jugés déterminants pour pouvoir établir l'existence d'une position dominante collective n'étaient remplis : (i) chaque membre de l'oligopole doit pouvoir connaître le comportement des autres membres afin de vérifier si la même ligne d'action est adoptée ; (ii) la coordination tacite doit pouvoir se maintenir dans la durée ; et (iii) les réactions prévisibles des concurrents actuels ou potentiels ainsi que des consommateurs ne remettraient pas en cause les résultats attendus de la ligne d'action commune (TPICE, 6 juin 2002, Airtours c/ Commission, aff. T-342/99 ou TPICE, 26 janvier 2005, Piau c/ Commission, aff. T-193/02).

Enfin, s'agissant des effets conglomėraux liés à la présence des deux parties à l'opération sur le marché des progiciels de gestion à destination de la profession comptable ainsi que sur le marché voisin des progiciels de gestion destinés aux PME, le Conseil d'État a considéré que l'importance des acteurs présents sur le marché voisin des progiciels de gestion « entreprise », parmi lesquels figure le groupe Sage minimise la portée de l'avantage conglomėral que le nouveau groupe pourrait tirer « du pouvoir prescripteur des comptables libéraux auprès de leurs propres clients », les PME.

Après avoir exclu les risques unilatéraux, coordonnés et conglomėraux et mis en avant la présence d'un important concurrent d'envergure internationale, le groupe Sage, et d'une importante frange concurrentielle sur le marché des progiciels, le Conseil d'État a conclu que « ces précisions et compléments corrigent l'apparente contradiction qui résultait de la disproportion entre les développements consacrés à l'inertie de ce marché de renouvellement et aux difficultés d'y pénétrer sans avoir constitué un réseau de démarcheurs spécialisés et acquis une notoriété et l'affirmation que la faiblesse des barrières à l'entrée justifiait néanmoins l'autorisation de la concentration ». Il semble donc que le Conseil d'État ait estimé que les éléments apportés par le Ministre complètent et expliquent les motifs initiaux invoqués dans la décision du 19 octobre 2004 et en corrigent ainsi l'apparente contradiction des développements et de la décision. Pour autant, il semble que ces nouveaux éléments n'aient pas été considérés par le Conseil d'État comme étant de nature à constituer une substitution de motifs.

Par ailleurs, il est intéressant de noter que le même jour, le 13 février 2006, le Conseil d'État a définitivement autorisé la concentration Seb / Moulinex. Pour rappel, dans cette affaire, le Conseil d'État avait, dans un premier temps, annulé la décision d'autorisation du Ministre, lequel avait dû adopter une seconde décision. Ces deux arrêts, et en particulier le caractère énergique de l'approche du Conseil d'État dans l'affaire Cegid, marquent clairement une nouvelle étape dans l'affirmation du rôle de celui-ci en tant que juge ultime des concentrations.

J. Philippe
Concurrences N° 2-2006, Art. N° 721, p. 111

Voir aussi

T. Tuot, Contrôle des concentrations – Régulateurs : Le Conseil d'État limite les exigences de respect du caractère contradictoire de la procédure lorsqu'une autorité de régulation est saisie pour avis par le juge (CEGID / CCMX), 13 février 2006, Concurrences N° 2-2006, Art. N° 829, pp. 154-155.

Voir aussi, sur les origines de l'affaire

Min. Éco., 19 oct. 2004, CEGID / CCMX, C2004-122

J. Philippe, Effets compensateurs : Le Ministre de l'Économie autorise la concentration entre les deux premiers acteurs sur le marché en raison des effets compensateurs (CEGID / CCMX), 19 octobre 2004, Concurrences N° 2-2005, Art. N° 1272, pp. 74-75.

CE, 20 juill. 2005, Société Fiducial Informatique et Société Fiducial Expertise, n° 279180

J. Philippe, Suspension : Le Conseil d'État saisit pour la première fois le Conseil de la concurrence et bouleverse le contrôle interne des concentrations (CCMX / Cegid), 20 juillet 2005, Concurrences N° 3-2005, Art. N° 1095, pp. 93-95.

CE, 31 juill. 2009, Fiducial Audit et Fiducial Expertise, n° 305903

Le Conseil d'État confirme la validité de la décision du Ministre autorisant une concentration dans le secteur de l'audit et de l'expertise comptable et adopte les critères communautaires de la position dominante collective.

Les arrêts du Conseil d'État en matière de contrôle des concentrations ne sont guère nombreux. Qui plus est, celui-ci statue sur une question importante, celle de la position dominante collective. Il méritait donc d'être rapporté dans ces colonnes, même si les solutions qu'il dégage ne sont pas à proprement parler révolutionnaires.

La juridiction suprême était saisie d'un recours formé par les sociétés Fiducial Audit et Fiducial Expertise contre la décision du Ministre de l'Économie en date du 15 décembre 2006 autorisant l'acquisition du groupe BDO Marque Gendrot par Deloitte.

Le secteur concerné était celui de l'audit et de l'expertise comptable, caractérisé par la présence en tant qu'offreurs des « *Big Four* » (dont Deloite, l'acquéreur), d'une part, et de cabinets dits de « second rang » (parmi lesquels BDO Marque Gendrot, la cible), d'autre part.

L'analyse du Ministre

Le Ministre avait autorisé cette opération en phase 1, au terme d'une analyse centrée sur les risques de création ou de renforcement d'une position dominante collective. En effet, si l'opération n'avait certainement pas pour effet de créer ou de renforcer une position dominante individuelle (ou plus généralement de donner lieu à des effets unilatéraux problématiques) eu égard à la position de Deloitte par rapport à ses principaux concurrents, l'absorption d'un des cabinets de second rang avait en revanche pour conséquence d'éliminer un des acteurs susceptibles d'animer la concurrence face aux « *Big Four* ». Se posait ainsi la question de savoir si l'opération projetée pouvait générer des risques de coordination tacite entre les « *Big Four* » sur les marchés de l'audit légal et de l'audit contractuel.

Le Ministre avait écarté ce risque sur la base d'une analyse relativement fouillée, au motif essentiel que la concurrence continuerait d'être animée par plusieurs cabinets de second rang, dont le cabinet Mazars, capables de perturber la mise en place d'un équilibre collusif entre les grands cabinets. Le Ministre avait limité son analyse au marché de l'audit légal, estimant que si le risque de création d'une position dominante collective pouvait être écarté sur ce marché, il pouvait également l'être sur le marché de l'audit contractuel et de l'expertise comptable, dans la mesure où les caractéristiques du marché de l'audit légal étaient manifestement celles qui se prêtaient le plus à la caractérisation d'une position dominante collective.

Le Ministre s'était ensuite attaché à examiner un à un les critères posés par la jurisprudence communautaire pour caractériser l'existence d'une position dominante collective (et notamment le fameux arrêt *Airtours* : TPICE, 6 juin 2002, Airtours c/ Commission, affaire T-342/99), à savoir (i) une transparence suffisante du marché, (ii) l'existence de mécanismes de représailles crédibles en cas de déviation de la ligne d'action commune des membres de l'oligopole et, enfin, (iii) l'impossibilité pour les clients ou les concurrents de perturber l'équilibre oligopolistique. Il avait estimé en définitive que, si un doute pouvait exister quant à la satisfaction de la première condition, il était improbable que la deuxième fût satisfaite en raison de la difficulté qu'il y aurait à détecter une déviation de la ligne d'action commune et à mettre en place des actions de représailles, et, surtout, que la troisième ne l'était pas, car la présence de cabinets de second rang, et notamment de Mazars, suffisait à perturber l'oligopole.

Le recours de Fiducial et la position du Conseil d'État : l'adoption en droit interne des critères communautaires de la position dominante collective

Le premier moyen soulevé par Fiducial était tiré d'une motivation insuffisante de la décision. En substance, Fiducial reprochait au Ministre d'avoir écarté le risque de création ou de renforcement d'une position dominante collective sur le marché de l'audit contractuel par une simple déduction des constatations qu'il avait opérées concernant le marché de l'audit légal. Le Conseil d'État écarte rapidement ce moyen en considérant que le Ministre était fondé à procéder de la sorte dès lors qu'il avait relevé que le secteur de l'audit contractuel présentait des caractéristiques manifestement moins propices à une coordination tacite, telles qu'une offre plus atomisée, des services plus hétérogènes et des prix plus opaques.

Les autres moyens développés par les requérantes s'efforçaient de remettre en cause le bien-fondé, sur le fond, de l'analyse du Ministre quant à l'absence de risque de création ou de renforcement d'une position dominante collective sur le marché de l'audit légal.

Avant de procéder à l'examen de ces moyens, le Conseil d'État rappelle que, dans un marché oligopolistique, les comportements des opérateurs peuvent, même en l'absence de toute entente formelle, se coordonner de manière implicite, leur conférant ainsi un pouvoir de marché. Le Conseil d'État précise ensuite que la caractérisation d'une telle position dominante collective suppose la réunion de plusieurs conditions qui, bien que sa décision ne s'y réfère pas explicitement, sont directement tirées de la jurisprudence Airtours.

Cet attendu de principe est important car c'est à notre connaissance la première fois que les critères communautaires de la position dominante collective sont directement repris par le Conseil d'État et ainsi « transposés » en droit interne. Le Conseil d'État avait déjà eu l'occasion d'examiner une affaire de position dominante collective dans le cadre du recours formé par les mêmes requérantes à l'encontre de la décision autorisant le rachat de Salustro par KPMG. Il avait rejeté ce recours au motif qu'il existait suffisamment d'alternatives au « *Big Four* » pour écarter le risque d'une position dominante collective, mais sans préciser aussi clairement les critères devant être pris en compte dans le cadre d'une analyse des effets coordonnées d'une concentration (CE, 30 juin 2006, Fiducial audit et Fiducial expertise).

Après avoir ainsi précisé la grille d'analyse applicable, le Conseil d'État examine les différents moyens des requérantes.

Les sociétés Fiducial reprochaient tout d'abord au Ministre de n'avoir adopté de position ferme que sur le troisième critère *Airtours* sans se prononcer sur les deux premiers. Cet argument est logiquement rejeté au motif que les critères posés par cet arrêt sont cumulatifs et que, par conséquent, le Ministre était fondé à écarter le risque de collusion tacite dès lors que la troisième condition posée par la jurisprudence n'était pas satisfaite.

Les deux autres moyens invoqués par Fiducial critiquaient l'analyse de fond du Ministre quant au risque de création ou de renforcement d'une position dominante collective.

S'agissant du risque de renforcement d'une position dominante collective préexistante, le Conseil d'État estime que le Ministre était fondé à l'écarter eu égard au fait que les conditions de concurrence n'avaient pas significativement évolué depuis l'adoption de sa décision approuvant le rapprochement de Salustro et Reydel avec KPMG en 2004, dont la validité avait été confirmée par le Conseil d'État dans sa décision du 30 juin 2006. Le Conseil d'État se réfère notamment à la croissance des positions des petits cabinets qui était plutôt de nature à amoindrir les risques d'effets coordonnés restrictifs de concurrence.

Quant au risque de création d'une position dominante collective du fait de l'opération notifiée, là encore le Conseil d'État approuve l'analyse du Ministre. Il relève que l'absorption d'un cabinet de second rang supplémentaire pouvait certes faire craindre que l'opération puisse donner lieu à un oligopole collusif. Cependant, il souligne que, après l'opération, trois cabinets indépendants, dont en particulier Mazars, pouvaient continuer à exercer une pression concurrentielle sur les « *Big Four* » et que, à cet égard, l'absorption de BDO Marque Gendrot ne changeait pas significativement la structure du marché. Il en conclut que le Ministre pouvait valablement considérer la troisième condition de l'arrêt *Airtours* comme non satisfaite.

Des solutions classiques motivées de façon très ramassée

Sur le plan des principes, les solutions dégagées par le Conseil d'État nous semblent parfaitement orthodoxes et on ne peut que se réjouir que l'analyse des autorités françaises vienne ici s'aligner sur la pratique communautaire. Malgré toutes les critiques que l'on peut formuler sur la grille d'analyse communautaire, il eût été regrettable que le droit français s'en écarte sensiblement, ce qui aurait abouti à des différences d'approche préjudiciables aux entreprises.

On ne peut toutefois s'empêcher de ressentir une certaine frustration à la lecture de la décision du Conseil d'État. La raison principale en est que les analyses juridiques et économiques complexes que mobilise le droit de la concurrence en général, et la notion de position dominante collective en particulier, s'accommodent assez mal des motivations très ramassées des décisions des juridictions suprêmes françaises.

Il est dommage, en particulier, que l'argumentation des requérantes ne transparaisse pas clairement de la lecture de la décision, qui se contente de faire référence à des allégations « d'erreurs d'appréciation » et de « défaut d'analyse prospective » sans réellement expliquer les positions qui se dissimulent derrière ces termes généraux.

Il faut, en réalité, pour comprendre la portée du débat qui s'est noué devant le Conseil d'État, se référer aux conclusions du commissaire du Gouvernement Emmanuel Glaser (non publiées…), qui exposent de manière très éclairante l'état du droit, de la doctrine et des thèses en présence. On y apprend que les critiques des requérantes s'appuyaient essentiellement sur la jurisprudence Impala à l'occasion de laquelle le Tribunal de première instance a précisé que les trois critères de l'arrêt *Airtours* ne devaient pas être lus mécaniquement mais bien en tenant compte du mécanisme global de coordination tacite (TPICE, 13 juillet 2006, Independant music publishers and labels association (Impala), aff. T-464/04 et sur pourvoi, CJCE, 10 juillet 2008, Bertelsmann AG et Sony Corporation of America, aff. C-413/06 P). La mention dans le cadre de l'examen du second moyen d'un défaut « d'analyse prospective » fait certes écho à cette jurisprudence mais de manière assez subliminale.

On aurait ainsi souhaité que le Conseil d'État explicite, comme l'a fait le commissaire du Gouvernement, les raisons pour lesquelles, la jurisprudence Impala ne remettait pas fondamentalement en cause les critères de l'arrêt *Airtours*. Et surtout, l'analyse des faits de l'espèce, alors que le contrôle du Conseil d'État est, en cette matière, entier, est particulièrement laconique. On peut de ce point de vue regretter que la décision n'examine pas en détail la qualité de la pression concurrentielle exercée par le cabinet Mazars qui était, comme le souligne le commissaire du Gouvernement, au cœur de l'analyse.

D. Tayar

Concurrences N° 4-2009, Art. N° 29210, p. 134

CE, Sect., 30 déc. 2010, Métropole Télévision, n° 338197

Le Conseil d'État rejette une demande d'annulation d'une décision d'autorisation sous réserve d'engagements de l'Autorité de la concurrence dans le secteur de la télévision.

Le Conseil d'État, par arrêt du 30 décembre 2010, a rejeté le recours en annulation formé par la société Métropole Télévision à l'encontre de la décision de l'Autorité de la concurrence (ci-après, « l'Autorité ») n° 10-DCC-11 du 26 janvier 2010 autorisant, sous réserve de la mise en œuvre d'engagements, la prise de contrôle exclusif des sociétés NT1 et Monte-Carlo Participations (groupe AB) par le groupe TF1.

On rappellera que la société Métropole Télévision avait, accessoirement à ce recours au fond, déposé une demande de suspension de l'exécution de la décision de l'Autorité sur le fondement de l'article L. 521-1 du Code de justice administrative. Elle soutenait dans sa requête, d'une part, que les engagements pris par TF1 n'étaient pas suffisants pour compenser l'atteinte à la concurrence et le bouleversement du marché qu'entraînait l'opération et susceptibles de lui causer un préjudice grave et immédiat et, d'autre part, qu'il existait un doute sérieux quant à la légalité de la décision. Prenant la peine d'examiner *in concreto* si l'opération autorisée était de nature à porter une atteinte grave aux intérêts de la société Métropole Télévision, le Conseil d'État avait néanmoins, comme à son habitude, rejeté la demande de suspension qui lui était présentée pour défaut d'urgence (CE, ord., 22 avril 2010, n° 338198).

Les motifs invoqués par Métropole Télévision au soutien de sa demande au fond en annulation pour excès de pouvoir, tous constitutifs de moyens de légalité interne, sont similaires à ceux qu'elle avait invoqués en référé. Elle a allégué que l'Autorité avait entaché sa décision d'erreur de droit et de contradiction de motifs en autorisant l'opération sous réserve de la mise en œuvre d'engagements, alors que les effets concurrentiels de l'opération identifiés auraient dû la conduire à l'interdire. En tout état de cause, elle estimait que les engagements proposés étaient insuffisants pour prévenir les risques concurrentiels identifiés sur le marché.

Le Conseil d'État a ainsi été amené à examiner de manière détaillée (i) la proportionnalité des engagements pris au regard de l'analyse concurrentielle menée par l'Autorité, ainsi que (ii) l'efficacité, appréciée globalement des engagements proposés par TF1.

Appréciation des risques concurrentiels et principe de proportionnalité

De même que dans le cadre de son recours en suspension, Métropole Télévision n'a contesté ni la définition des marchés ni l'analyse concurrentielle auxquelles l'Autorité de la concurrence a procédé dans sa décision. L'analyse de l'Autorité de la concurrence s'était en effet appuyée sur un test de marché mené auprès de l'ensemble des professionnels du secteur de la télévision (détenteurs de droits, agences de publicité et annonceurs, régies et chaînes de télévision concurrentes, etc.) : sans doute aurait-il été délicat, dans ces conditions, de remettre en cause l'appréciation à laquelle s'était livrée l'Autorité à l'issue d'une décision de phase 2.

En revanche, Métropole Télévision a estimé que l'Autorité avait « entaché sa décision d'erreur de droit et de contradiction de motifs en autorisant l'opération sous condition de la réalisation effective des engagements pris par les parties alors que les effets concurrentiels qu'elle avait identifiés » auraient dû la conduire à interdire catégoriquement l'opération.

Rappelant au préalable le principe de proportionnalité qui s'impose à l'Autorité de la concurrence dans l'exercice de son pouvoir tant d'interdiction d'une opération que de subordination d'une autorisation à la réalisation d'engagements par les parties, le Conseil d'État a repris la substance de l'analyse concurrentielle de l'opération notifiée menée par l'Autorité sur les différents marchés identifiés.

Rappel de l'analyse concurrentielle menée par l'Autorité de la concurrence

Sur le marché de l'acquisition de droits de diffusion de programmes audiovisuels, bien que l'acquisition de TMC et NT1 ne renforce pas en tant que tel le pouvoir de marché déjà important de TF1, l'Autorité de la concurrence avait relevé dans sa décision que la possibilité pour TF1 de rentabiliser les droits acquis sur des programmes attirant une audience particulièrement élevée (séries américaines récentes, films américains, football notamment) sur trois chaînes généralistes gratuites au lieu d'une seule constituait un avantage concurrentiel important. En outre, bénéficiant d'un accès privilégié à des droits attractifs détenus par TF1, TMC et NT1 pourraient voir leur audience dynamisée et, en conséquence, leur propre pouvoir de marché augmenter. Rappelons que la source principale d'approvisionnement des nouvelles chaînes gratuites de la TNT consiste en la rediffusion de programmes auparavant diffusés par les chaînes historiques, qui disposent d'une exclusivité pour une période limitée : la circulation des droits au sein du groupe TF1 sur une plus longue durée aurait donc rendu difficile l'accès des autres chaînes de la TNT à des programmes attractifs.

Sur le marché de la publicité télévisuelle, l'Autorité de la concurrence avait considéré que la position de TF1, dominante malgré un léger recul de ses parts de marché, constituait un avantage concurrentiel pour les chaînes nouvellement acquises puisqu'elle permettait au groupe de faire jouer des effets de levier en exploitant la position de TF1 pour développer la vente d'écrans publicitaires de TMC et NT1, par un système de guichet unique ou des pratiques de couplage.

L'Autorité avait enfin relevé qu'en raison du caractère biface des marchés touchés, les effets produits sur le marché de la publicité décrits ci-dessus étaient susceptibles de conduire à un renforcement de TMC et de NT1 sur le marché des droits également, ce qui menacerait les chaînes concurrentes de la TNT, dont les ressources financières limitées ne leur permettraient pas d'investir dans des programmes suffisamment attractifs pour stimuler la demande des annonceurs.

Rappel clair du principe de proportionnalité

Métropole Télévision estimait que l'ensemble de ces constatations aurait dû conduire l'Autorité de la concurrence, en application des pouvoirs qui lui sont accordés aux articles L. 430-6 et L. 430-7 du Code de commerce, à interdire l'opération.

Mais le Conseil d'État, après avoir souligné que l'analyse concurrentielle de l'Autorité ne consistait qu'en une étude prospective et qu'il n'était nullement avéré que l'ensemble des risques hypothétiques identifiés puisse se réaliser, notamment le scénario décrit ci-dessus de la « spirale de l'audience », a estimé que l'interdiction de l'opération n'était pas « la seule mesure proportionnée possible ». L'Autorité s'était donc conformée aux textes applicables du Code de commerce et au principe de proportionnalité en appréciant les risques soulevés par l'opération envisagée, non en eux-mêmes, mais « au regard des engagements proposés » par les parties.

Examen de la portée des engagements et principe d'appréciation globale

À titre subsidiaire, Métropole Télévision soutenait à l'appui de son recours que les engagements proposés par le groupe TF1 et acceptés par l'Autorité de la concurrence étaient insuffisants pour prévenir les risques concurrentiels inhérents à l'opération et identifiés par l'Autorité. Elle a donc contesté successivement chacun des engagements pris par TF1.

Sur le marché de la publicité télévisuelle, Métropole Télévision soutenait que les engagements pris par les parties à l'opération, consistant à assurer l'autonomie commerciale des régies publicitaires de TF1, d'une part, et de TMC et NT1, d'autre part, seules des fonctions support pouvant être mises en commun, étaient insuffisants. La requérante soulignait notamment que cette autonomie était artificielle en raison de la désignation du directeur général de la régie de TMC et NT1 par le groupe TF1 et de son obligation de recueillir l'avis du groupe pour de nombreuses décisions stratégiques.

Le Conseil d'État a estimé au contraire que l'Autorité de la concurrence avait à juste titre relevé que :

- malgré l'absence d'indépendance capitalistique de la régie de TMC et NT1, son autonomie organique et commerciale par rapport à celle de TF1 devait contribuer à la prévention des risques concurrentiels identifiés ;
- que les modalités d'organisation et de fonctionnement de la régie de TMC et NT1 au sein du groupe TF1 n'avaient pas « d'effet direct sur l'indépendance commerciale des deux régies que les parties se sont engagées à garantir » ;
- que, jusqu'à preuve du contraire, la mutualisation des fonctions support ne compromettait pas l'indépendance des stratégies commerciales des deux régies.

Alors que Métropole Télévision contestait les modalités « concrètes » d'organisation du groupe en application des engagements, le Conseil d'État s'est quant à lui cantonné à une appréciation générale sans prendre la peine d'examiner comment se traduisaient en pratique « l'autonomie organique et commerciale des régies » ni « l'indépendance des politiques commerciales des deux régies ».

Sur la prise en compte de l'intérêt de l'actionnaire dans la mise en œuvre des engagements

On comprend pourtant les craintes de Métropole Télévision eu égard à la décision de sanction pour non-respect d'engagements prise en 2007 par le Ministre de l'Économie, de l'Industrie et de l'Emploi, trois ans après l'autorisation sous réserve de la mise en œuvre d'engagements de la prise de contrôle conjoint par TF1 et AB Groupe de TMC (arrêté du 17 novembre 2008 relatif à l'inexécution par les sociétés TF1 et AB Groupe de leurs engagements déposés au titre du contrôle des concentrations, BOCCRF n° 10 bis du 22 décembre 2008). Le Conseil de la concurrence, saisi par le Ministre pour avis sur le respect de ces engagements, avait notamment constaté que TF1 et AB n'avaient pas assuré « la séparation juridique nécessaire entre TMC Régie et TMC, afin que les décisions concernant TMC Régie ne soient pas prises ou validées, directement ou indirectement, par TF1 » et l'autonomie de cette régie garantie par rapport à celle de TF1 (avis du Conseil de la concurrence n° 08-A-01 du 28 janvier 2008 relatif au respect des engagements souscrits par les groupes TF1 et AB dans le cadre de la prise de contrôle conjoint sur TMC). En particulier, le Conseil de la concurrence avait relevé que le directeur général de TMC, désigné par TF1, était intervenu dans la négociation et la validation des contrats de travail d'employés de la régie de TMC et s'était donc impliqué dans la gestion de la régie.

Alors que TF1 et AB Groupe considéraient à l'époque que « si l'obligation d'autonomie de la régie de TMC devait être comprise comme exigeant une autonomie par rapport au groupe TF1, cela viderait de sa substance l'opération de concentration elle-même, TF1 n'ayant jamais entendu limiter à ce point ses prérogatives d'actionnaire », le Conseil de la concurrence a rétorqué que « tout engagement de faire ou de ne pas faire limite, par nature, la liberté d'action de qui y a souscrit » et que le fait de ne pas renoncer à ses « prérogatives d'actionnaire » revenait à remettre en cause les engagements eux-mêmes.

De ce point de vue, le Conseil d'État semble prendre le contrepied de la position qui était celle du Conseil de la concurrence à l'époque puisqu'il estime désormais que « l'Autorité de la concurrence était tenue de prendre en compte » précisément « les intérêts de la société actionnaire » dans l'appréciation de la mise en œuvre des engagements.

Sur le marché des droits, Métropole Télévision soutenait que les engagements étaient insuffisants pour prévenir le renforcement des chaînes du groupe TF1 au détriment des chaînes de la TNT non liées à un groupe historique. En particulier, elle estimait que la limitation des possibilités de rediffusion des programmes sur plus de deux chaînes ne permettait pas d'éviter que TF1 utilise TMC ou NT1 comme une « chaîne de combat, utilisée systématiquement à des fins de contre-programmation ».

Le Conseil d'État, relevant que le risque principal engendré par l'opération que l'Autorité résidait en réalité dans la possibilité d'exploiter un programme sur trois chaînes en clair, a estimé que les engagements pris étaient de nature à atténuer les effets de l'opération.

Sur la proportionnalité de la durée d'application des engagements

Quant à la durée, alors que Métropole Télévision soutenait que la durée de cinq ans pour laquelle les engagements avaient été souscrits par TF1 était insuffisante, le Conseil d'État a constaté qu'elle n'apportait au soutien de ses allégations « aucun élément de nature à établir que, compte tenu des changements rapides et de toutes natures qui affectent le secteur audiovisuel, des engagements d'une durée plus longue ou une clause de réexamen, à les supposer pertinents, eussent été proportionnés à l'objectif de maîtrise des effets propres à l'opération et de prévention des atteintes à la concurrence qui sont susceptibles d'en résulter ».

S'il semble effectivement incontestable que le secteur audiovisuel est sujet à « des changements rapides et de toutes natures » et qu'une durée de cinq ans est raisonnable à cet égard, le Conseil d'État semble tout de même exiger ici de la requérante une preuve « quasi impossible », à savoir celle, négative, de l'absence de disproportion d'engagements plus longs.

Sur l'appréciation globale des engagements

Après avoir examiné un par un les griefs de Métropole Télévision et les engagements pris par TF1, le Conseil d'État a décidé que la décision de l'Autorité de la concurrence n'était entachée d'aucune erreur de droit ni erreur d'appréciation pour énoncer enfin qu'en tout état de cause « la pertinence et l'efficacité » des engagements pour prévenir les effets anticoncurrentiels d'une opération de concentration devaient « être appréciées globalement ».

Quand bien même l'un des engagements pris par TF1 serait insuffisant pour remplir son objectif, il conviendrait d'apprécier si, globalement, la mise en œuvre de l'ensemble des engagements permet de remédier aux problèmes de concurrence identifiés.

Ce principe d'appréciation globale qui, à notre connaissance, ne figure dans aucun autre arrêt du Conseil d'État, placé de surcroît en conclusion, rend donc d'autant plus difficile la contestation de la portée des engagements par un tiers à l'opération de concentration, qui ne pourra se contenter de démontrer que l'engagement pris faillit à remédier au problème de concurrence auquel il était censé remédier.

En outre, si l'on se place du côté des parties à la concentration, un tel principe d'appréciation globale nous semble difficilement compatible avec le principe de proportionnalité des engagements, également rappelé par le Conseil d'État, qui exige que les parties ne s'imposent de telles restrictions que dans la mesure où cela est nécessaire pour remédier aux problèmes de concurrence identifiés.

O. Billard
Concurrences N° 2-2011, Art. N° 36088, p. 155

CE, 21 déc. 2012, 2 décisions, Canal+, n° 353856 et 362347

Le Conseil d'État confirme largement les décisions n° 11-D-12 du 20 septembre 2011 ayant retiré une autorisation de réaliser une acquisition dans le secteur de l'audiovisuel et n° 12-DCC-100 ayant autorisé à nouveau cette même acquisition.

L'une des qualités généralement reconnues à Canal+ est son talent pour produire des séries à succès réalisant de fortes audiences. L'intérêt qu'aura suscité l'histoire de son rachat de TPS n'était certainement ni souhaité ni prévu. On se souvient que le premier épisode de ce long feuilleton à rebondissements a été le rachat de TPS par Canal+ et son autorisation, sous réserve de 59 engagements, par le Ministre de l'Économie alors compétent, le 30 août 2006 (v. sur cette décision, J. Philippe, A. Guyon, « Autorisation du rapprochement des deux bouquets satellitaires français CanalSat et TPS sous l'égide du groupe Canal+ (Groupe Vivendi) sous réserve de 59 engagements comportementaux », *Concurrences* N° 4-2006, Art. N° 12573, p. 94).

Dans le deuxième épisode, la mise en œuvre des engagements avait fait l'objet d'un examen approfondi par les services du Ministre de l'Économie puis par l'Autorité de la concurrence qui a finalement conclu au non-respect de ceux-ci par Canal+ et retiré la décision d'autorisation par sa décision n° 11-D-12 du 20 septembre 2011, obligeant ainsi Canal+ à renotifier l'acquisition de TPS (v. J.-M. Cot, A. Blanchet, « Retrait d'une décision d'autorisation : l'Autorité de la concurrence retire, pour la première fois, une décision d'autorisation d'une opération de concentration pour défaut d'exécution des engagements [TPS, CanalSatellite, Vivendi Universal, Groupe Canal+] »). À la suite de cette nouvelle notification, l'Autorité de la concurrence avait autorisé l'opération sous réserve du respect d'injonctions le 23 juillet 2012 (O. Billard, « Procédure d'examen approfondi : l'Autorité de la concurrence approuve une deuxième fois une opération de concentration dans le secteur de la télévision à péage en adressant néanmoins à la partie notifiante des injonctions qu'elle considère être de nature à corriger partiellement les effets anticoncurrentiels en découlant [TPS, CanalSatellite, Vivendi, Groupe Canal+] », *Concurrences* N° 4-2011, Art. N° 39888, pp. 136-139). Dans l'épisode trois, Canal+ introduisait deux recours en excès de pouvoir, l'un visant à obtenir l'annulation de la décision de retrait de l'autorisation et l'autre, l'annulation de la décision autorisant à nouveau l'opération sous réserve du respect d'injonctions. Canal+ avait, en outre, soulevé plusieurs questions prioritaires de constitutionnalité que le Conseil d'État avait décidé de renvoyer au Conseil constitutionnel. Ce dernier avait notamment considéré que le pouvoir de retrait des autorisations que conférait l'article L. 430-8 du Code de commerce à l'Autorité de la concurrence ne portait pas atteinte au principe de la liberté d'entreprendre et était donc conforme à la constitution (S. Sorinas, G. Colmet Daâge, « Le Conseil constitutionnel confirme la constitutionnalité du pouvoir de retrait des autorisations de concentration et valide l'organisation interne de l'Autorité de la concurrence [Canal+] », *Concurrences* N° 1-2013, Art. N° 50592, pp. 140-141 ; v. également C. Lemaire, S. Naudin, « Question prioritaire de constitutionnalité : le Conseil constitutionnel, statuant dans le cadre d'une QPC, juge que les pouvoirs de sanction de l'Autorité de la concurrence en matière de contrôle des concentrations ne méconnaissent pas l'exigence d'impartialité et sont de ce fait conformes à la constitution [Groupe Canal+ et Vivendi Universal] », *Concurrences* N° 1-2013, Art. N° 50717, pp. 174-178).

L'intrigue du dernier épisode était donc de savoir si le Conseil d'État annulerait ou non les décisions de retrait et d'autorisation sous réserve du respect des injonctions de l'Autorité de la concurrence. Malheureusement pour Canal+, l'histoire se termine, pour l'essentiel, par le rejet de ces deux recours. Si ce feuilleton a suscité autant d'intérêt chez les spécialistes du droit de la concurrence, c'est parce qu'il posait un certain nombre de questions inédites. Évidemment, beaucoup d'arguments et de questions ont été soulevés à l'occasion de ces deux recours, mais nous ne nous attacherons ici qu'à examiner celles qui ont le plus retenu notre intérêt.

L'interprétation stricte des engagements…

La première question que le Conseil d'État avait à trancher dans son arrêt concernant le recours en excès de pouvoir contre la décision n° 11-D-12 du 20 septembre 2011 par laquelle l'Autorité de la concurrence avait retiré l'autorisation donnée par le Ministre en 2006, était celle de savoir comment devaient être interprétés les engagements souscrits en 2006 afin d'en apprécier le respect ou non par Canal+. On se souvient que Canal+ estimait que le respect des engagements devait s'interpréter strictement en tenant uniquement compte des critères objectifs et chiffrés figurant dans le texte même de l'engagement, tandis que l'Autorité soutenait que, si ces critères doivent effectivement être examinés, ils n'étaient pas suffisants et qu'il fallait également tenir compte d'autres critères tout aussi objectifs mais non nécessairement énumérés dans le texte de l'engagement afin de s'assurer de la bonne exécution de celui-ci. Ainsi, par exemple, s'agissant de l'engagement n° 22 tenant au maintien de la qualité de la chaîne TPS Star, Canal+ soutenait que seuls les critères relatifs aux obligations quantitatives de diffusion de programmes figurant dans le texte de l'engagement étaient pertinents tandis que l'Autorité avait examiné, en plus de ces critères, s'il y avait eu une évolution dans la nature et la qualité des programmes proposés en tenant notamment compte de leur coût d'acquisition, critère qui, lui, ne figurait pas dans les engagements.

... sauf lorsque les parties ont vidé les engagements de leur substance

Le Conseil d'État a tout d'abord clairement indiqué qu'il existait « un principe d'interprétation stricte des engagements ». Il a ensuite formulé une exception à ce principe : « toutefois, l'Autorité de la concurrence est en droit de rechercher si, alors même que serait assuré le respect formel des critères expressément prévus par un engagement que l'évolution du marché n'a pas privé de son objet, les parties ayant pris cet engagement auraient adopté des mesures ou un comportement ayant pour conséquence de le priver de toute portée et de produire des effets anticoncurrentiels qu'il entendait prévenir ». Le Conseil d'État adopte donc une méthode d'analyse un peu différente de l'Autorité de la concurrence. En effet, il recherche d'abord si l'engagement a été respecté conformément aux critères objectifs d'appréciation figurant dans le texte de cet engagement, puis dans un second temps si, malgré le respect formel de cet engagement, les parties n'ont pas vidé celui-ci de sa substance. L'Autorité, quant à elle, n'avait pas procédé à cette démarche en deux temps, mais proposait de retenir une approche globale dans laquelle elle appréciait de manière concomitante le respect formel des engagements et l'absence de contournement.

Cette différence d'approche peut paraître ténue, d'autant plus que le Conseil d'État a confirmé, *in fine*, l'analyse de l'Autorité de la concurrence quant à la violation des principaux engagements tenant au maintien de la qualité de TPS Star ou à celui de TPS Foot. Cependant, c'est cette différence d'approche qui a conduit le Conseil d'État à considérer que Canal+ avait correctement exécutés des engagements, certes de moindre importance, alors même que l'Autorité avait estimé le contraire. Et c'est pour cette raison que le Conseil d'État a réformé la décision de l'Autorité de concurrence et réduit l'amende initiale de 30 millions d'euros infligée à Canal+ à 27 millions. Deux autres questions importantes avaient également été soumises au Conseil d'État à l'occasion du second recours en excès de pouvoir contre la décision n° 12-DCC-100 du 23 juillet 2012 par laquelle l'Autorité de la concurrence avait, à nouveau, autorisé l'acquisition de TPS mais sous réserve d'injonctions.

Les engagements exécutés peuvent être prolongés par injonction

La première était de savoir si l'Autorité de la concurrence pouvait, dans sa nouvelle décision d'autorisation, imposer des injonctions dont le contenu était strictement identique, voire même plus sévère que celui d'engagements souscrits en 2006 et parfaitement exécutés par Canal+. En effet, Canal+ soutenait que les injonctions imposées par l'Autorité de la concurrence qui étaient strictement identiques aux engagements souscrits en 2006 alors même que ces engagements avaient été respectés, étaient disproportionnées.

Le Conseil d'État a jugé, sur ce point, que « la circonstance que les injonctions prononcées soient identiques ou plus contraignantes que certains engagements qui figuraient dans la décision d'autorisation du 30 août 2006 et ont été respectés est, par elle-même, sans incidence sur le caractère nécessaire de ces injonctions à la date de la décision attaquée, pour permettre le maintien d'une concurrence suffisante sur les marchés affectés par l'opération ». Cette réponse, si elle peut paraître très rigoureuse, est cependant logique si l'on se rappelle que l'Autorité de la concurrence doit, lorsqu'elle examine une opération qui lui a été renotifiée à la suite d'une décision de retrait, procéder à l'appréciation de cette opération au jour de la nouvelle notification. Elle doit donc tenir compte uniquement de la situation concurrentielle actuelle.

La validation par le Conseil d'État de la clause de rendez-vous

Enfin, le Conseil d'État devait se prononcer sur la validité de la clause de rendez-vous figurant dans la décision de l'Autorité de la concurrence. Canal+ contestait le fait que l'Autorité puisse prévoir, à l'issue de la période de cinq ans pour laquelle les injonctions avaient été prononcées, de renouveler ces injonctions pour la même période après avoir mené une nouvelle analyse concurrentielle et organisé un débat contradictoire avec les parties.

Le Conseil d'État a validé cette pratique en considérant « qu'eu égard, d'une part, au nombre et à l'ampleur des effets anticoncurrentiels de l'opération, d'autre part aux positions dont dispose la société Groupe Canal+ sur l'ensemble des marchés concernés, et malgré l'évolution rapide de ces marchés, l'imposition d'une clause de rendez-vous [...] est proportionnée à l'objectif de maîtrise des effets propres à l'opération et de prévention des atteintes à la concurrence qui sont susceptibles d'en résulter ». Le Conseil d'État a, en outre, relevé que Canal+ pouvait demander la levée ou l'adaptation de ces injonctions en cas de modification significative des conditions de marché qui remettrait en cause la nécessité des injonctions.

Ce dernier épisode du feuilleton du rachat de TPS par Canal+ est certainement celui d'une réussite pour l'Autorité de la concurrence qui a conforté son pouvoir de sanction (légalité du retrait) et son pouvoir d'imposer des injonctions.

J.-M. Cot, A. Blanchet

Concurrences N° 2-2013, Art. N° 52348, p. 115

Voir aussi, sur les origines de l'affaire

Aut. conc., déc. n° 11-D-12 du 20 sept. 2011 relative au respect des engagements figurant dans la décision autorisant l'acquisition de TPS et CanalSatellite par Vivendi Universal et Groupe Canal+

J.-M. Cot, A. Blanchet, Retrait d'une décision d'autorisation : L'Autorité de la concurrence retire, pour la première fois, une décision d'autorisation d'une opération de concentration pour défaut d'exécution des engagements (TPS, CanalSatellite, Vivendi Universal, Groupe Canal+), 20 septembre 2011, Concurrences N° 4-2011, Art. N° 39888, pp. 136-139.

2.3 QUESTIONS DE PROCÉDURE

2.3.1 Respect des obligations de notification et de suspension

Aut. conc., déc. n° 16-D-24 du 8 nov. 2016 relative à la situation du groupe Altice au regard du II de l'article L. 430-8 du Code de commerce

L'Autorité de la concurrence condamne une entreprise pour réalisation anticipée d'une concentration à une sanction de 80 millions d'euros.

Voilà le genre d'affaire qui marque les esprits et qui fait époque. Les esprits et la presse économique ont été marqués par l'importance d'une sanction de 80 millions d'euros pour « *gun jumping* », ce qui constitue tout à la fois une première en France et une forme de record du monde en la matière. Les spécialistes du droit de la concurrence y ont, quant à eux, vu une décision présentant un florilège de pratiques interdites lorsqu'elles interviennent entre la conclusion d'un accord pour l'acquisition d'une entreprise et son autorisation par l'Autorité de la concurrence. Dans une discipline largement fondée sur les précédents, cette première affaire française pose des jalons importants pour fixer les termes du débat juridique.

Les pratiques reprochées sont intervenues à l'occasion de deux opérations de concentration. La première était l'acquisition par Altice de SFR, qui avait fait l'objet d'une notification à l'Autorité de la concurrence le 4 juin 2014 et d'une autorisation le 30 octobre 2014 (n° 14-DCC-160). La seconde était l'acquisition, toujours par Altice, de Virgin Mobile (ou, plus précisément, d'OTL), notifiée le 25 septembre et autorisée le 4 décembre 2014 (n° 14-DCC-179).

Deux concentrations et une décision de sanction ?

Deux opérations de concentration et une décision sanctionnant une mise en œuvre prématurée de concentrations ? Cette question, à elle seule, mériterait déjà réflexion. Il faut cependant dire que les concentrations en cause n'avaient pas seulement en commun un même acquéreur et une réalisation contemporaine. Le lien supplémentaire entre ces deux opérations était que la seconde était, en quelque sorte, le corps du délit (ou l'un d'entre eux) reproché au titre de la première. Il était en effet initialement prévu que SFR rachète Virgin Mobile. Anticipant sur la prise de contrôle de SFR, Altice s'était cependant substituée à cette dernière pour l'acquisition de Virgin Mobile. Cette restructuration interne avant l'heure constituait déjà une mise en œuvre prématurée de concentration constituant une infraction à l'article L. 430-8 du Code de commerce.

Mais en nous interrogeant sur la question de l'opportunité d'une procédure unique pour deux infractions résultant de deux concentrations distinctes, nous voilà déjà entraînés un peu rapidement dans le fond du dossier. Reprenons plutôt le pourquoi de la règle qui interdit la mise en œuvre d'une concentration avant son autorisation, son contenu, les infractions constatées et leur sanction dans cette affaire.

La suspension de l'opération, clef de voûte du système

L'interdiction de mise en œuvre d'une opération de concentration avant son autorisation est un élément essentiel du contrôle français des concentrations. Ce principe de suspension de l'opération, posé par l'article L. 430-4 du Code de commerce, est l'élément central de la dynamique du contrôle des concentrations. Clef de voûte du système de contrôle français, il est incontesté dans son principe. Est-ce du fait de cette évidence que, hormis quelques décisions de sanction pour défaut de notification qui sanctionnent d'une autre façon la réalisation de concentrations non autorisées, puisque non notifiées, le non-respect de l'obligation de suspension n'avait jamais été sanctionné jusqu'à la décision rapportée ? Altice a-t-elle mis le pied sur un territoire que personne n'aurait jamais foulé ? Ou bien, ne s'agit-il pas plutôt de la première condamnation que de la première infraction ? Cela est difficile à dire, mais il faut reconnaître que la liste des pratiques relevées par l'Autorité de la concurrence est imposante. Pour être aussi bien informée, l'Autorité de la concurrence a réalisé des opérations de visites et de saisies dans les locaux de SFR et d'OTL. La masse des documents collectés à cette occasion semble impressionnante.

S'il faut saluer le travail d'entomologiste de l'Autorité de la concurrence, qui s'est efforcée de lister, d'identifier et d'étiqueter chacune des pratiques reprochées à Altice de façon méthodique et pédagogique, il faut ajouter deux commentaires qui pointent dans des directions opposées.

Pratiques interdites et faisceau d'indices

Le premier est que la liste des pratiques identifiées comme des infractions à l'article L. 430-8 du Code de commerce dans la décision rapportée est longue, mais qu'elle n'est pas et ne peut pas être exhaustive. D'autres pratiques, qui ne figurent pas dans cette décision, pourraient également constituer une infraction.

Inversement, il n'est pas certain que chacune des pratiques reprochées à Altice, prise isolément, aurait été qualifiée de mise en œuvre prématurée d'une opération de concentration. Certes, l'Autorité indique aux paragraphes 298 et 322 de la décision que « chacun des éléments retenus au cas d'espèce est, à lui seul, susceptible de constituer une infraction au II de l'article L. 430-8 ». Cela est d'ailleurs probablement vrai pour les éléments les plus graves retenus dans la décision de l'Autorité. On ne peut cependant ignorer l'effet de masse, la façon dont l'accumulation des éléments pris en compte par l'Autorité l'a conduite à prendre une décision exceptionnelle à bien des égards. Cet effet boule de neige – ou, pour l'exprimer de façon plus classique, cette approche par la méthode du faisceau d'indices – a été souligné par la présentation qui a été faite de cette affaire par M. Umberto Berkani, rapporteur général adjoint à l'Autorité de la concurrence à l'occasion du rendez-vous de l'Autorité de la concurrence du 23 mars 2017, intitulé « *Gun jumping*, les limites à ne pas franchir ».

Avec ces observations en tête, il faut lire la décision dans son entier, elle le mérite. Et pour donner cette envie aux lecteurs de la revue, voici quelques exemples de pratiques illustrant la mise en œuvre prématurée de l'une ou des deux concentrations en cause. Nous avons déjà évoqué le fait pour Altice de se substituer à SFR pour le rachat de Virgin Mobile. Il y a également un suivi très important par Altice d'un grand nombre de projets stratégiques de SFR et de Virgin Mobile, dont l'Autorité de la concurrence souligne souvent qu'ils étaient pilotés dans l'intérêt du futur groupe constitué par

Altice, SFR et Virgin Mobile, voire dans l'intérêt d'Altice. Dans cet esprit, la préparation et la mise en œuvre d'opérations commerciales, les projets commerciaux précis et opérationnels et les échanges d'informations concernant la stratégie et l'organisation du nouveau groupe ont été considérés par l'Autorité de la concurrence comme autant de violations de l'interdiction de la mise en œuvre de l'opération avant son autorisation.

Tout n'a cependant pas été considéré comme étant interdit par l'Autorité de la concurrence. Le fait, par exemple, de prévoir que les dépenses hors budget de SFR dépassant un montant déterminé conduiraient à une réduction automatique du prix de cession lors de la réalisation de l'opération n'a pas été jugé en tant que tel comme posant une difficulté en droit de la concurrence. En revanche, l'interprétation de ces dispositions comme permettant ou imposant à SFR de consulter régulièrement Altice pour tous les projets stratégiques qui n'entraient pas strictement dans le budget prévisionnel a été jugé comme permettant en fait, même si cela n'était pas le cas en droit, à Altice de prendre le contrôle de SFR de façon prématurée.

Il faut également lire cette décision en relevant ce qui n'y figure pas. Les pratiques reprochées concernaient toutes des décisions portant sur des choix commerciaux et stratégiques. Aucune d'entre elle ne portait sur des aspects d'organisation pratique. Les questions concernant, par exemple, un futur alignement des systèmes informatiques ou la continuité de la couverture d'assurance des entreprises en cause n'ont pas été pris en compte, alors qu'ils avaient probablement également été discutés par les parties. Il faut dire que les sujets plus ouvertement stratégiques qui avaient fait l'objet d'échanges entre les parties étaient nombreux.

Le « *smoking gun-jumping* »

Enfin, il y a le caractère parfois délibéré de certaines des violations mis en avant par l'Autorité de la concurrence. L'Autorité de la concurrence relève ainsi que l'article L. 430-8 du Code de commerce ne se limite pas aux infractions intentionnelles. Mais la preuve du caractère délibéré de la violation de cet article a certainement pesé lourd pour qualifier certaines des pratiques ou certains comportements ambigus. Elle a également, sans l'ombre d'un doute, contribué à alourdir le montant de la sanction. Des mentions telles que « Merci de ne pas oublier de détruire les mails après !!! » (paragraphe 44 de la décision) ont certainement eu un effet désastreux. On est d'ailleurs plus coutumier de ce type de formulation dans des dossiers d'entente que dans des dossiers de concentration. L'expression est, ici, d'autant plus malheureuse qu'elle ne visait pas la pratique qui nous semblait manifestement la plus grave dans ce dossier. S'il y avait conscience du caractère dérangeant de cet échange de courriel, qu'en était-il des autres échanges qui nous semblaient bien plus délicats ? Ils s'agit donc de « *smoking gun* » dans un contexte de « *gun-jumping* ». Doit-on céder aux formules choc et qualifier un tel document de « *smoking gun-jumping* » ?

Le montant de la sanction

Compte tenu de ces éléments, l'Autorité de la concurrence a décidé de prononcer une sanction importante. Le montant maximum de l'amende est fixé par le second alinéa du I de l'article L. 430-8 du Code de commerce qui dispose notamment qu'il « s'élève, pour les personnes morales, à 5 % de leur chiffre d'affaires hors taxes réalisé en France lors du dernier exercice clos, augmenté, le cas échéant, de celui qu'a réalisé en France durant la même période la partie acquise… ». Voilà donc la majeure du syllogisme : le montant maximum de la sanction ne doit pas dépasser 5 % du chiffre d'affaires réalisé lors du dernier exercice clos. En ce qui concerne la mineure, l'Autorité de la concurrence a pris en compte le chiffre d'affaires consolidé d'Altice réalisé en France au dernier exercice précédant la décision, à savoir celui de l'exercice clos le 31 décembre 2015. Ce chiffre d'affaires de référence s'élevait donc à 11,039 milliards d'euros. En fixant une sanction à hauteur de 80 millions d'euros, l'Autorité était loin du maximum de 5 %, puisqu'elle fixait ce montant à 0,72 % du chiffre d'affaires consolidé réalisé en France par Altice. Le raisonnement suivi par l'Autorité de la concurrence a donc la force et la beauté d'un syllogisme imparable. Prendre le chiffre d'affaires du dernier exercice clos précédant la décision est d'ailleurs la logique qui aurait été suivie tant par l'Autorité de la concurrence que par la Commission européenne pour prononcer des sanctions pour pratiques anticoncurrentielles (voir, par ex., en droit français, pour une application datant de l'ordonnance n° 1243 du 1er décembre 1986, Com., 30 mai 1995, n° 93-18.670 et, en droit de l'Union européenne, aff. T456 et 457/02 du 28 avril 2010, Gütermann AG et Zwicky & Co. AG c. Commission, affaire dite du fil industriel, para. 78).

Faut-il, pour autant, s'arrêter là ? L'article L. 430-8 du Code de commerce vise en effet le dernier exercice clos comme chiffre d'affaires de référence pour le calcul du montant maximum de la sanction. Mais s'agit-il vraiment du dernier exercice clos précédant la décision constatant l'infraction ?

Il existe au moins un argument de texte qui pourrait lui faire préférer le dernier exercice clos précédant les pratiques reprochées. L'article L. 430-8 précise en effet que la sanction doit être infligée « aux personnes ayant procédé à la notification », c'est-à-dire l'acquéreur, et non pas l'objet de l'acquisition ou le vendeur ?

Certes, le deuxième alinéa du I de l'article L. 480-8, qui s'applique non pas aux réalisations anticipées d'opérations notifiées, mais aux opérations qui n'ont pas été notifiées dispose que l'Autorité de la concurrence a la faculté de prendre en compte le chiffre d'affaires de l'entreprise objet de l'acquisition. S'il nous semble acquis que le I de l'article L. 480-8 puisse s'appliquer aux situations visées au II de ce même article, puisqu'il y est fait un renvoi explicite, ne serait-il pas raisonnable de considérer que la prise en compte « le cas échéant » du chiffre d'affaires de l'entreprise faisant l'objet de la concentration pour le calcul du montant maximum de la sanction fasse l'objet d'une motivation spécifique par l'Autorité de la concurrence ? Si le législateur donne la faculté à l'Autorité de la concurrence de prendre en compte l'objet de l'acquisition, le principe n'est-il pas son exclusion ?

On peut également se demander si se fonder sur le dernier exercice clos précédant la décision n'a pas pour effet mécanique d'augmenter le montant maximum des sanctions pour les opérations qui ont été finalement autorisées par rapport à celles qui auraient été interdites et dont le périmètre de consolidation aurait été moins important. S'agissant par exemple, de l'affaire rapportée, le chiffre d'affaires d'Altice réalisé en France au titre de l'exercice clos au 31 décembre 2013 (pour l'opération notifiée en 2014) était de 1,5 milliard d'euros (voir, paragraphe 6 de la décision n° 14-DCC-160). Sur la base d'un tel chiffre d'affaires, une sanction d'un montant de 80 millions d'euros aurait représenté 5,33 % du chiffre d'affaires d'Altice, sans la prise en compte de l'objet des deux opérations de concentrations en cause.

Ces quelques éléments de réflexion montrent, s'il en était besoin, que le remarquable travail de pédagogie réalisé par l'Autorité de la concurrence dans cette décision n'a pas épuisé tous les sujets qui se rapportent au *gun jumping* en France.

J.-M. Cot

Concurrences N° 2-2017, Art. N° 83945, p. 132

Voir aussi

I. de Silva, Gun jumping : Quelles sont les pratiques à éviter ?, septembre 2018, Concurrences N° 3-2018, Art. N° 87364, pp. 55-66.

2.3.2 Contrôle de l'exécution des engagements

Cons. const., déc. n° 2012-280 QPC du 12 oct. 2012, Groupe Canal+ et Vivendi Universal

Le Conseil constitutionnel, statuant dans le cadre d'une question prioritaire de constitutionnalité, juge que les pouvoirs de sanction de l'Autorité de la concurrence en matière de contrôle des concentrations ne méconnaissent pas l'exigence d'impartialité et sont de ce fait conformes à la Constitution.

Le Conseil constitutionnel a rendu le 12 octobre 2012 une décision très attendue sur la question prioritaire de constitutionnalité posée par les sociétés Canal+ et Vivendi à la suite du retrait par l'Autorité de la concurrence de la décision d'autorisation de l'acquisition de TPS par Canal+ en 2006 (Aut. conc., déc. n° 11-D-12 du 20 septembre 2011 relative au respect des engagements figurant dans la décision autorisant l'acquisition de TPS et CanalSatellite par Vivendi Universal et Groupe Canal+).

Les questions soumises au Conseil constitutionnel

Les questions soumises au Conseil constitutionnel portaient sur deux sujets différents.

Le premier, visant le paragraphe IV de l'article L. 430-8 du Code de commerce, était relatif au principe et aux modalités de mise en œuvre du pouvoir de l'Autorité de retirer une décision d'autorisation d'une concentration. Le Conseil constitutionnel a décidé que cet article ne portait pas atteinte à la liberté d'entreprendre ni ne méconnaissait les principes d'intelligibilité et d'accessibilité de la loi.

Le second sujet, auquel le Conseil a consacré l'essentiel de ses développements, concernait la conformité avec les principes d'indépendance et d'impartialité des pouvoirs de sanction dont dispose l'Autorité dans le cadre du contrôle des concentrations (étaient en particulier visés les articles L. 461-1, paragraphe II, L. 461-3 et L. 462-5, paragraphe III du Code de commerce).

Plus précisément, l'argumentation des requérantes s'articulait autour de deux branches.

La première visait le principe même du cumul par l'Autorité des fonctions de régulation et de sanction, en ce sens que l'Autorité est amenée à se prononcer successivement sur la décision d'autorisation, sur la sanction des éventuels manquements à cette décision, et, en cas de retrait de ladite décision, sur la nouvelle demande d'autorisation.

La seconde branche visait plus particulièrement la confusion des fonctions de poursuite, d'instruction et de sanction au sein de l'Autorité au regard (i) de ses règles de composition et de délibération (articles L. 461-1 II et L. 461-3 du Code de commerce) et (ii) de sa faculté de saisine d'office sur des manquements à une décision d'autorisation d'une concentration (article L. 462-5 du Code de commerce). Ces deux branches ont été rejetées par le Conseil constitutionnel, qui a validé aussi bien le principe du cumul des fonctions de régulation et de sanction que les conditions légales d'exercice des fonctions de poursuite, d'instruction et de sanction par l'Autorité.

Validation (sous condition) du principe du cumul des fonctions de régulation et de sanction au sein de l'Autorité de la concurrence

Le Conseil constitutionnel a rejeté la première branche du grief des requérantes par un considérant de principe qu'il convient de citer *in extenso* :

« Considérant que le principe de la séparation des pouvoirs, non plus qu'aucun autre principe ou règle de valeur constitutionnelle, ne fait obstacle à ce qu'une autorité administrative indépendante, agissant dans le cadre de prérogatives de puissance publique, puisse exercer un pouvoir de sanction dans la mesure nécessaire à l'accomplissement de sa mission, dès lors que l'exercice de ce pouvoir est assorti par la loi de mesures destinées à assurer la protection des droits et libertés constitutionnellement garantis ; qu'en particulier, doivent être respectés le principe de la légalité des délits et des peines ainsi que les droits de la défense, principes applicables à toute sanction ayant le caractère d'une punition, même si le législateur a laissé le soin de la prononcer à une autorité de nature non juridictionnelle ; que doivent également être respectés les principes d'indépendance et d'impartialité découlant de l'article 16 de la Déclaration de 1789 ». Un double principe a donc été posé par le Conseil dans ce considérant, tel que précisé par le commentaire accompagnant sa décision.

En premier lieu, le fait que l'Autorité de la concurrence, en tant qu'Autorité administrative indépendante (AAI), se voie confier à la fois une mission de régulation économique (à travers ses décisions autorisant les opérations de concentrations) et un pouvoir de sanction (à travers ses décisions sanctionnant le manquement aux obligations figurant dans les décisions d'autorisation) n'est pas en soi contraire au principe de séparation des pouvoirs et aux exigences d'indépendance et d'impartialité.

Se référant notamment à sa pratique décisionnelle antérieure concernant le CSA (Conseil constitutionnel, déc. n° 88-248 DC du 17 janvier 1989), le Conseil constitutionnel a précisé dans le commentaire accompagnant sa décision qu'il était au contraire « dans la logique même des AAI de se voir conférer à la fois un pouvoir de régulation et un pouvoir de sanction ». De même, il est a précisé que l'éventuel réexamen par l'Autorité d'une nouvelle notification après le retrait de l'autorisation initiale mettait en œuvre « non pas son pouvoir de sanction mais son pouvoir de régulation », et qu'il n'était « pas contraire à l'indépendance et à l'impartialité de l'Autorité qu'elle soit conduite à deux reprises à examiner une demande d'autorisation d'une décision de concentration ».

En second lieu, et ce point est essentiel, le Conseil n'a validé le principe du cumul des pouvoirs de régulation et de sanction qu'à la condition expresse qu'il soit « assorti par la loi de mesures destinées à assurer la protection des droits et libertés constitutionnellement garantis », au nombre desquels figurent « les principes d'indépendance et d'impartialité découlant de l'article 16 de la Déclaration de 1789 ».

Sur ce point, on relèvera que le Conseil constitutionnel a repris et complété un considérant de principe déjà énoncé dans plusieurs décisions concernant des AAI (V. not. les décisions n° 89-260 DC du 28 juillet 1989, n° 97-389 DC du 22 avril 1997 et n° 2009-580 DC du 10 juin 2009), en ajoutant expressément à la liste des droits et libertés garantis « les principes d'indépendance et d'impartialité ».

En clarifiant ce point, le Conseil a rejeté l'argument de l'Autorité selon lequel le fait qu'elle soit une AAI n'exerçant pas de « fonction juridictionnelle » justifierait que ses pouvoirs de sanction soient soumis à des exigences constitutionnelles moins strictes que ceux des AAI auxquelles de telles fonctions ont été expressément confiées par le législateur, comme c'était en particulier le cas de la Commission bancaire (dont le cumul des fonctions de poursuite et de jugement avait été censuré par le Conseil constitutionnel dans sa décision n° 2011-200 QPC du 2 décembre 2011, après une censure par la CEDH au regard des dispositions de l'article 6 de la CESDH, décision du 11 sept. 2009, Dubus SA c/ France, n° 5242/04).

Estimant, dans le commentaire accompagnant sa décision, que « le critère déterminant ne peut être le fait que le législateur ait qualifié l'AAI de 'juridiction' ou qu'il ait énoncé qu'elle disposait d'un 'pouvoir juridictionnel' », le Conseil constitutionnel a confirmé la pleine applicabilité à l'Autorité de l'exigence d'impartialité en soulignant que « la protection dont jouissent les opérateurs soumis au contrôle d'une AAI ne peut varier en fonction du choix opéré par le législateur de qualifier ou non cette institution de juridiction lorsqu'elle exerce un pouvoir de sanction ».

Ce principe posé, le Conseil a ensuite procédé, dans le cadre de l'examen de la seconde soulevée par les requérantes, à l'analyse des garanties légales encadrant les pouvoirs de sanction de l'Autorité au regard de l'exigence d'impartialité.

Validation des conditions légales d'exercice des fonctions de poursuite, d'instruction et de sanction

Le Conseil constitutionnel a examiné, dans un premier temps, la conformité à l'exigence d'impartialité des règles de composition et de délibération de l'Autorité de la concurrence (articles L. 461-1 II et L. 461-3 du Code de commerce). Il a jugé, en premier lieu, que l'indépendance et l'impartialité des membres du collège était assurée par leurs obligations découlant de l'article L. 461-2 du Code de commerce, et notamment de ses troisième et quatrième alinéas destinés à prévenir les conflits d'intérêts (« Tout membre de l'Autorité doit informer le président des intérêts qu'il détient ou vient à acquérir et des fonctions qu'il exerce dans une activité économique ; aucun membre de l'Autorité ne peut délibérer dans une affaire où il a un intérêt ou s'il représente ou a représenté une des parties intéressées »).

En second lieu, le Conseil a estimé, après avoir cité *in extenso* les trois premiers et l'avant-dernier alinéas de l'article L. 461-4 du Code de commerce, que ces dispositions « ont pour objet de garantir l'indépendance du rapporteur général et de ses services à l'égard des formations de l'Autorité de la concurrence compétentes pour prononcer les sanctions ». Pour mémoire, on rappellera que ces quatre alinéas (constituant donc les garanties d'indépendance du rapporteur général) disposent :

« L'Autorité de la concurrence dispose de services d'instruction dirigés par un rapporteur général nommé par arrêté du Ministre chargé de l'Économie après avis du collège. Ces services procèdent aux investigations nécessaires à l'application des titres II et III du présent livre. Les rapporteurs généraux adjoints, les rapporteurs permanents ou non permanents et les enquêteurs des services d'instruction sont nommés par le rapporteur général, par décision publiée au *Journal Officiel*. [...] Le président est ordonnateur des recettes et des dépenses de l'Autorité. Il délègue l'ordonnancement des dépenses des services d'instruction au rapporteur général ».

C'est sur le fondement de ce double constat que le Conseil constitutionnel a jugé « qu'au regard de ces garanties légales, dont il appartient à la juridiction compétente de contrôler le respect, le paragraphe II de l'article L. 461-1 et l'article L. 461-3 du Code de commerce ne méconnaissent pas les principes d'indépendance et d'impartialité indissociables de l'exercice de pouvoirs de sanction par une Autorité administrative indépendante ».

Ainsi, les conditions légales d'exercice des pouvoirs de sanction de l'Autorité ne méconnaissent pas l'exigence d'impartialité selon le Conseil constitutionnel, ce dernier prenant toutefois soin d'assigner aux juges du fond le contrôle du respect effectif de ces garanties.

Le juge du fond devra donc vérifier que les garanties posées par la loi ont bien été respectées *in concreto* dans les cas dont il sera saisi et ce que ce soit pour les garanties d'indépendance et d'impartialité des membres du collège (les débats pourraient porter sur différents sujets, comme de potentiels conflits d'intérêts – voir not. déc. n° 11-MC-01 du 12 mai 2011 relative à une demande de mesures conservatoires présentée par les sociétés Kiala France et Kiala SA dans le secteur de la livraison de colis, obs. C.L. et S.N. – ou encore les éventuelles déclarations d'un membre du collège sur une affaire dans laquelle il est appelé à siéger) et du rapporteur général.

Validation des conditions légales de la saisine d'office de l'Autorité en cas de manquements aux obligations imposées dans une décision d'autorisation d'une concentration

Le Conseil constitutionnel a ensuite procédé à l'examen de la constitutionnalité de l'article L. 462-5 du Code de commerce, qui autorise l'Autorité à se saisir d'office notamment « des manquements aux engagements pris en application des décisions autorisant des opérations de concentration intervenues avant l'entrée en vigueur de l'ordonnance n° 2008-1161 du 13 novembre 2008 ».

La question qui se posait était de savoir si cette décision de saisine d'office pouvait être assimilée à un acte de poursuite, voire de préjugement sur le fond, de la part de l'Autorité.

Cette question est particulièrement importante car la rédaction de l'article L. 462-5 n'est pas tout à fait de même nature selon qu'il s'agit du contrôle des pratiques anticoncurrentielles ou du contrôle des concentrations. Pour le contrôle des pratiques anticoncurrentielles, l'article évoque des « faits susceptibles de constituer une telle pratique », alors que pour les concentrations c'est le terme « manquement » (avec la connotation fautive qu'il véhicule) qui est employé.

Le Conseil constitutionnel a lui-même admis dans le commentaire accompagnant sa décision que, compte tenu de l'utilisation de l'expression « manquements aux engagements », la saisine d'office pouvait « dès lors être interprétée comme une procédure enclenchée à l'encontre d'opérations de concentration dont il est présumé qu'elles sont fautives. En cela, la décision de se saisir d'office eût pu être considérée comme un acte de poursuite, ou à tout le moins un acte de préjugement des manquements, et non d'ouverture formelle d'une procédure de contrôle des opérations de concentration réalisées ».

Bien plus, le commentaire de la décision nous indique que le Conseil constitutionnel a écarté comme non pertinent l'argument en défense de l'Autorité selon lequel son organisation et son règlement garantissent en pratique que des formations distinctes se prononcent respectivement sur la saisine d'office et sur les sanctions qui s'ensuivent le cas échéant. En effet, le Conseil a rappelé qu'il n'était « pas question pour [lui] d'examiner une pratique mais les dispositions législatives qui lui sont déférées ».

En dépit de ces éléments, qui semblaient donc de nature à faire naître un doute dans l'esprit du Conseil constitutionnel, ce dernier a rejeté le grief soulevé par les requérantes en considérant que les dispositions du paragraphe III de l'article L. 462-5 garantissaient de manière suffisante la séparation des missions respectives du collège et du rapporteur général, et l'absence de préjugement du collège appelé à se saisir d'office et à statuer au fond.

Le Conseil a en effet décidé que « considérant [...] que si les dispositions du paragraphe III de l'article L. 462-5 du Code de commerce autorisent l'Autorité de la concurrence à se saisir 'd'office' de certaines pratiques ainsi que des manquements aux engagements pris en application des décisions autorisant des opérations de concentration, c'est à la condition que cette saisine ait été proposée par le rapporteur général ; que ces dispositions, relatives à l'ouverture de la procédure de vérification de l'exécution des injonctions, prescriptions ou engagements figurant dans une décision autorisant une opération de concentration, ne conduisent pas l'Autorité à préjuger la réalité des manquements à examiner ; que l'instruction de l'affaire est ensuite assurée par le rapporteur général dans les conditions et selon les garanties prévues par les articles L. 463-1 et L. 463-2 dudit code ; que le collège de l'Autorité est, pour sa part, compétent pour se prononcer, selon les modalités prévues par l'article L. 463-7 du même code, sur les griefs notifiés par le rapporteur général et, le cas échéant, infliger des sanctions ; que les deux derniers alinéas de cet article disposent que, lors de la séance, le rapporteur général peut présenter des observations, tout en prévoyant que lorsque l'Autorité statue sur des pratiques dont elle a été saisie en application de l'article L. 462-5, le rapporteur général et le rapporteur n'assistent pas au délibéré ».

L'énoncé de ces critères montre l'impact de la réforme LME de 2008 sur les garanties procédurales et la validité de l'organisation actuelle. En effet, le fait que la saisine d'office ne soit possible que sur proposition du rapporteur général et que celui-ci assure ensuite l'instruction (avec les garanties, notamment d'indépendance, déjà évoquées) a été important aux yeux du Conseil constitutionnel.

Le contenu du considérant ne rassasie toutefois pas totalement le lecteur. En effet, on aurait aimé mieux comprendre les motifs qui ont conduit le Conseil à affirmer que la saisine d'office ne conduit pas l'Autorité à préjuger la réalité des manquements à examiner (cela tient-il au rôle exact de la formation examinant la proposition du rapporteur général ? Aux termes utilisés dans la décision de saisine d'office ?, etc.). La faim est d'autant plus grande que le commentaire qui accompagne la décision a précisément pointé la difficulté tenant à l'évocation de « manquements » dans l'article L. 462-5 III du Code de commerce. On sait en outre que la jurisprudence de la Cour de cassation prohibe le cumul entre une décision de mesures conservatoires et une décision au fond (Cass. com., 9 oct. 2001, pourvoi n° 98-21987, 98-22015 à 98-22017) alors même qu'il suffit à l'Autorité de constater qu'il « n'est pas exclu » que des faits puissent être qualifiés de pratiques anticoncurrentielles pour octroyer des mesures conservatoires. Ici pour se saisir d'office, l'Autorité doit être convaincue de l'existence de « manquements » tels qu'« estimés » par le rapporteur général. Cela signifie-t-il que l'Autorité doit se contenter d'enregistrer (et donc de faire droit) à la demande du rapporteur général sans en examiner plus avant le bien-fondé ?

Quoi qu'il en soit, pour le Conseil constitutionnel, la saisine de l'Autorité n'opère pas de confusion entre les fonctions de poursuite et d'instruction, et les pouvoirs de sanction, et ne méconnaît donc pas les principes d'impartialité et d'indépendance. À condition, toutefois que le juge du fond en contrôle le respect pour chaque affaire dont il est saisi, ce qu'a fait au cas d'espèce le Conseil d'État.

Le Conseil d'État, à qui le Conseil constitutionnel renvoie le soin de vérifier le respect de ces garanties légales, confirme au cas d'espèce le respect par l'Autorité de la concurrence des principes d'impartialité et d'indépendance

Par deux arrêts du 21 décembre 2012, le Conseil d'État, faisant notamment application des principes énoncés précédemment, rejette les moyens avancés par Groupe Canal+ et Vivendi Universal contre la procédure devant l'Autorité de la concurrence.

Il convient à titre liminaire de rappeler que le Conseil d'État doit examiner les moyens des parties, non pas à la lumière de la Constitution (ce rôle revenant au Conseil constitutionnel), mais à celle des principes généraux du droit (parmi lesquels figure le principe d'impartialité, voir not. le pourvoi 362347, considérant 21) et de la CESDH quand ses dispositions sont applicables.

Sur la CESDH, deux points méritent d'être mentionnés. D'une part, le Conseil d'État rappelle, selon une jurisprudence aujourd'hui établie que, « la circonstance que la procédure suivie devant l'Autorité de la concurrence ne serait pas en tous points conforme aux prescriptions de l'article 6 de la Convention n'est pas de nature à entraîner dans tous les cas une méconnaissance du droit à un procès équitable » et que, bien que l'Autorité ne soit pas une juridiction, les conditions dans lesquelles elle exerce son pouvoir de sanction relèvent de l'article 6 de la Convention et peuvent être invoquée à l'appui d'un recours formé devant le Conseil d'État à l'encontre de sa décision (voir le pourvoi 353856, considérant 7). D'autre part, le Conseil d'État opère une distinction selon les actes concernés. Si les décisions de sanction entrent bien dans le champ de l'article 6 de la CESDH, en revanche tel n'est pas le cas lorsque l'Autorité se prononce sur une opération de concentration dès lors qu'elle « ne tranche pas une contestation sur des droits et obligations de caractère civil, mais exerce des pouvoirs de police » (voir le pourvoi 362347, considérant 20).

La question de l'applicabilité de l'article 6 de la CESDH étant réglée, restait à traiter celle de son application au cas d'espèce. Sur ce point, dans le cadre de la présente chronique, on se limitera à signaler trois points essentiels.

En premier lieu, le Conseil d'État se prononce sur les conditions de l'auto-saisine ayant conduit à la décision de sanction de 2011. Le Conseil d'État juge que l'auto-saisine n'est pas en soi contraire à l'article 6 de la CESDH à condition que « ce pouvoir soit suffisamment encadré pour ne pas donner à penser que les membres de la formation appelée à statuer sur la sanction tiennent les faits visés par la décision d'ouverture de la procédure ou la notification ultérieure des griefs comme d'ores et déjà établis ou leur caractère répréhensible au regard des règles ou principes à appliquer comme d'ores et déjà reconnu » (voir le pourvoi 353856, considérant 8). Il juge aussi, après les avoir énoncées, que les règles encadrant la faculté d'auto-saisine dont dispose l'Autorité sont suffisantes au regard du principe d'impartialité. Il vérifie ensuite le contenu de la décision de saisine d'office et relève qu'il s'agit d'une décision non motivée qui se borne à reproduire le contenu de l'article L. 462-5 III sans même mentionner de faits et qui ne saurait donc donner objectivement à penser que l'Autorité aurait tenu les manquements éventuels aux engagements comme d'ores et déjà établis. Il en conclut que ni les conditions de la saisine d'office, ni la circonstance que plusieurs personnes ayant décidé de cette saisie aient participé au délibéré de la décision de sanction ne constituent des manquements au principe d'impartialité (voir le pourvoi 353856, considérants 9 à 11).

En deuxième lieu, le Conseil d'État se penche sur le pouvoir de sanction de l'Autorité et notamment sur la question de savoir si le cumul de ce pouvoir avec celui de régulation (qu'il s'agisse d'autorisation ou d'avis) qu'il détient par ailleurs est problématique. Ce qui est en cause en l'espèce, c'est sa double intervention, d'abord pour rendre un avis en 2006 sur la saisine du Ministre chargé de l'Économie avant que celui-ci n'adopte sa décision d'autorisation, puis en 2011 pour prononcer le retrait de cette autorisation et sanctionner le Groupe Canal+. Une fois encore, le Conseil d'État juge qu'en soi ce cumul n'est pas contraire au principe d'impartialité dès lors qu'est assuré le respect des droits de la défense, le caractère contradictoire de la procédure et l'impartialité de la décision. Au cas d'espèce, le Conseil d'État juge qu'aucun des termes de l'avis de 2006 ne s'apparente à un préjugement de la question de savoir si, postérieurement à la réalisation de l'opération de concentration, ces sociétés ont exécuté les obligations résultant des engagements qu'elles ont pris au titre de cette opération et qui ont été incorporés dans la décision d'autorisation du Ministre du 30 août 2006. Il ajoute également qu'il en va de même pour le rapporteur général adjoint qui a pu valablement présenter un rapport oral devant le collège avant le délibéré de la décision de 2011 et avoir exercé en 2006 des fonctions de chef du bureau de la concurrence au sein du ministère de l'Économie. Le principe d'impartialité est donc respecté (voir le pourvoi 353856, considérants 14 et 15).

En troisième lieu, le Conseil d'État est appelé à examiner la conformité avec le principe d'impartialité du cumul des fonctions de régulation et de sanction, mais cette fois dans le sens de l'exercice successif du pouvoir de sanction puis du pouvoir d'autorisation d'une opération de concentration. Si l'article 6 de la CESDH est jugé inapplicable (la décision d'autorisation – même assortie d'injonctions, comme c'est le cas ici – étant considérée comme l'exercice d'un pouvoir de police, voir *supra*), le Conseil d'État doit néanmoins vérifier que les principes posés par le Conseil constitutionnel, ainsi que le principe général d'impartialité dont il assure l'application, ont été respectés. Il relève, conformément à la décision du Conseil constitutionnel, que le fait que certaines personnes aient participé tant à l'adoption de la décision de sanction qu'à la nouvelle décision d'autorisation ne méconnaît pas les principes ci-dessus énoncés.

Sous réserve de se conformer pleinement aux dispositions issues du Code de commerce, l'Autorité voit donc ses pouvoirs (d'auto-saisine, de sanction et d'autorisation) et leur éventuel cumul (que ce soit dans le sens autorisation puis sanction ou dans le sens opposé) confirmés tant au regard des dispositions constitutionnelles, que des principes généraux du droit et des dispositions de la CESDH, à tout le moins telles qu'interprétées par le Conseil d'État (puisque nous ne savons à cette heure si un ultime recours devant la CEDH est envisagé ou non)...

C. Lemaire, S. Naudin

Concurrences N° 1-2013, Art. N° 50717, p. 174

Voir aussi

S. Sorinas, G. Colmet Daâge, QPC – Retrait autorisation : Le Conseil constitutionnel confirme la constitutionnalité du pouvoir de retrait des autorisations de concentration et valide l'organisation interne de l'Autorité de la concurrence (Canal Plus), 12 octobre 2012, Concurrences N° 1-2013, Art. N° 50592, pp. 140-141.

CE, 28 sept. 2017, Altice Luxembourg, n° 409770

Le Conseil d'État rejette le recours dirigé contre la décision de l'Autorité de la concurrence sanctionnant un groupe de télécommunications au titre de manquements à ses engagements relatifs à l'exécution d'un contrat de co-investissement dans le secteur de la fibre optique.

Le feuilleton Altice / SFR aura particulièrement marqué les esprits aux cours des deux dernières années. La décision du Conseil d'État rendue le 28 septembre 2017 signe-t-elle le dernier acte de cette saison riche en rebondissements ?

Résumé des épisodes précédents

L'Autorité de la concurrence a, par une décision du 30 octobre 2014, autorisé la prise de contrôle exclusif de la société SFR par la société Numericable, filiale du groupe Altice, sous réserve de plusieurs engagements structurels et comportementaux (déc. n° 14-DCC-160 du 30 oct. 2014, obs. S. Sorinas, M. Louvet et A. Sibon, *Concurrences* N° 1-2015, pp. 146-150).

Le premier coup de semonce est donné le 19 avril 2016. L'Autorité a en effet infligé une amende de 15 millions d'euros au groupe Altice pour n'avoir pas respecté son engagement de ne pas s'immiscer dans la gestion des activités de téléphonie mobile d'Outremer Telecom à la Réunion et à Mayotte, et de préserver leur viabilité économique, leur valeur marchande et leur compétitivité dans l'attente de leur cession – à laquelle il s'était engagé lors du rachat de SFR – notamment en augmentant de façon significative le prix des forfaits offerts par Outremer Telecom (déc. n° 16-D-07 du 19 avr. 2016, obs. S. Sorinas et M. de La Droitière, *Concurrences* N° 3-2016, Art. N° 80370, pp. 117-119).

Six mois plus tard, l'Autorité de la concurrence a sanctionné pour la première fois une violation à l'obligation de suspension d'une opération notifiée ou « *gun jumping* ». Par décision du 8 novembre 2016, l'Autorité a ainsi infligé une amende de 80 millions d'euros au groupe Altice pour avoir mis en œuvre par anticipation (i) le rachat de la société SFR, autorisé en octobre 2014 (déc. n° 14-DCC-160) et (ii) celui du groupe OTL (Virgin Mobile), autorisé en novembre 2014 (déc. n° 14-DCC-179). Cette décision a été abondamment commentée (voir notamment, déc. n° 16-D-24 du 8 nov. 2016, obs. J.-M. Cot , *Concurrences* N° 2-2017, Art. N° 83945, pp. 132-134).

Enfin, le 8 mars 2017, l'Autorité a de nouveau sanctionné le groupe Altice en lui infligeant une amende de 40 millions d'euros pour non-respect d'engagements pris à l'occasion de l'acquisition de la société SFR concernant le raccordement à la fibre de certains immeubles dans le cadre d'un contrat de co-investissement conclu entre SFR et Bouygues Telecom.

Le recours contre la décision de l'Autorité sanctionnant le non-respect de l'accord de co-investissement entre SFR et Bouygues Telecom

Parmi les engagements pris par le groupe Altice à l'occasion de l'acquisition de la société SFR figurait le respect des obligations résultant d'un accord de co-investissement dans la fibre optique en zone très dense conclu entre SFR et Bouygues Telecom en novembre 2010, dit contrat « Faber ». Ce contrat prévoyait la construction d'une infrastructure de fourniture d'accès à internet très haut débit concurrente de celle de Numericable, reposant sur le déploiement « horizontal » d'un réseau de fibre optique et le raccordement de ce réseau à des points de mutualisation pour permettre aux opérateurs de desservir les immeubles équipés en fibre optique, opération désignée sous le terme d'« adduction ».

Afin d'éviter que le rapprochement entre Numericable et SFR ne mette en péril ce contrat par un gel ou un ralentissement des travaux de raccordement, notamment dans les zones déjà couvertes par le réseau câblé de Numericable, le groupe Altice avait adopté une série d'engagements : (i) réaliser sous deux ans, sauf difficultés d'exécution dûment justifiées, les adductions prévues au contrat Faber de l'ensemble des points de mutualisation livrés à la date de la décision de l'Autorité de la concurrence autorisant l'opération de concentration, (ii) réaliser dans un délai de trois mois, sauf difficultés d'exécution dûment justifiées, les adductions commandées par Bouygues Telecom pour les immeubles pour lesquels les points de mutualisation seraient livrés après la date de la décision de l'Autorité de la concurrence et (iii) assurer la maintenance de l'infrastructure du réseau relevant du contrat Faber de manière transparente et non discriminatoire vis-à-vis de Bouygues Telecom.

À la suite de sa saisine d'office en octobre 2015, l'Autorité avait constaté que le groupe Altice avait manqué de manière particulièrement grave à ces trois engagements, et prononcé une amende de 40 millions d'euros assortie de plusieurs injonctions sous astreintes visant à faire cesser les manquements constatés.

Saisi d'un recours pour excès de pouvoir, le Conseil d'État a examiné le bien-fondé de la décision de l'Autorité portant sur les trois engagements litigieux et sur les injonctions sous astreinte imposées au groupe Altice. Ce recours a été rejeté le 28 septembre 2017.

En ce qui concerne le premier engagement relatif à la réalisation des adductions prévues au contrat Faber

Le requérant contestait la portée du premier engagement, estimant qu'il ne devait réaliser les adductions que des points de mutualisation situés à l'intérieur des immeubles. Le Conseil d'État a cependant relevé que les dispositions visaient non seulement les points de mutualisation situés à l'intérieur mais également ceux situés à l'extérieur des immeubles. Le juge administratif a également relevé que le nombre d'adductions avait très fortement diminué depuis la décision d'autorisation avant de reprendre à un rythme plus soutenu après l'auto-saisine de l'Autorité. Enfin, le Conseil d'État a estimé que le nombre d'adductions considérées comme impossibles était anormalement élevé sans que les difficultés d'exécution ne soient dûment justifiées.

En ce qui concerne le deuxième engagement relatif à la réalisation des adductions commandées par Bouygues Telecom

Encore une fois, le Conseil d'État a estimé que l'Autorité n'avait pas méconnu la portée de ce deuxième engagement en ce qu'il vise tous les types de points de mutualisation et qu'il implique pour les sociétés de justifier, dans les mêmes conditions, des éventuelles difficultés d'exécution rencontrées. Le juge administratif a ensuite relevé que l'avenant au contrat Faber permettant à Bouygues Telecom de commander au requérant l'adduction d'une liste de son choix d'immeubles conventionnés, avait été signé plus d'un an après l'adoption de la décision de l'Autorité autorisant la concentration. Ce retard a été entièrement imputé au requérant. Par ailleurs, le Conseil d'État a constaté qu'une partie substantielle des commandes de Bouygues Telecom n'avaient pas été respectées, sans que cela ne soit justifié par des difficultés d'exécution. Le Conseil d'État a enfin noté que le groupe Altice n'avait accompli aucune démarche auprès de l'Autorité visant au réexamen de ses engagements dans l'éventualité où leur exécution se serait avérée particulièrement difficile.

En ce qui concerne le troisième engagement relatif à la maintenance de l'infrastructure du réseau relevant du contrat Faber

Le Conseil d'État a observé que les conditions de maintenance du réseau s'étaient fortement dégradées en méconnaissance des objectifs fixés par le contrat Faber. Les délais de traitement des incidents ont, par exemple, fortement augmenté entre la fin de l'année 2014 et le mois de mars 2015, passant de 2 à 13 jours. Le manque d'entretien a également occasionné des interruptions de service en novembre 2015 et en août 2016. En outre, alors que le groupe Altice devait mettre en place des indicateurs permettant d'évaluer de manière effective que les conditions de maintenance étaient satisfaisantes, le suivi de la maintenance n'a débuté qu'en septembre 2015.

Le Conseil d'État a donc considéré que l'Autorité n'avait commis aucune erreur de qualification en déduisant des faits relevés que le requérant n'avait pas respecté ses obligations découlant des trois engagements précités.

S'agissant des critiques formulées à l'égard des injonctions sous astreintes prononcées par l'Autorité

Dans sa décision de sanction, l'Autorité avait également enjoint sous astreinte au groupe Altice de procéder à l'adduction de l'ensemble des points de mutualisation visés par les engagements, sauf difficultés d'exécution dûment justifiées. L'Autorité avait également enjoint au groupe Altice d'assurer la maintenance de l'infrastructure relevant du contrat Faber dans les conditions prévues par celui-ci, sans l'assortir d'une astreinte.

Dans le cadre de son analyse, le Conseil d'État a considéré que les injonctions prononcées par l'Autorité de la concurrence avaient un caractère adapté, nécessaire et proportionné compte tenu de l'importance des engagements méconnus, de l'ampleur des manquements constatés et des conséquences de ces manquements sur l'état de la concurrence.

Le Conseil d'État a en effet estimé que les trois engagements litigieux revêtaient une importance stratégique en ce qu'ils avaient pour objet de prévenir un déséquilibre concurrentiel sur le marché de détail de la fourniture d'accès à internet à très haut débit et les marchés de gros situés en amont. Il estime par ailleurs que les manquements du requérant à ces engagements étaient eux-mêmes importants et durables. Le Conseil d'État a ensuite considéré que la mise en œuvre des injonctions prononcées ne méconnaissait pas le principe de proportionnalité. Compte tenu du rythme de raccordement déjà atteint par le passé par le groupe Altice, le juge administratif a estimé que le nombre de raccordement à effectuer sur la période envisagée n'était pas irréalisable si le requérant y allouait les ressources humaines et financières nécessaires.

Le Conseil d'État a donc considéré que le groupe Altice n'était pas fondé à demander l'annulation de la décision et a rejeté son recours.

M. Louvet, A. Baudelin, S. Sorinas
Concurrences N° 1-2018, Art. N° 86190, p. 123

Voir aussi, sur les origines de l'affaire

Aut. conc., déc. n° 16-D-07 du 19 avr. 2016 relative au respect de l'engagement de cession des activités de téléphonie mobile d'Outremer Telecom à La Réunion et à Mayotte figurant dans la décision autorisant l'acquisition de SFR par le groupe Altice

S. Sorinas, M. de La Droitière, Non-respect des engagements : L'Autorité de la concurrence sanctionne le non-respect d'un engagement de cession de l'activité d'une filiale à Mayotte et à La Réunion pris dans le cadre d'une autorisation de concentration dans le secteur de la téléphonie mobile (SFR / Altice), 19 avril 2016, Concurrences N° 3-2016, Art. N° 80370, pp. 117-119.

Aut. conc., déc. n° 17-D-04 du 8 mars 2017 relative au respect de l'engagement figurant dans la décision autorisant l'acquisition de SFR par le groupe Altice relatif à l'accord conclu avec Bouygues Telecom le 9 novembre 2010

D. Tayar, M. de l'Estang, Non-respect d'engagements : L'Autorité de la concurrence sanctionne un opérateur télécom à hauteur de 40 millions d'euros pour ne pas avoir respecté les engagements souscrits à l'occasion d'une précédente opération de concentration (SFR / Altice), 8 mars 2017, Concurrences N° 2-2017, Art. N° 83947, pp.134-135.

Affaire Fnac / Darty

CE, 26 juill. 2018, 2 décisions, Fnac Darty, n° 414654 et 414657

Le Conseil d'État rejette les recours formés contre des décisions de la présidente de l'Autorité de la concurrence s'agissant des conditions d'exécution d'engagements.

On se souvient que l'Autorité de la concurrence avait autorisé le 27 juillet 2016, au terme d'une analyse approfondie, l'acquisition de la société Darty par le groupe Fnac (décision n° 16-DCC-111 de l'Autorité de la concurrence). Afin de remédier aux problèmes de concurrence identifiés, le groupe Fnac s'était engagé à céder six points de vente, dont deux situés respectivement boulevard de Belleville et avenue de Saint-Ouen. Le groupe Fnac s'était également engagé à désigner un mandataire indépendant chargé de veiller au respect de ces engagements.

Par deux décisions du 28 juillet 2017, la présidente de l'Autorité de la concurrence, en vertu des pouvoirs qui lui sont conférés par les dispositions de l'article L. 461-3 C. com., a d'une part, rejeté la demande d'agrément d'un candidat repreneur de ces deux points de vente au motif que les conditions d'agrément énoncées dans la décision n° 16-DCC-111 du 27 juillet 2016 n'étaient pas réunies, et d'autre part rejeté la demande de prolongation des délais d'exécution des engagements tout en mettant fin, à compter du 31 juillet 2017, à la mission du mandataire indépendant chargé du contrôle de l'exécution desdits engagements.

La société Fnac Darty et le candidat repreneur avaient formé un recours pour excès de pouvoir auprès du Conseil d'État tendant à l'annulation de ces deux décisions du 28 juillet 2017.

Le ménagement du silence de l'administration sur une demande d'agrément

S'agissant du rejet de la demande d'agrément du repreneur potentiel pour la reprise des deux magasins Darty du boulevard de Belleville et de l'avenue de Saint-Ouen (décision n° 414654 du 26 juillet 2018), le Conseil d'État a procédé tout d'abord à l'examen des moyens soulevés par les requérants, touchant à la légalité externe de la décision de rejet de la présidente de l'Autorité.

En substance, les requérants soutenaient que, dans la mesure où aucune réponse n'avait été apportée à leur demande d'agrément dans un délai de deux mois, le silence gardé par l'administration sur la demande d'agrément devait s'analyser comme une décision d'acceptation, et que, dès lors, la décision explicite de rejet du 28 juillet 2017 valait retrait d'une décision implicite favorable d'agrément. Ils en déduisaient que, par suite, l'administration aurait dû les inviter à présenter leurs observations, ce qui n'avait pas été fait en méconnaissance de leurs droits de défense.

Le Conseil d'État a considéré que la procédure d'agrément d'un repreneur n'était régie par aucune disposition législative ou réglementaire spécifique ; et n'était prévue que par les engagements proposés par le groupe Fnac et incorporés dans la décision n° 16-DCC-111 du 27 juillet 2016 autorisant la concentration. Dès lors, le Conseil d'État en déduit que, conformément aux dispositions du Code des relations entre le public et l'administration, le silence gardé par l'Autorité de la concurrence sur la demande de Fnac Darty ne pouvait valoir que décision de rejet implicite. Selon le Conseil d'État, le moyen soulevé par la société Fnac Darty, tiré de ce que qu'elle n'avait pas été invitée à présenter ses observations, ne pouvait par conséquent qu'être écarté, les droits de la défense des requérants n'ayant pas été violés.

Le Conseil d'État procède ensuite à l'examen des moyens soulevés par les requérants, touchant à la légalité interne de la décision de rejet de la présidente de l'Autorité. Dans le cadre de sa décision du 27 juillet 2016, l'Autorité de la concurrence avait retenu que les activités de Fnac et Darty se chevauchaient dans 188 zones de chalandises délimitées autour des magasins Darty, considérant qu'il convenait d'examiner les effets de l'opération envisagée en tenant compte à la fois des parts de marché des parties et de l'intensité de la pression concurrentielle à laquelle ferait face la nouvelle entité dans les zones où elle détiendrait de fortes parts de marché.

Afin d'identifier les zones dans lesquelles l'opération était susceptible de porter atteinte à la concurrence, l'Autorité avait retenu un seuil de 50 % de parts de marché qui présumerait de l'existence d'un pouvoir de marché, puis avait introduit un examen par score (méthode dite de *scoring*) dans ces zones où la nouvelle entité disposerait de parts de marché supérieure à 50 % en attribuant à chaque concurrent présent dans la zone un certain nombre de points en fonction de la capacité plus ou moins grande à exercer une pression concurrentielle sur la nouvelle entité.

Selon cette méthode, l'Autorité de la concurrence a considéré que le repreneur proposé n'était pas un acteur capable de rétablir une concurrence effective et suffisante sur les marchés de la vente au détail de produits électrodomestiques gris et bruns dans les zones de chalandises considérées.

Le Conseil d'État a considéré que la mesure selon la méthode du *scoring* avait du sens au stade de l'autorisation de la concentration puisque cela permettait effectivement de mesurer l'intensité concurrentielle dans chaque zone de chalandise identifiée ; cette analyse était toutefois erronée au stade de l'agrément du repreneur d'un magasin faisant l'objet d'un engagement de cession puisqu'elle ne mesurait pas la pression concurrentielle s'exerçant sur la nouvelle entité à partir des zones de chalandise des magasins Darty ou Fnac mais celle s'exerçant sur le repreneur. Si le Conseil d'État a retenu que la décision de la présidente de l'Autorité de la concurrence était effectivement entachée d'une erreur de droit, cela n'a pas suffi à annuler la décision de rejet.

Le Conseil d'État a en effet considéré que le repreneur, indépendamment du score qu'il permettait d'atteindre dans la zone de chalandise concernée, ne pouvait être agréé que s'il était capable d'assurer l'exploitation pérenne des actifs cédés et qu'il était en mesure de proposer un assortiment suffisant de produits pour représenter une alternative crédible à l'offre de la nouvelle entité et exercer une pression concurrentielle suffisante sur cette dernière.

Prenant en compte le projet tel que présenté par le repreneur potentiel, le Conseil d'État a estimé que le repreneur n'était pas une grande surface spécialisée en produits bruns et gris, et n'entendait pas se spécialiser dans ce domaine et ne pouvait pas non plus être considéré comme un acteur « émergent » ne disposant pas encore d'implantation physique sur le marché parisien. Dans la mesure où le repreneur potentiel n'avait que pour objectif de développer son « cœur de métier », relatif à la vente au détail de literie, d'ameublement et de produits électrodomestiques dits « blancs », le Conseil d'État a considéré que les requérants n'étaient pas fondés à demander l'annulation de la décision de la présidente de l'Autorité.

Les précisions apportées par l'Autorité de la concurrence s'agissant des circonstances exceptionnelles justifiant une prolongation du délai d'exécution des engagements

Aux termes de sa décision du 26 juillet 2018 (n° 414657), le Conseil d'État a par ailleurs rejeté le recours pour excès de pouvoir des requérantes s'agissant du rejet de la demande de prolongation du délai d'exécution des engagements.

La société Fnac Darty avait demandé le 11 juillet 2017 à l'Autorité de la concurrence le report de l'échéance, pour une durée de six mois, du délai d'exécution de ses engagements qui auraient dû être exécutés avant le 31 juillet 2017 pour lui permettre, s'agissant du centre commercial Beaugrenelle, de substituer la cession du magasin Darty à celle de la Fnac. Cette demande fut rejetée par la présidente de l'Autorité de la concurrence considérant que la demande de prolonger le délai d'exécution des engagements ne pouvait entrer dans la catégorie des « circonstances exceptionnelles » qui avaient été prévues aux termes des points 47 et 48 des engagements annexés à la décision n° 16-DCC-111 du 27 juillet 2016.

Pour le Conseil d'État, ni le refus d'un franchiseur d'autoriser le repreneur à exploiter le magasin Fnac Beaugrenelle en franchise, ni le recours formé par la société Beaugrenelle Patrimoine à l'encontre de la décision du 27 juillet 2016 en tant qu'elle portait sur l'engagement de céder le même magasin, ne constituaient des circonstances exceptionnelles justifiant une prolongation du délai.

Dès lors, le Conseil d'État a estimé que la présidente de l'Autorité n'avait pas entaché sa décision d'erreur d'appréciation ni d'erreur de fait, en rejetant la demande dont elle était saisie.

D. Tayar, E. Xueref-Poviac
Concurrences N° 4-2018, Art. N° 88263, p. 143

Voir aussi, sur les origines de l'affaire

– La décision de l'Autorité :

Aut. conc., déc. n° 16-DCC-111 du 27 juill. 2016 relative à la prise de contrôle exclusif de Darty par la Fnac

D. Tayar, Engagements : L'Autorité de la concurrence autorise, sous réserve de la cession de six magasins à Paris et dans la région parisienne, une opération dans le secteur de la distribution de produits électrodomestiques (Darty / Fnac), 27 juillet 2016, Concurrences N° 4-2016, Art. N° 81943, pp. 139-141.

– Le communiqué de presse de l'Autorité

Aut. conc., com. de presse, 11 sept. 2017, Distribution de produits bruns et gris / Rachat de Darty par la Fnac ; CE (ord.), 30 oct. 2017, n° 414655 e. a.

S. Sorinas, A. Baudelin, M. Louvet, Exécution d'engagements : L'Autorité de la concurrence enquête sur les conditions d'exécution d'engagements pris à l'occasion d'une concentration tandis que, dans la même affaire, le juge des référés du Conseil d'État a rejeté par voie d'ordonnance les recours formés contre le refus de l'Autorité de la concurrence de prolonger le délai d'exécution de ces engagements et d'agréer le repreneur choisi par les parties (Darty / Fnac), 11 septembre 2017, Concurrences N° 1-2018, Art. N° 86191, pp. 125-127.

– La décision du Conseil d'État

CE, 1er févr. 2018, Fnac Darty, n° 414654 et 414657

S. Naudin, C. Lemaire, Compétence individuelle du Président de l'Autorité ou de son délégué : Le Conseil d'État saisit le Conseil constitutionnel d'une question prioritaire de constitutionnalité relative au pouvoir du Président de l'Autorité de la concurrence (ou de son délégué) d'adopter seul les décisions relatives à l'exécution ou à la révision des engagements (Fnac Darty), 1er février 2018, Concurrences N° 2-2018, Art. N° 86966.

– La décision du Conseil constitutionnel

Cons. const., déc. n° 2018-702 QPC du 20 avr. 2018, Société Fnac Darty [Pouvoirs du président de l'autorité de la concurrence en matière d'opérations de concentration]

E. Xueref-Poviac, Pouvoirs du président de l'Autorité : Le Conseil constitutionnel confirme la conformité du pouvoir conféré au président de l'Autorité de la concurrence de décider seul d'agréer la cession d'actifs (Fnac Darty), 20 avril 2018, Concurrences N° 2-2018, Art. N° 86924, pp. 122-123.

CE, 7 nov. 2019, Fnac Darty, n° 424702

Le Conseil d'État rend un arrêt confirmant en tous points une décision de l'Autorité de la concurrence ayant sanctionné un distributeur de produits électrodomestiques à hauteur de 20 millions d'euros pour inexécution d'un engagement pris dans le cadre d'une opération de concentration.

Dans le cadre de la prise de contrôle exclusif de Darty par la Fnac ayant été autorisée par l'Autorité de la concurrence par une décision du 27 juillet 2016, la Fnac s'était engagée à céder avant le 1er août 2017 six magasins situés à Paris et en région parisienne. Néanmoins, pour trois de ces magasins, à savoir le magasin Fnac Beaugrenelle et les magasins Darty Belleville et Saint-Ouen, Fnac Darty n'avait pas présenté à l'Autorité de la concurrence de repreneur viable dans le délai imparti et avait de ce fait était sanctionné à une amende de 20 millions d'euros pour inexécution de l'engagement pris. Plus précisément, il était reproché à Fnac Darty de n'avoir présenté aucun repreneur pour le magasin Fnac Beaugrenelle et d'avoir proposé, pour l'acquisition des magasins Darty Belleville et Darty Saint-Ouen, un repreneur ne présentant pas toutes les caractéristiques requises pour concurrencer efficacement la nouvelle entité sur les produits bruns et gris.

Après la décision de l'Autorité ayant sanctionné Altice pour n'avoir pas respecté son obligation de préserver la viabilité des activités de téléphonie mobile d'Outremer Telecom à La Réunion et à Mayotte qu'elle s'était engagée à céder dans le cadre de son acquisition de SFR (Aut. conc., n° 16-D-07, 19 avr. 2016, confirmée par CE, 31 mars 2017, req. 401059), la décision de sanction Fnac Darty était la première portant spécifiquement sur le non-respect d'engagements structurels de cession. À la suite de cette décision, Fnac Darty avait introduit une requête devant le Conseil d'État.

Premièrement, Fnac Darty soulevait dans sa requête plusieurs moyens relatifs au montant de l'amende. Elle contestait, d'une part, la motivation du montant de la sanction imposée, en estimant que l'Autorité de la concurrence aurait dû, comme elle le fait en matière de sanction de pratiques anticoncurrentielles, indiquer le montant de base du calcul de l'amende puis indiquer les corrections qu'elle apportait à ce montant pour tenir compte notamment des circonstances atténuantes ou aggravantes. Le Conseil d'État a rejeté ce raisonnement, estimant que « il ne résulte d'aucune disposition ni d'aucune ligne directrice de l'Autorité de la concurrence que, pour une sanction prononcée en matière de contrôle des concentrations, celle-ci devrait procéder à une telle explicitation du montant de la sanction prononcée » (parag 7).

Fnac Darty soutenait, d'autre part, que l'Autorité de la concurrence aurait dû tenir compte, avant de fixer le montant de la sanction, des conséquences de celle-ci sur sa situation financière. Le Conseil d'État relève néanmoins qu'il ne résultait pas de l'instruction que Fnac Darty avait fait état de difficultés financières.

Fnac Darty a enfin critiqué le montant de la sanction au regard du principe d'individualisation des peines. Néanmoins, le Conseil d'État a considéré qu'une sanction de 20 millions d'euros n'apparaissait pas disproportionnée dans la mesure où la sanction financière infligée à Fnac Darty représentait environ 0,3 % de son chiffre d'affaires consolidé réalisé en France au titre de l'exercice 2017 et 7 % du montant maximum encouru.

Deuxièmement, Fnac Darty estimait dans sa requête que l'Autorité de la concurrence aurait dû procéder, à la date de sa décision de sanction pour non-respect des engagements, à une nouvelle analyse de la situation concurrentielle du marché concerné. Le Conseil d'État a néanmoins estimé que l'Autorité de la concurrence n'était pas tenue de prendre en compte de tels éléments pour apprécier la gravité des manquements commis et qu'en tout état de cause les éléments fournis par Fnac Darty ne démontraient pas que le marché des produits « bruns » et « gris » avait connu une évolution notable de sa structure concurrentielle. Le Conseil d'État semble également considérer qu'une demande de révision des engagements aurait été plus pertinente pour un tel débat, en relevant qu'en tout état de cause, Fnac Darty n'a « pas demandé à l'Autorité de la concurrence une révision de ses engagements, comme elle aurait pu le faire en application du point 45 des engagements souscrits » (parag 10).

Troisièmement, sur le fond, Fnac Darty soutenait notamment que la décision d'autorisation de l'opération permettait la reprise des magasins cédés par un repreneur non spécialisé dans les produits « bruns » et « gris », et qu'en conséquence, le repreneur qu'avait soumis à l'époque Fnac Darty à l'Autorité de la concurrence, à savoir le groupe Dray spécialisé dans les produits « blancs » (électroménagers), était viable. Le Conseil d'État estime néanmoins qu'il résulte clairement de la décision du 27 juillet 2016 que le repreneur se devait d'être un opérateur de grande surface spécialisé dans les produits « bruns » et « gris ». Le Conseil d'État se fonde notamment sur le point 537 de la décision du 27 juillet 2016, qui précisait que « les repreneurs potentiels devront donc être des acteurs de la distribution de produits bruns et/ou gris, (...) indépendants de la Fnac, capables d'assurer l'exploitation pérenne des actifs cédés. Ils devront également proposer un assortiment suffisant de produits bruns et/ou gris et/ou de produits de petit électroménager suffisant pour représenter une alternative crédible à l'offre de la nouvelle entité et exercer une pression concurrentielle suffisante sur cette dernière ». Le Conseil d'État en déduit que Fnac Darty était en mesure d'anticiper que le groupe Dray ne serait pas agréé par l'Autorité de la concurrence comme un repreneur viable dans la mesure où il n'était pas un acteur spécialisé dans la distribution de produits « bruns » et « gris », ni même un acteur émergent dans ce secteur.

Quatrièmement, le Conseil d'État approuve également le rejet par l'Autorité de la demande de prolongation des délais de mise en œuvre de l'engagement portant sur la cession du magasin de Beaugrenelle. Ce n'est en effet qu'un mois environ avant l'expiration du délai d'exécution des engagements que Fnac Darty a soumis sa demande de prolongation auprès de l'Autorité au motif que le groupe But International avait refusé au groupe Dray l'autorisation d'exploiter ce magasin sous franchise But City. Or le Conseil d'État, à l'instar de l'Autorité, relève que Fnac Darty était nécessairement consciente de ce risque, puisque la décision du groupe But International faisait précisément l'objet d'une condition suspensive dans le contrat de vente conclu entre Fnac Darty et le groupe Dray.

Au regard de l'ensemble de ces éléments, le Conseil d'État a confirmé la décision de l'Autorité de la concurrence imposant une amende de 20 millions d'euros à Fnac Darty pour non-respect d'un engagement structurel conditionnant l'autorisation de leur rapprochement.

E. Paroche, C. Verney

Concurrences N° 1-2020, Art. N° 92993, p. 119

Voir aussi, sur les origines de l'affaire

Aut. conc., déc. n° 18-D-16 du 27 juill. 2018 relative au respect des engagements annexés à la décision n° 16-DCC-111 du 27 juillet 2016 relative à la prise de contrôle exclusif de Darty par la Fnac

D. Tayar, E. Xueref-Poviac, Engagements : L'Autorité de la concurrence sanctionne pour la première fois une opération de concentration pour non-respect d'engagements structurels (Darty), 27 juillet 2018, Concurrences N° 4-2018, Art. N° 88276, p. 147.

CE, 8 nov. 2021, 2 décisions, Free, France Télévisions, TF1, Métropole Télévision e. a., n° 435984 et 439527

Le Conseil d'État confirme la décision de phase 1 de l'Autorité de la concurrence d'autoriser la création d'une plateforme de vidéo à la demande par les principaux acteurs français de la télévision.

Par une décision n° 19-DCC-157 du 12 août 2019 [la « décision Salto »], l'Autorité de la concurrence avait validé, sous conditions, la création par les groupes TF1, M6 et France Télévisions de Salto, d'une entreprise commune de plein exercice.

Éléments de contexte et de procédure

Salto est active dans l'édition d'offres de vidéo à la demande par abonnement et la distribution de services de télévision (services linéaires de télévision et télévision de rattrapage) et de médias audiovisuels à la demande.

Free et Iliad ont fait appel de la décision d'autorisation devant le Conseil d'État et la société Molotov est également intervenue en appui des arguments d'annulation.

Des questions de légalité externe ont été brièvement évoquées par le Conseil d'État qui a confirmé l'approche retenue par l'Autorité à savoir qu'elle n'avait aucune obligation de transmettre un projet de décision aux tiers intéressés (ou une version finale des engagements) ou encore d'ouvrir un examen approfondi dès lors que les engagements lui paraissaient suffisants.

Les débats se sont ensuite centrés sur les questions de légalité interne de la décision attaquée.

Le Conseil d'État confirme les définitions de marché retenues par l'Autorité

Les sociétés requérantes ont soutenu que l'Autorité de la concurrence aurait dû retenir des segmentations de marché plus fines, notamment sur le marché aval de la distribution de services de télévision.

Tout d'abord, s'inspirant des marchés très segmentés d'acquisition de droits, les requérantes ont plaidé pour une segmentation de la distribution de services de télévision par type de contenus.

Pour l'acquisition de droits, l'Autorité retient en effet des définitions de marché très segmentées, distinguant notamment les marchés d'acquisition des droits : (i) des films inédits américains pour la télévision en clair ; (ii) des films d'expression originale française

[« EOF »] en première fenêtre en clair ; (iii) des films EOF en deuxième et troisième fenêtres en clair ; (iv) des films de catalogue américains ; (v) des films de catalogue EOF ; (vi) des films américains récents pour l'exploitation en vidéo à la demande ; et (vii) des films EOF récents pour l'exploitation en vidéo à la demande.

À l'aval, en revanche, l'Autorité retient traditionnellement des définitions de marché plus larges de la distribution de services de télévision payante, envisageant éventuellement une segmentation entre les services linéaires et non linéaires (type vidéo à la demande).

Les requérantes ont expliqué que les marchés aval devaient également être segmentés par type de contenu et que l'Autorité aurait dû analyser les effets de l'opération sur un marché spécifique de la distribution des films EOF. Le Conseil d'État rejette cette proposition, en considérant que si les films EOF constituent bien des contenus spécifiques à l'achat pour les éditeurs de chaînes à l'inverse, ils sont substituables à d'autres contenus à l'aval, tant du point de vue des consommateurs que des distributeurs de services audiovisuels.

Les requérantes ont également argué que l'Autorité aurait dû définir un marché spécifique de la distribution au détail de la télévision gratuite. Un tel marché n'est traditionnellement pas retenu par l'Autorité qui considère qu'il n'y a pas de relation commerciale directe entre les distributeurs et les consommateurs et que seules des relations commerciales existent entre les éditeurs de chaînes et les annonceurs. Le Conseil d'État a suivi ce raisonnement.

Toujours sur les marchés aval, les requérantes ont également critiqué la décision Salto, en expliquant que ces marchés auraient dû être segmentés en fonction : (i) des modes de distribution, considérant que l'Autorité aurait dû distinguer un marché spécifique de la distribution de télévision payante *via* internet en « *over-the-top* » [« OTT »] ; et (ii) du type de services, en faisant valoir que, même si l'Autorité a bien analysé l'opération à la fois sur d'éventuels marchés de la distribution de services audiovisuels linéaires et non linéaires, l'offre de Salto combinant la télévision linéaire et services non linéaires impliquait de distinguer un marché spécifique de la distribution d'offres agrégées. S'appuyant sur le test de marché conduit par l'Autorité, le Conseil d'État rejette ces arguments et considère que les offres combinant les services linéaires et non linéaires ne sont pas insubstituables avec les autres offres au point de constituer un marché spécifique.

Enfin, les requérantes ont considéré que l'Autorité aurait dû définir un marché spécifique de la commercialisation de données relatives à la consommation de contenus linéaires et non linéaires associés aux chaînes de la TNT, voire un marché de commercialisation de données propres à chaque chaîne. Le Conseil d'État n'a une nouvelle fois pas suivi les requérantes sur cette question considérant qu'aucun élément du dossier n'indiquait que ces données ne seraient pas substituables aux autres données relatives à la consommation de services audiovisuels.

Le Conseil d'État considère que les engagements acceptés par l'Autorité sont suffisants pour prévenir tout risque de coordination

Malgré le poids des sociétés-mères de Salto dans le secteur de la télévision gratuite, l'Autorité a autorisé l'opération sur la base d'engagements comportementaux. L'efficacité de ces engagements était fortement critiquée par les requérantes qui considéraient que les risques de coordination entre les sociétés-mères, en particulier sur les marchés d'acquisition de droits de films EOF et d'édition de chaînes gratuites, étaient particulièrement élevés.

L'Autorité de la concurrence avait considéré dans la décision Salto que les risques de coordination entre les sociétés-mères étaient neutralisés par la mise en place de murailles de Chine à plusieurs niveaux : (i) les organes de gouvernance de Salto – les représentants des sociétés-mères devant signer des accords de confidentialité, s'interdire d'occuper au sein des mères des fonctions en lien avec l'acquisition de droits ou la distribution de chaîne et n'avoir accès qu'à des informations agrégées ; (ii) les collaborateurs de Salto qui ne peuvent cumuler leur poste avec un autre au sein d'une société-mère ou un rôle de mandataire social et doivent signer un accord de confidentialité s'ils ont exercé dans le passé des fonctions en lien avec l'acquisition de droits ou la distribution de chaînes ; et (iii) les locaux, les systèmes d'informations et les services juridiques et comptables de Salto qui sont distincts de ceux de ses mères.

Les requérantes critiquaient que le PDG du groupe TF1 soit devenu président du conseil de surveillance de Salto, l'ancienne directrice des services de vidéo à la demande de France Télévisions secrétaire générale et un ancien membre du comité exécutif de M6 directeur opérationnel. Le Conseil d'État a cependant rejeté ces critiques, en considérant que les accords de confidentialité (même sans *cooling-off period*, période pendant laquelle un ancien salarié ayant eu accès à des informations confidentielles ne peut occuper un poste similaire ailleurs) constituaient des barrières d'informations suffisantes, dans la mesure où leur non-respect constitue une faute professionnelle.

Le Conseil d'État a également relevé que les conditions offertes par chaque société-mère à Salto devaient être non discriminatoires et que Salto n'avait accès qu'aux conditions de distribution agrégées de l'ensemble de ses sociétés-mères (engagement 14).

Au regard de ces éléments, le Conseil d'État a donc validé l'approche retenue par l'Autorité en ce qui concerne les engagements des sociétés-mères.

Le Conseil d'État considère que les engagements retenus par l'Autorité sont également satisfaisants tant sur les marchés d'acquisition de droits que sur les marchés d'édition et de commercialisation de chaînes

Concernant les marchés d'acquisition de droits, les sociétés-mères disposant de parts de marché très importantes pour les fenêtres en clair (linéaires) des films EOF, elles avaient consenti (i) à limiter les conditions d'achats couplés de droits linéaires et non linéaires sans pour autant les interdire totalement ; (ii) des quotas maximums d'achats de droits non linéaires de Salto auprès de ses sociétés-mères ; et (iii) des quotas maximums d'acquisitions de droits exclusifs de Salto à la suite d'exercices de droits de préemption des sociétés-mères à son profit.

Le Conseil d'État considère que ces différents engagements constituent un point d'équilibre entre (i) le risque de verrouillage des marchés d'acquisition de films EOF au profit de Salto et (ii) la pratique croissante d'acquisition de la totalité des droits, notamment par les plateformes de vidéo à la demande.

S'agissant des marchés d'édition et de commercialisation de chaînes, Molotov et Free faisaient valoir que (i) les sociétés-mères ne proposent pas aux distributeurs leurs chaînes TNT indépendamment de leurs services associés comme la télévision de rattrapage ; que (ii) Free ferait l'objet d'un refus de mise à disposition de certains contenus de deux des sociétés-mères ; et que (iii) les engagements imposent uniquement aux sociétés-mères de conclure des contrats de distribution dans des délais raisonnables, alors qu'une date limite aurait été nécessaire.

Le Conseil d'État écarte ces arguments, aux motifs que (i) la problématique des ventes couplées des chaînes avec leurs services associés existait avant la création de Salto et n'a donc pas vocation à être analysée dans la décision Salto ; et que (ii) les autres points relèvent éventuellement d'un non-respect des engagements, et pourraient être susceptibles de sanctions s'ils étaient avérés, mais ne sont pas de nature à remettre en cause la décision Salto elle-même.

E. Paroche, V. Levy
Concurrences N° 1-2022, Art. N° 105474, p. 127

2.3.3 Recevabilité des recours : actes attaquables

CE, 21 mars 2016, Numericable, n° 390023

Le Conseil d'État précise que toute prise de position de l'Autorité de la concurrence, de nature à avoir des effets économiques notables, peut faire l'objet d'un recours pour excès de pouvoir.

Le Conseil d'État a rendu le 21 mars 2016 deux arrêts de principe sur la question de la recevabilité des recours exercés à l'encontre d'actes dits de « droit souple » adoptés par des autorités administratives indépendantes.

Une de ces deux affaires concernait l'interprétation d'une injonction faite au Groupe Canal+ (« GCP ») par l'Autorité de la concurrence dans la décision n° 12-DCC-100 du 23 juillet 2012 relative à la prise de contrôle exclusif de TPS et CanalSatellite par Vivendi et Groupe Canal+. Cette injonction imposait à GCP de « valoriser de manière transparente et distincte la distribution sur chaque plateforme propriétaire [de droits de diffusion] en identifiant de manière précise la valeur, le cas échéant, de l'exclusivité accordée pour la distribution sur chaque plateforme en cause ».

La recevabilité d'un recours contre un acte de droit souple dépend de sa capacité à produire des effets économiques notables ou à modifier le comportement des opérateurs

Suite à la prise de contrôle exclusif de SFR par Numericable, GCP a adressé une lettre en janvier 2015 à l'Autorité de la concurrence, lui demandant de constater la fusion des plateformes de Numericable et de SFR, et de prendre position sur l'incidence de cette fusion sur la mise en œuvre de l'injonction évoquée ci-dessus. Suite à cette demande, la commission permanente du collège de l'Autorité (section composée du président de l'Autorité et des quatre vice-présidents en vertu de l'article L. 461-3 du Code de commerce) a adopté une délibération le 23 mars 2015. Le contenu de cette dernière a été révélé à Numericable par lettre du président de l'Autorité de la concurrence en date du 31 mars 2015.

Numericable a intenté un recours pour excès de pouvoir contre la délibération du 23 mars 2015, d'une part, et contre la lettre du président de l'Autorité de la concurrence du 31 mars 2015, d'autre part.

Il n'est pas inutile de reproduire *verbatim* l'attendu de principe par lequel le Conseil d'État s'est prononcé sur la recevabilité de ce recours : « Considérant que les avis, recommandations, mises en garde et prises de position adoptés par les autorités de régulation dans l'exercice des missions dont elles sont investies, peuvent être déférés au juge de l'excès de pouvoir lorsqu'ils revêtent le caractère de dispositions générales et impératives ou lorsqu'ils énoncent des prescriptions individuelles dont ces autorités pourraient ultérieurement censurer la méconnaissance ; que ces actes peuvent également faire l'objet d'un tel recours, introduit par un requérant justifiant d'un intérêt direct et certain à leur annulation, lorsqu'ils sont de nature à produire des effets notables, notamment de nature économique, ou ont pour objet d'influer de manière significative sur les comportements des personnes auxquelles ils s'adressent ; que, dans ce dernier cas, il appartient au juge, saisi de moyens en ce sens, d'examiner les vices susceptibles d'affecter la légalité de ces actes en tenant compte de leur nature et de leurs caractéristiques, ainsi que du pouvoir d'appréciation dont dispose l'autorité de régulation ; qu'il lui appartient également, si des conclusions lui sont présentées à cette fin, de faire usage des pouvoirs d'injonction qu'il tient du titre Ier du livre IX du Code de justice administrative ».

En l'espèce, la délibération de la commission permanente du collège de l'Autorité, ainsi que la lettre de son président étaient de nature à avoir des effets économiques notables et à modifier le comportement des opérateurs sur le marché de l'acquisition de droits de distribution de chaînes de télévision. En effet, et en substance, en reconnaissant à GCP la possibilité d'acquérir des droits de distribution exclusive sur la plateforme de Numericable, elle permettait à GCP de concurrencer Numericable sur sa plateforme.

Par un deuxième arrêt rendu le même jour, le Conseil d'État s'est prononcé dans le même sens s'agissant cette fois-ci d'un communiqué de presse de l'Autorité des marchés financiers.

Ainsi que l'a souligné le Conseil d'État dans son communiqué de presse, « le Conseil d'État accepte de juger des recours en annulation contre des actes de droit souple, à certaines conditions. De tels actes n'étaient jusqu'alors pas susceptibles de recours juridictionnels dès lors qu'ils n'ont aucun effet juridique ». Il précise par ailleurs que « pour examiner la légalité de ces actes, le juge contrôle, en l'espèce, la compétence des personnes publiques pour les édicter, le respect des droits de la défense et, avec une intensité variable selon les actes en cause, l'appréciation portée par l'Autorité ».

Ce revirement de jurisprudence soulève un certain nombre de questions

Il s'agit donc d'un revirement de jurisprudence particulièrement clair et présenté comme tel. Ce revirement pose un certain nombre de questions. Il pourrait notamment inciter l'Autorité à être plus frileuse dans les indications informelles qu'elle peut donner aux entreprises dans différents cadres.

Se pose également la question de la portée de ce revirement.

Par exemple, par deux arrêts du 11 octobre 2012, le Conseil d'État avait rejeté les recours formés par Intermarché et Leclerc, d'une part, et Casino, d'autre part, à l'encontre de deux avis rendus par l'Autorité de la concurrence s'agissant de la situation de la concurrence dans le secteur de la distribution au détail à dominante alimentaire (avis n° 12-A-01 du 11 janvier 2012 relatif à la situation concurrentielle dans le secteur de la distribution alimentaire à Paris et avis n° 10-A-26 du 7 décembre 2010 relatif aux contrats d'affiliation de magasins indépendants et aux modalités d'acquisition de foncier commercial dans le secteur de la distribution alimentaire). Le Conseil d'État avait alors considéré que les avis de l'Autorité ne constituaient pas des décisions faisant grief, et ne revêtaient pas le caractère de dispositions générales et impératives ou de prescriptions individuelles dont l'Autorité pourrait ultérieurement censurer la méconnaissance.

Or, il ne pourrait être exclu désormais que le Conseil d'État considère de tels recours comme recevables. En effet, les avis de l'Autorité semblent être de nature à avoir des effets économiques notables et ils pourraient avoir pour objet d'influer de manière significative sur le comportement des personnes auxquelles ils s'adressent (soit en indiquant que certaines pratiques lui semblent problématiques et ne devraient donc pas être mises en œuvre, soit en indiquant l'absence de telles pratiques et en incitant les opérateurs à continuer à se comporter d'une manière qu'elle juge pro-concurrentielle).

Enfin, se pose la question de l'articulation de ce revirement avec le contentieux au fond à l'encontre de décisions de l'Autorité de la concurrence non seulement en matière de contrôle des concentrations (contentieux dévolu au Conseil d'État) mais également en matière de sanction des pratiques anticoncurrentielles (contentieux dévolu à la Cour d'appel de Paris). Un communiqué de presse annonçant une décision pourrait-il, par exemple, constituer un acte de « droit souple » attaquable en recours pour excès de pouvoir s'il devait ajouter des précisions supplémentaires par rapport à la décision de l'Autorité dont il annonce l'adoption ?

O. Billard, G. Fabre
Concurrences N° 2-2016, Art. N° 79460, p. 143

CE, 9 mars 2021, Comité social et économique de l'UES Mondadori Magazines France Elargie c/ Rewold Media, n° 433214

Le Conseil d'État reconnaît l'intérêt à agir du Comité social et économique (CSE) dans le contentieux des concentrations.

Pour mémoire, dans sa décision n° 19-DCC-141 du 24 juillet 2019 relative à la prise de contrôle exclusif de la société Mondadori France par la société Reworld Media, l'Autorité de la concurrence [« l'Autorité »] avait autorisé sous conditions l'acquisition de Mondadori France par Reworld Media.

En l'espèce, les parties à l'opération étaient simultanément actives sur les marchés de l'édition de magazine, de l'exploitation de sites en ligne et de la vente d'espaces publicitaires. Dans sa décision, l'Autorité a identifié pour la première fois l'existence d'un segment des magazines automobiles généralistes, sur lequel Reworld Media exploitait le magazine Auto-Moto et Mondadori France exploitait les magazines L'Auto Journal et Auto Plus.

Si l'opération ne soulevait pas de problème de concurrence sur les marchés de l'exploitation de sites en ligne et sur la vente d'espaces publicitaires, l'Autorité a en revanche considéré qu'il existait des risques d'atteinte significative à la concurrence sur le marché du lectorat de magazines automobiles généralistes. En effet, à l'issue de l'opération, Reworld Media aurait détenu des parts de marché considérables sur le marché du lectorat de magazines automobiles généralistes (estimées à [80-90] % en termes de diffusion payée et [70-80] % en termes d'audience), en éditant trois des quatre titres les plus diffusés en France (Auto-Moto, Auto Plus et L'Auto Journal), avec un risque d'effets unilatéraux de hausse de prix ou de dégradation de la qualité des contenus des magazines de la nouvelle entité.

Afin de remédier à ces préoccupations de concurrence, le groupe Reworld Media s'était engagé à céder à des opérateurs agréés par l'Autorité un magazine, parmi L'Auto Journal et Auto-Moto, ainsi que ses dérivés et hors-séries.

L'Autorité avait en l'espèce estimé que cet engagement permettait « soit de supprimer tout chevauchement d'activité sur le marché du lectorat des magazines automobiles généralistes (en cas de cession d'Auto-Moto), soit de limiter la puissance de marché de la nouvelle entité en maintenant par ailleurs une offre alternative crédible avec l'offre concurrente restante (L'Automobile Magazine) ».

L'Autorité avait par conséquent autorisé l'opération, sous réserve de cet engagement. Aussi, la prise de contrôle de Mondadori France par Reworld Media s'étant déroulée dans un climat social tendu, marqué par de multiples procédures engagées par le CSE de l'unité économique et sociale [« UES »] Mondadori Magazines France élargie, ce dernier a formé une requête devant le Conseil d'État en annulation de la décision de l'Autorité.

Dans un arrêt rendu le 9 mars 2021, le Conseil d'État reconnaît l'intérêt à agir du CSE de l'entreprise cible dans le contentieux des concentrations, mais juge qu'il n'est en l'espèce pas fondé à demander l'annulation de la décision autorisant la prise de contrôle exclusif de l'entreprise cible. L'intérêt de cette affaire tient à la mise en exergue des enjeux d'articulation inhérents à la pratique des fusions-acquisitions qui implique de se conformer à plusieurs *corpus* normatifs, notamment les règles de concurrence, d'une part et les règles du droit social, d'autre part.

Sur la recevabilité de la requête et la notion d'« intérêt à agir » en contentieux administratif

En l'espèce, l'Autorité de la concurrence soulevait une fin de non-recevoir, tirée du défaut d'« intérêt à agir » du CSE contre sa décision d'autorisation de l'opération.

Cette question de pur droit processuel, au demeurant complexe au regard de la jurisprudence abondante et nuancée sur la notion d'« intérêt à agir » en contentieux administratif, est tranchée de façon lapidaire par le Conseil d'État qui procède à une lecture conjuguée des articles L. 2312-8 C. trav. et L. 430-1 C. com., pour en conclure que le CSE requérant justifie d'un « intérêt lui donnant qualité pour demander l'annulation de la décision litigieuse ».

Afin de parvenir à cette conclusion, le Conseil d'État rappelle, d'une part, les missions confiées par l'article L. 2312-8 C. trav. au CSE, en particulier « assurer une expression collective des salariés permettant la prise en compte permanente de leurs intérêts dans les décisions relatives à la gestion et à l'évolution économique et financière de l'entreprise, à l'organisation du travail, à la formation professionnelle et aux techniques de production » et insiste, d'autre part, au visa de l'article L. 430-1 C. com., sur les « effets de la décision qui autorise la prise de contrôle exclusif de la société Mondadori France par la société Reworld Media ».

Au regard des modifications de l'organisation économique et juridique de l'entreprise cible induites par l'opération de concentration, le rapporteur public Laurent Cytermann proposait, dans le cas de figure de la prise de contrôle, que l'intérêt à agir du CSE soit présumé, en raison des « conséquences sur l'emploi et l'organisation de l'entreprise inhérentes à une prise de contrôle ». La solution de cet arrêt n'implique pas pour autant que l'intérêt à agir sera systématiquement reconnu au CSE, le Conseil d'État ne se prononçant en l'espèce que sur le cas de figure de la prise de contrôle exclusif.

Enfin, on peut se demander si la solution de cet arrêt est transposable aux organisations syndicales, qui sont également susceptibles de contester les décisions de l'Autorité mais sont, à la différence des CSEs qui sont élus par le personnel, constituées librement par leurs adhérents et dont le lien avec l'entreprise est donc moins étroit.

Sur la légalité de la décision attaquée et le principe général des droits de la défense

D'abord, le CSE soutenait, en premier lieu, que le principe général des droits de la défense avait été méconnu dès lors que les concurrents des parties à l'opération n'avaient pas été mis en mesure de présenter leurs observations.

En l'espèce, ce moyen manquant en fait, le Conseil d'État écarte succinctement cette problématique, en rappelant que « la notification de l'opération de concentration a fait l'objet d'une publication sur le site internet de l'Autorité de la concurrence dans le délai prévu à l'article R. 430-4 du Code de commerce et, d'autre part, que l'opération a fait l'objet de plusieurs tests de marché réalisés les 15 avril et 27 juin 2019 auprès des concurrents des parties à l'opération afin de recueillir leurs observations sur les effets de l'opération et de l'engagement proposé par la société Reworld Media ». Ainsi, il ne saurait être reproché à l'Autorité d'avoir méconnu les droits de la défense.

Sur la légalité de la décision attaquée et l'autorité de la chose jugée

En l'espèce, le CSE avait sollicité l'ouverture de la procédure de consultation annuelle sur les orientations stratégiques pour 2019 du groupe Mondadori, au titre de l'article L. 2312-24 C. trav., et avait assigné sa direction devant le Tribunal de grande instance [« TGI »] de Nanterre afin d'obtenir gain de cause.

Par un jugement du 11 juillet 2019 (TGI Nanterre, 11 juillet 2019, n° 19/02211), le TGI de Nanterre avait consécutivement enjoint aux sociétés composant l'UES d'ouvrir cette procédure, « avant toute remise valable d'un avis du Comité social et économique sur le projet de cession et toute saisine régulière des autorités chargées de veiller à la concurrence, dans les huit jours du prononcé » du jugement.

Le CSE soutenait ainsi, en second lieu, qu'en autorisant l'opération de concentration alors que le jugement du TGI de Nanterre du 11 juillet 2019 imposait au groupe Mondadori de l'informer et de le consulter sur les orientations stratégiques de l'entreprise pour l'année 2019 avant toute saisine des Autorités de concurrence, la décision attaquée était entachée d'« erreur de droit » et avait été prise au terme d'une « procédure irrégulière ».

Le Conseil d'État écarte mécaniquement ce moyen, au motif que ce jugement n'avait « adressé d'injonction qu'aux sociétés composant l'UES Mondadori Magazines France élargie, qui n'étaient pas débitrices de l'obligation de notification mentionnée à l'article L. 430-3 du Code de commerce ». La motivation du Conseil d'État peut une fois encore être qualifiée de lapidaire, mais se justifie aisément au regard de la « relativité de l'autorité de la chose jugée » par le TGI (pour rappel, consacrée à l'article 1355, C. civ.) : l'injonction que le TGI prononce s'adresse aux sociétés composant l'UES Mondadori France, elle n'a d'autorité ni à l'égard de la partie notifiante, qui était Reworld Media puisque dans le cadre d'une prise de contrôle seul l'acquéreur doit notifier (article L. 430-3, alinéa 2, C. com.), ni à l'égard de l'Autorité. Ce jugement était donc *de jure* inopposable à l'Autorité, en vertu du caractère relatif de son autorité.

Sur la légalité de la décision attaquée et le respect des règles issues du Code du travail

Le CSE soutenait enfin, en troisième lieu, qu'en autorisant l'opération de concentration alors qu'il n'avait pas été consulté sur les orientations stratégiques du groupe Mondadori pour l'année 2019, la décision attaquée méconnaissait les articles L. 2312-15, L. 2312-17, L. 2312-20, L. 2312-22, L. 2312-24 et L. 2317-1 C. trav.

Un tel argument peut déconcerter. En effet, l'Autorité n'a pas le pouvoir de contrôler la régularité de sa saisine au regard du respect des obligations d'information et de consultation incombant à l'employeur. C'est ce que rappelle explicitement le Conseil d'État, qui écarte cet argument au motif qu'« aucune disposition du Code du travail ou du Code de commerce n'impose à l'Autorité de la concurrence de s'assurer, préalablement à l'édiction de sa décision, que les dispositions relatives à l'information et à la consultation du Comité social et économique ont été respectées par l'entreprise concernée. D'autre part, l'autorisation délivrée par l'Autorité de la concurrence ne saurait être regardée, contrairement à ce que soutient le Comité social et économique, comme ayant nécessairement et par elle-même pour effet de conduire à une méconnaissance de ces dispositions, sanctionnée d'une amende en vertu de l'article L. 2317-1 du Code du travail ».

Il nous semble qu'il faille se féliciter de cette solution, parfaitement conforme au principe « d'indépendance des législations » – au demeurant applicable en matière de concentrations (voir en ce sens Conseil d'État, 21 octobre 2016, n° 394117) – selon lequel les conséquences d'une législation sur une autre sont inopposables. Il serait en effet incohérent de demander à l'Autorité de veiller au respect des dispositions du Code du travail, quand celle-ci a pour mission d'exercer un rôle de police sur des opérations économiques au regard des seules règles de concurrence…

O. Billard, Q. Colombier

Concurrences N° 2-2021, Art. N° 100440, p. 124

2.3.4 Introduction du référé

CE (ord.), 19 mai 2005, Fiducial Informatique et Fiducial Expertise, n° 279697 ; CE, 20 juill. 2005, Fiducial et Fiducial Expertise, n° 279180

Le Conseil d'État saisit pour la première fois le Conseil de la concurrence et bouleverse le contrôle interne des concentrations.

Par deux décisions successives, l'une en référé, l'autre au fond, dans la même affaire, le Conseil d'État introduit deux bouleversements dans le régime de contrôle des concentrations institué par la loi NRE de 2001.

1. L'ordonnance du Conseil d'État du 19 mai 2005 présente un intérêt majeur en matière de contentieux du contrôle des concentrations puisque, pour la première fois, le juge des référés du Conseil d'État décide, dans l'attente d'une décision au fond, de suspendre une autorisation ministérielle de concentration.

Par lettre du 19 octobre 2004 (Min. Éco, 19 oct. 2004, Cegid SA / CCMX Holding, aff. C2004-122, v. *Chroniques Concentrations* N° 2-2005), le Ministre avait autorisé la prise de contrôle exclusif de CCMX par Cegid, toutes deux actives dans le secteur des logiciels de gestion à destination des petites et moyennes entreprises comptables. Le 18 avril 2005, Fiducial Informatique et Fiducial Expertise, respectivement concurrents et clients des parties à la concentration, ont saisi le Conseil d'État d'une demande d'annulation de la décision ministérielle, et ont assorti cette demande d'une requête en référé tendant à la suspension de la décision d'autorisation sur le fondement de l'article L. 521-1 du Code de justice administrative.

Par ordonnance en date du 19 mai 2005, le juge des référés du Conseil d'État a ordonné la suspension de la décision d'autorisation ministérielle en examinant tout d'abord les fins de non-recevoir opposées par le Ministre à la demande formulée par les requérantes, avant de vérifier que les deux conditions classiques du référé étaient remplies. En premier lieu, le Ministre concluait à l'irrecevabilité de la demande de suspension dans la mesure où la décision autorisant la concentration avait déjà été entièrement exécutée. Le Conseil d'État a rejeté cet argument et a considéré, malgré l'autorisation ministérielle de l'opération du 19 octobre 2004, son approbation par une assemblée générale extraordinaire le 16 novembre 2004 et le transfert effectif des titres, que la mise en œuvre du rapprochement entre Cegid et CCMX était toujours en cours de réalisation et qu'à la date où il statuait l'autorisation n'avait pas épuisé tous ses effets.

De plus, le Conseil d'État a relevé que l'article L. 430-4 du Code de commerce, qui prévoit que la réalisation effective de l'opération ne peut intervenir qu'à compter de l'obtention d'une autorisation du Ministre, ne fait pas obstacle à l'application de l'article L. 521-1 du Code de la justice administrative, qui permet la suspension de l'exécution d'une décision administrative par le juge des référés. En effet, selon le Conseil d'État, l'article L. 430-4 du Code de commerce a pour objet d'empêcher la réalisation de l'opération pendant l'examen de l'opération par le Ministre et non celui de priver le juge de la possibilité de suspendre ultérieurement l'opération.

D'autre part, le Ministre faisait valoir l'absence d'intérêt à agir des requérantes. Le Conseil d'État a relevé que ces entreprises avaient un intérêt à agir dans la mesure où elles avaient été interrogées par la DGCCRF dans le cadre du test de marché et avaient été mentionnées comme opérateurs présents sur le marché.

En second lieu, le Conseil d'État a analysé les deux conditions du référé à savoir l'urgence et l'existence d'un doute sérieux quant à la légalité de la décision.

Tout d'abord, le Conseil d'État a rejeté l'argument du Ministre, selon lequel l'urgence ne pouvait être caractérisée puisque la requête en annulation et la demande en référé étaient intervenues plus de six mois après l'adoption de la décision par le Ministre. Le Conseil d'État a noté que seul le sens de la décision, à savoir l'autorisation en première phase sans engagement, avait été rendu public le 20 octobre 2004, l'intégralité de la décision n'ayant été mise en ligne que le 1er février 2005 et publiée au BOCCRF que le 26 avril 2005. Sur ce point, le Conseil d'État a rappelé que le délai de recours des tiers ne commence à courir qu'à compter de la publication de la décision au BOCCRF. Le Conseil d'État en a déduit que le recours était valide dès lors qu'il avait été introduit dans un délai de deux mois à compter de la date de publication au BOCCRF.

En outre, le Conseil a relevé que l'opération en cause conduisait au rapprochement des deux premiers opérateurs ayant une part de marché cumulée de plus de 55 % alors même que l'opérateur suivant ne dispose que d'une part de marché comprise entre 15 à 25 %, et qu'aucun autre acteur ne dispose d'une part de marché supérieure à 7 %. Le Conseil a donc considéré que la décision en cause et ses effets sur le marché étaient de nature à affecter le libre jeu de la concurrence et de ce fait, que la condition d'urgence était donc satisfaite.

Par ailleurs, le Conseil d'État a considéré que le doute sérieux quant à la légalité de la décision était caractérisé dans la mesure où il existait, au moins en apparence, une contradiction des motifs de la décision. À cet égard, le Conseil a constaté des contradictions entre les constatations objectives faites par le Ministre sur le fonctionnement du marché dans le cadre de la délimitation du marché pertinent, et les conclusions tirées de son analyse concurrentielle dynamique de ce marché.

Selon le Conseil d'État, le Ministre a retenu une définition de marché pertinent restrictive (le marché national de la conception, de l'édition et de la commercialisation des logiciels de gestion et de services associés à destination de la profession comptable libérale) et souligné les barrières à l'entrée sur le marché, mais sa conclusion se fonde néanmoins sur la substituabilité avec des produits situés hors du marché et sur la capacité d'entrée de concurrents. Ainsi, bien que le Ministre ait constaté que certains facteurs (inertie de la demande, importance du réseau commercial, importance de la gamme de produits) laissent à penser que « le développement de concurrents crédibles à la nouvelle entité sera un processus lent », il a conclu que l'opération n'était pas de nature à soulever des problèmes de concurrence dès lors que l'entrée de nouveaux entrants était susceptible de contrecarrer les effets anticoncurrentiels (v. *Chronique Concentrations* N° 2-2005). Ce sont ces contradictions qui ont conduit le Conseil d'État à considérer qu'un doute existait quant à la légalité de la décision.

On peut cependant s'interroger sur une certaine identification, faite par le Conseil d'État, entre les notions de recevabilité au fond et d'urgence. Il est constant que l'urgence est une condition de la recevabilité d'une requête en référé. Mais la recevabilité de la requête au fond ne saurait suffire à prouver l'urgence. Or le Conseil constate que la requête en référé et la requête au fond ont bien été introduites dans le délai de deux mois à compter de la publication de la décision au BOCCRF (puisqu'elles ont en réalité été introduites avant celle-ci), et que dès lors on ne saurait reprocher aux requérantes d'avoir saisi tardivement le juge des référés. Toutefois, il ignore le fait qu'à la date de la requête en référé, cela faisait deux mois et demi déjà que la décision était connue de fait puisque publiée sur le site internet de la DGCCRF. Ce délai aurait pu créer un doute quant à l'urgence telle que ressentie par la requérante.

En outre, l'arrêt fonde l'urgence sur la seule atteinte à la concurrence liée à une position dominante, mais ne discute pas réellement d'une condition autonome d'urgence qui serait propre au cas d'espèce. Au regard de l'arrêt, la condition d'urgence semble devoir être vérifiée pour toute question de concurrence.

Surtout, l'ordonnance du Conseil d'État pose une question de fond : quelle est la portée de la décision du Ministre ? En effet, la transaction, c'est-à-dire le transfert des titres et des droits de vote, avait déjà intégralement eu lieu à la date de l'ordonnance du Conseil d'État.

Le Conseil d'État indique que l'autorisation n'a pas encore « épuisé tous ses effets » à la date de l'ordonnance. Ceci soulève un intéressant débat, car dès lors que tous les titres et droits de vote ont été transférés, la transaction pourrait être considérée comme entièrement réalisée et, de ce point de vue, l'autorisation ministérielle aurait bel et bien produit tous ses effets.

En réalité, le Conseil d'État, pour parvenir à cette conclusion, prend en compte non seulement la transaction proprement dite, mais aussi les restructurations « internes » qui lui font suite et qui, si elles résultent bien de la transaction, en sont néanmoins distinctes. Il n'est pas certain que ces restructurations relèvent du contrôle des concentrations. En effet, aucune autorisation ministérielle n'est nécessaire pour des restructurations internes. De plus, en droit français, une annulation de l'autorisation n'entraîne pas de droit la nullité *a posteriori* des actes établissant la concentration ni l'obligation automatique de retour en arrière, mais se traduit concrètement, dès lors que le changement de propriété a eu lieu, par une simple obligation de renotification. Or, les effets d'une suspension ne sauraient excéder ceux d'une annulation.

On peut donc s'interroger sur le fait que le Conseil d'État, quand bien même il souhaitait suspendre l'exécution de la transaction autorisée par le Ministre, disposait bien de la compétence pour suspendre les restructurations qui font suite à la transaction. Il est vrai que ces restructurations, désormais internes, sont susceptibles de conférer un caractère irréversible à la transaction, mais il n'est pas certain que ceci suffise à fonder la compétence du Conseil. L'arrêt du Conseil amène donc à s'interroger sur la portée exacte de la suspension qu'il a prononcée… et sur celle de la décision d'autorisation du Ministre.

2. Quelques jours après son ordonnance, le 20 juillet 2005, le Conseil d'État a en outre rendu un arrêt au fond, par lequel, avant dire droit, il a saisi le Conseil de la concurrence de la concentration pour avis « dans les mêmes conditions que celle de l'article L.430-6 ».

De même que la suspension, cette saisine du Conseil de la concurrence par le Conseil d'État constitue une innovation en droit des concentrations.

L'arrêt du Conseil d'État relève certaines imprécisions ou incohérences de la décision du Ministre, pour l'essentiel les mêmes que celles qu'il avait déjà notées dans l'ordonnance de suspension. En outre, il relève que le Ministre a, devant le Conseil, souhaité procéder à une « substitution de motifs », se fondant en cela sur l'arrêt *Mme Hallal* du 6 février 2004.

Toutefois, ces incohérences, si elles ont entraîné la suspension de la décision, ne semblent pourtant pas, aux yeux du Conseil d'État, suffire à justifier une annulation… puisque ce dernier se contente d'en déduire qu'il existe une « incertitude » réelle, qu'il ne dispose pas des éléments d'appréciation lui permettant de départager les points de vue des parties, et décide finalement de saisir le Conseil de la concurrence pour avis. Choix de procédure qui n'est certainement pas neutre, tant on a le sentiment que le Conseil d'État « rétablit » ainsi une saisine qu'il aurait probablement jugé opportune.

Il s'agit là non d'une saisine prévue par le Code de commerce, mais d'une mesure d'instruction non prévue par les textes, qui entre dans le pouvoir général d'instruction du juge et trouve sa justification dans le caractère inquisitorial de la procédure administrative.

Si la saisine du Conseil de la concurrence n'est pas celle prévue par l'article L. 430-6 du Code de commerce, elle lui ressemble cependant en tous points, tant sur le champ de la question posée (atteintes éventuelles à la concurrence et caractère suffisant des contributions apportées au progrès économique) que sur la procédure.

Que se passerait-il, enfin, si le Conseil d'État, à la suite de l'avis du Conseil de la concurrence, décidait d'annuler la décision ministérielle. L'opération reviendrait devant le Ministre, qui serait certes en position de demander des engagements aux parties sur la base de l'avis et de l'arrêt. Toutefois, faute d'engagements proposés par les parties, le Ministre n'aurait d'autre choix, afin de fonder son pouvoir d'injonction prévu par l'article L. 430-7 du Code de commerce, que de… saisir de nouveau le Conseil de la concurrence, cette fois en application directe de l'article L. 430-6.

Et si l'on avance encore de manière prospective dans cette procédure, le Conseil d'État pourrait alors, s'il était ressaisi à la suite d'une nouvelle décision du Ministre, se trouver en position de se prononcer indirectement sur ce nouvel avis du Conseil de la Concurrence (qui constituerait alors un acte préparatoire à la nouvelle décision ministérielle), avis qui serait vraisemblablement très similaire à celui qui va être rendu au titre des mesures d'instruction pour éclairer le Conseil…

J. Philippe

Concurrences N° 3-2005, Art. N° 1095, p. 93

Voir aussi, sur les suites de l'affaire

CE, 13 févr. 2006, Société Fiducial informatique et Société Fiducial expertise, CEGID / CCMX, n° 279180 (v. *supra p. 134*)

J. Philippe, Rapprochement de deux leaders de marché : Le Conseil d'État autorise la fusion CEGID / CCMX, 13 février 2006, Concurrences N° 2-2006, Art. N° 721, pp. 111-113.

Biographies

Alexis Baudelin

Alexis Baudelin est avocat au barreau de Paris. Il est titulaire d'un Master en Droit et Contentieux de l'Union Européenne de l'Université Paris-Panthéon-Assas (Paris II) et a effectué sa première année de Master à l'Université de Cambridge (King's College). Il s'est spécialisé en droit européen et en droit de la concurrence et a acquis de nombreuses expériences au sein du département concurrence d'Herbert Smith Freehills (Paris), du service juridique du groupe Safran, de la DG Concurrence de la Commission européenne, de la Cour de justice de l'Union européenne, de la délégation européenne de la section du rapport et des études du Conseil d'État français et du ministère français de la Justice.

Jean-François Bellis

Jean-François Bellis est un associé fondateur de Van Bael & Bellis. Jean-François Bellis a commencé à pratiquer le droit à Bruxelles en 1975, en se spécialisant dans le droit de la concurrence et le droit commercial. En 1979-1980, il a été le secrétaire juridique de Lord Mackenzie Stuart à la Cour de justice des Communautés européennes. En 1986, il a fondé, avec Ivo Van Bael, le cabinet Van Bael & Bellis, dont il est l'associé gérant. Dans le domaine du droit de la concurrence, Jean-François Bellis a conseillé des clients internationaux dans de nombreuses affaires au niveau européen et national impliquant un large éventail de questions antitrust, notamment la fixation des prix, les abus de position dominante, les concentrations, la distribution et les licences. Il a été impliqué dans un grand nombre des principales affaires de concurrence et de commerce devant le Tribunal de première instance et la Cour de justice des Communautés européennes. Jean-François Bellis a écrit de nombreux livres et articles dans le domaine du droit de la concurrence et du commerce et est intervenu sur ces deux sujets lors de nombreuses conférences et séminaires internationaux.

Dominique Berlin

Dominique Berlin est Professeur émérite de l'Université Paris-Panthéon-Assas. Il est l'auteur de plusieurs ouvrages : Contrôle des concentrations, ed. ULB, Comm. Mégret 2009, Politique fiscale, Ed. ULB, Comm. Mégret 2012, 2 tomes, Politiques de l'Union européenne, Ed. Bruylant 2016 à paraître, et de plusieurs commentaires (fascicules du Jurisclasseur Europe en fiscalité et contrôle des concentrations, Smit & Herzog, Commentary EU Treaty TFEU Treaty ; articles 110-113...). Avocat à la Cour depuis 1990. *Counsel* et associé dans différentes structures (cabinet Stibbe, Willkie, Farr & Gallagher, Orrick, Dewey & Leboeuf).

Olivier Billard

Olivier Billard est avocat associé au sein du cabinet Bredin Prat (Paris), spécialisé en droit de la concurrence français et européen, tant en conseil qu'en contentieux. Son expertise couvre tous les aspects du droit de la concurrence et se concentre sur les dossiers complexes de contrôle des concentrations, les aides d'État et les litiges antitrust de grande envergure devant les autorités et les tribunaux français et européens. M. Billard a une grande expérience de conseil aux clients français et internationaux dans les secteurs des services financiers, de l'énergie, des transports, de l'électronique, des produits de luxe, des médias et du divertissement. Avant de rejoindre Bredin Prat en 2001, il a exercé pendant plusieurs années dans des cabinets français réputés, à Paris et à Bruxelles. M. Billard est diplômé en droit de l'Université de Montpellier. Il est membre des barreaux de Paris et de Bruxelles. Il est également membre de l'Association française d'étude de la concurrence (AFEC) et de l'Association française des avocats pratiquant le droit de la concurrence (APDC).

Alice Blanchet

Alice Blanchet est directrice juridique et conformité de GLS France depuis mai 2015. Avant de rejoindre GLS, elle a travaillé au sein du groupe antitrust du bureau parisien de Davis Polk & Wardwell. Sa pratique couvrait différents aspects du droit de la concurrence français et européen, notamment les notifications de fusion, les accords anticoncurrentiels et les questions relatives aux abus de position dominante. Elle a été admise au barreau de Paris en 2005.

Éléonore Castagnet

Eléonore Castagnet est collaboratrice au sein du cabinet Hogan Lovells (Paris). Elle conseille les clients sur tous les aspects du droit de la concurrence. Eléonore est diplômée de Sciences Po et de l'Université Paris-Panthéon-Assas (Paris II).

Pierre Chellet

Pierre Chellet est collaborateur du bureau parisien de Hogan Lovells. Il conseille sur tous les aspects du droit de la concurrence européen et français. Il assiste ses clients dans le cadre d'enquêtes et de procédures devant les autorités de concurrence et de régulation en France et au niveau de l'Union européenne. D'août 2020 à juillet 2021, il a été assistant académique au Collège d'Europe à Bruges, département des études juridiques européennes. Pierre est titulaire d'un LL.M en droit de l'Union européenne du Collège d'Europe et d'un Master en droit économique de Sciences Po (Paris). Il a également étudié les affaires publiques à l'Université de Californie Los Angeles (UCLA). Avant de rejoindre le Collège d'Europe, Pierre a fait un stage dans plusieurs cabinets d'avocats français et internationaux à Paris, où il s'est concentré sur le droit de la concurrence européen et français.

Quentin Colombier

Quentin Colombier, doctorant, est membre de l'équipe Droit européen et de la concurrence du cabinet d'avocats Bredin Prat. Il prend une part active dans le traitement des dossiers de l'équipe, notamment liés au droit civil (responsabilité civile et contrats) ainsi qu'au droit de la distribution. Quentin Colombier est diplômé de la faculté de droit de Nancy (Master 2 Droit de l'entreprise et des affaires – Diplôme de Juriste Conseil d'Entreprise / DJCE) et de la faculté de droit de Montpellier (Certificat d'études spécialisées en droit économique). Particulièrement intéressé par les relations entre le droit de la concurrence et l'intelligence artificielle, Quentin Colombier rédige actuellement sa thèse de doctorat sur le sujet de la collusion algorithmique en parallèle de sa collaboration avec le cabinet d'avocats Bredin Prat.

Jean-Mathieu Cot

Jean-Mathieu Cot est avocat fondateur de Cot Law (Paris). Il se concentre sur les aspects antitrust de grandes opérations de fusions et acquisitions et a travaillé sur de nombreux dossiers pour Rhodia, Virbac, Lacoste et Areva, entre autres. En tant que conseil en matière d'antitrust et de concurrence, il travaille régulièrement avec les autorités françaises et européennes sur des questions d'antitrust et de concurrence et plaide régulièrement devant le Conseil de la concurrence français et la Cour d'appel de Paris. M. Cot est l'un des trois conseillers non gouvernementaux des agences antitrust françaises en tant que membres de l'International Competition Network – l'organisme international consacré exclusivement à l'application du droit de la concurrence – dont les membres comprennent des autorités de concurrence nationales et multinationales.

Jalil El Khanchoufi

Jalil El Khanchoufi est avocat collaborateur au sein du service *Antitrust, competition and trade* (ACT) du cabinet Freshfields Bruckhaus Deringer (Paris). Auparavant, il était élève-avocat chez Paul Hastings (Paris). Il a étudié l'économie et les mathématiques avant d'obtenir un master en gestion des entreprises de l'EDHEC et un master en droit des affaires de l'Université catholique de Lille. Jalil El Khanchoufi a travaillé dans les départements antitrust et concurrence de cabinets d'avocats français et internationaux à Paris.

Guillaume Fabre

Guillaume Fabre a fondé le cabinet Jouvensal Fabre en octobre 2021, après plus de 10 ans passés au sein de l'équipe de droit de la concurrence du cabinet Bredin Prat, notamment en tant que *Counsel*, à Paris et à Bruxelles. Il dispose d'une expérience de tout premier plan en droit de la concurrence, tant en antitrust qu'en contrôle des concentrations et en aides d'État, aux niveaux européen et interne. Guillaume Fabre est représentant non-gouvernemental de l'Autorité de la concurrence dans le réseau international des autorités de concurrence (ICN), et enseigne le droit de la concurrence à Sciences Po Paris. Il est membre de l'Association des avocats pratiquant le droit de la concurrence, de l'Association française d'étude de la concurrence et de l'Entente. Inscrit au barreau de Paris (2011), Guillaume Fabre est diplômé de la Leiden Universiteit, Pays-Bas (LL.M. in European Business Law, 2007), de l'université Paris Nanterre (Master bilingue des droits de l'Europe, 2007 ; Maîtrise, 2006) et de la University of Essex, Royaume-Uni (LL.B., 2006).

Solène Hamon

Solène Hamon est antitrust *Counsel* chez Philips (Amsterdam, Pays-Bas). Avant de rejoindre le groupe Philips en 2022, elle a exercé en tant qu'avocate en droit de la concurrence au sein des bureaux bruxellois et parisien du cabinet Bredin Prat. Elle y a assisté une clientèle française et internationale devant les autorités et les juridictions françaises et européennes, dans des dossiers couvrant l'ensemble des aspects du droit de la concurrence (contrôle des concentrations, ententes, abus de position dominante). Solène Hamon est diplômée de l'Université Paris-Dauphine (Master 2 Droit européen et international des affaires) et a également étudié à l'Université d'Utrecht aux Pays-Bas (LL.M. European Law).

Alexandre Lacresse

Alexandre Lacresse est référendaire au Tribunal de l'Union européenne. Spécialiste du droit de la concurrence et du droit de l'Union européenne, il était précédemment avocat. Il a également travaillé à la Cour de justice de l'Union européenne et à l'Autorité de la concurrence française. M. Lacresse contribue régulièrement à des ouvrages et des revues juridiques, dont la chronique Procédures de la revue Concurrences. Il participe à la direction du Master 2-DJCE de Nancy (Université de Lorraine) et enseigne le droit de la concurrence au sein de plusieurs formations universitaires.

Valérie Lefever

Valérie Lefever est collaboratrice senior au sein du cabinet Van Bael & Bellis. Elle est spécialisée en droit de la concurrence européen et belge et en droit réglementaire européen. Avant de rejoindre Van Bael & Bellis, elle a étudié à King's College London et a travaillé dans le département de droit de la concurrence d'un cabinet du *Magic Circle*. Elle a également été assistante académique à l'Université de Namur en droit européen, droit de la concurrence et droit des communications électroniques. Valérie Lefever conseille régulièrement ses clients et publie des articles en matière d'ententes anticoncurrentielles, d'abus de position dominante et de contrôle des concentrations. Elle a une expérience significative concernant les réseaux de distribution et les restrictions verticales. Elle représente ses clients tant devant les autorités de la concurrence que devant les cours et tribunaux. Valérie Lefever a une expertise particulière dans les secteurs de l'énergie, des communications électroniques et des biens de consommation.

Christophe Lemaire

Christophe Lemaire est associé au sein du département de droit de la concurrence et de droit européen d'Ashurst à Paris. Il est spécialisé en pratiques anticoncurrentielles, concentrations, aides d'État et questions réglementaires. M. Lemaire a été rapporteur permanent et conseiller pour les affaires européennes au Conseil de la concurrence français (2003-2006). Il a travaillé à la direction juridique du ministère français des Affaires étrangères (division du droit économique communautaire et international) où il a été chargé des affaires de concurrence et des industries de réseau, et a notamment représenté le gouvernement français devant la Cour de justice (2002-2003). Il est également maître de conférences en droit français et européen de la concurrence et en droit réglementaire à l'Université Paris I Panthéon-Sorbonne.

Victor Levy

Victor Levy est *Counsel* au sein du cabinet Hogan Lovells (Paris). Diplômé en mathématiques et en droit, il conseille ses clients en droit de la concurrence avec un esprit analytique et orienté vers les affaires. Victor Levy a une solide expérience des procédures de contrôle des concentrations auprès de la Commission européenne, de l'Autorité française de la concurrence et d'autres autorités de contrôle des concentrations dans le monde. Impliqué dans des affaires complexes, il conseille régulièrement les clients sur des questions de planification stratégique et d'intégration. Victor Levy conseille également ses clients sur la structuration de leurs contrats commerciaux et de distribution et les assiste dans les procédures antitrust devant la Commission européenne ou l'Autorité française de la concurrence. Il a également une longue expérience en matière de litiges et de règlement des demandes de dommages et intérêts. Victor est membre des barreaux de New York et de Paris.

Marie Louvet

Marie Louvet est *Counsel* chez Herbert Smith Freehills à Paris. Sa pratique est axée sur le droit européen et français de la concurrence. Avant de rejoindre Herbert Smith Freehills, elle était collaboratrice au sein du cabinet Bredin Prat. Admise au Barreau de Paris en 2010, elle est diplômée de l'ESCP-EAP et titulaire d'un Master 2 en droit des affaires et de l'économie de l'Université Paris I (Panthéon-Sorbonne).

Stanislas Martin

Stanislas Martin est rapporteur général à l'Autorité de la concurrence française. Auparavant, il a été directeur de la réglementation et de la sécurité au ministère français de l'économie, à la Direction générale de la Concurrence, de la Consommation et de la Répression des fraudes (DGCCRF) (2009-2017), rapporteur général adjoint à l'Autorité de la concurrence, avocat chez Clifford Chance en tant que *Of Counsel* (2005-2009), et conseiller financier adjoint au sein de la représentation permanente de la France auprès de l'Union européenne (2004-2005). Il a également été chef de l'unité « Fusions et aides d'État » à la DGCCRF (1999-2004). Stanislas Martin est spécialisé en droit français et européen de la concurrence, notamment en matière de concentrations et d'aides d'État, ainsi qu'en droit européen des sociétés, en libre circulation des capitaux et en liberté d'établissement. Il a une grande expérience des procédures législatives au niveau de l'Union européenne et de la France. Il a publié divers articles sur le droit et la politique de concurrence européens et français.

Barbara Monti

Barbara Monti est conseillère juridique principale à Bruxelles pour Toyota. Sa pratique se concentre sur les secteurs de la technologie, de l'internet, des marques de consommation et de l'énergie, y compris les énergies renouvelables, les manipulations de marché et les abus de position dominante. Elle conseille régulièrement sur les accords verticaux et le contrôle des concentrations. Son expérience passée a permis à Mme Monti d'acquérir une connaissance significative de l'Autorité de la concurrence française et des programmes de conformité.

Simon Naudin

Simon Naudin est avocat au barreau de Paris. Auparavant, il était *Counsel* au sein du département de droit de la concurrence du cabinet Ashurst à Paris. Il est spécialisé dans les aides d'État, le contrôle des concentrations, les cartels, les abus de position dominante et l'assistance aux entreprises en cas d'enquête des autorités de concurrence.

Eric Paroche

Eric Paroche est associé au sein du cabinet Hogan Lovells et dirige la pratique Antitrust, Concurrence et Régulation économique du bureau de Paris. Grâce à son expérience passée à la Commission européenne et à sa pratique diversifiée dans de nombreux secteurs industriels, il est capable d'examiner les problèmes sous tous les angles et de proposer des solutions viables. Il fournit des conseils stratégiques aux entreprises sur la gestion des contraintes liées au contrôle des concentrations et les assiste dans leurs démarches auprès de la Commission européenne, de l'Autorité française de la concurrence et d'autres autorités dans le monde. Eric Paroche conseille également les entreprises sur les procédures antitrust devant la Commission européenne et l'Autorité française de la concurrence, et les représente devant les tribunaux européens et français. En particulier, Eric Paroche aide les équipes de gestion à définir les stratégies les plus appropriées pour minimiser les risques financiers et de réputation en cas d'infractions présumées. En matière d'aides d'État, les clients bénéficient de sa connaissance approfondie de la pratique de la Commission européenne. Eric enseigne le droit de la concurrence à Sciences Po.

Jérôme Philippe

Jérôme Philippe est associé et responsable de l'équipe *Antitrust, competition and trade (ACT)* de Freshfields Bruckaus Deringer (Paris). En plus d'être avocat, il est titulaire d'un doctorat en économie et est ingénieur diplômé de l'Ecole Polytechnique et de l'Ecole Nationale de la Statistique et de l'Administration Économique (ENSAE). Avant de rejoindre Freshfields Bruckhaus Deringer, Jérôme Philippe a été pendant quatre ans chef du bureau des concentrations et des aides d'État à la Direction générale de la Concurrence, de la Consommation et de la Répression des Fraudes. Il conseille ses clients dans tous les domaines du droit de la concurrence national et européen, notamment les concentrations, les ententes, les demandes de clémence, les abus de position dominante, les aides d'État et le droit de la distribution. Il a une expérience particulière des affaires mêlant droit et économie. Il représente ses clients devant la DGCCRF, l'Autorité de la concurrence française, la Commission européenne et également la Cour de justice de l'Union européenne. En 2004, il a été classé parmi les dix premiers avocats de moins de 40 ans en droit de la concurrence dans le monde par la *Global Competition Review*. Il était le seul avocat français à figurer dans cette liste. Jérôme Philippe est également professeur de droit et d'économie (École Polytechnique, HEC, ENSAE, Sciences Po et au MBA Sciences Po). Il parle français, anglais et espagnol.

Sergio Sorinas

Sergio Sorinas est associé au sein du cabinet Herbert Smith Freehills à Paris, où il dirige l'équipe de droit de la concurrence. Il conseille ses clients dans tous les domaines du droit de la concurrence français et européen, notamment le contrôle des concentrations, les cartels, les abus de position dominante, les accords de distribution et de coopération, les litiges en droit de la concurrence et les aides d'État. Son expérience couvre un large éventail de secteurs, notamment les médias, les banques, l'agroalimentaire, les produits pharmaceutiques, les produits chimiques, les véhicules à moteur, les produits de consommation, l'énergie et le commerce de détail. Sergio Sorinas conseille de nombreux groupes français et internationaux devant la Commission européenne et l'Autorité de la concurrence française. Il représente également plusieurs grands groupes français devant les juridictions françaises et de l'Union européenne. Sergio Sorinas est membre des barreaux de Paris et de Barcelone, et parle couramment le français, l'anglais et l'espagnol.

David Tayar

David Tayar est associé au sein de l'équipe *Antitrust and Competition Practice Group* de Clifford Chance Paris. Il possède une grande expérience dans la gestion des premières et deuxièmes phases d'enquêtes complexes en contrôle des concentrations devant les agences antitrust européennes et françaises et dans la coordination des dépôts multi-juridictionnels. Il conseille régulièrement des clients dans des affaires d'ententes et de monopoles devant les autorités de concurrence et les tribunaux européens et français. David Tayar est membre du conseil d'administration de l'Association des avocats pratiquant le droit de la concurrence. Avant de rejoindre Clifford Chance, David Tayar a conseillé des clients sur un large éventail de sujets, notamment le contrôle des concentrations, les accords horizontaux et verticaux, les cas d'abus de position dominante, les questions d'aides d'État et les litiges antitrust.

Simon Vande Walle

Simon Vande Walle est Professeur à la faculté de droit de l'université de Tokyo. Avant, il travaillait comme rapporteur (*case handler*) au sein de la Direction générale de la concurrence de la Commission européenne. Il a également exercé comme avocat au barreau de Bruxelles dans le cabinet Linklaters de 2003 à 2008. Il est docteur en droit à l'université de Kyushu (Japon) où il a soutenu une thèse portant sur les actions privées en droit de la concurrence et est diplômé de l'université catholique de Louvain (KU Leuven ; Belgique) et du Georgetown University Law Center

(USA). Ses publications dans le domaine du droit de la concurrence sont disponibles sur www.simonvandewalle.eu.

Céline Verney

Céline Verney est collaboratrice senior au sein du cabinet Hogan Lovells (Paris). Elle conseille les clients sur tous les aspects du droit de la concurrence. Expérimentée en matière de contrôle des concentrations, elle a participé à la défense de la première entreprise condamnée par la Commission européenne à une amende pour avoir mis en œuvre une opération avant l'obtention de l'autorisation (ce que l'on appelle « *gun jumping* »). Céline Verney assiste également ses clients dans des affaires de cartels internationaux poursuivies par la Commission européenne et d'autres agences à travers le monde, dans des affaires d'antitrust devant l'Autorité française de la concurrence, ainsi que dans des actions en dommages et intérêts. Elle conseille les clients sur les questions d'aides d'État, y compris devant les tribunaux administratifs, et sur leurs accords commerciaux et de distribution. Diplômée du King's College London et de Sciences Po, Céline Verney est membre du barreau de Paris.

Victoria Vickers

Victoria Vickers est juriste (en attente de prestation de serment) chez Baker McKenzie (Paris). Elle est diplômée du Collège d'Europe (LL.M. en Droit européen) et de l'Université Paris-Panthéon-Assas (Paris II) (Master 2 en Droit européen des affaires).

Emily Xueref-Poviac

Emily Xueref-Poviac est *Counsel* au sein du cabinet Clifford Chance (Paris). Sa pratique englobe tous les domaines du droit de la concurrence, tant en conseil qu'en contentieux. Emily Xueref-Poviac conseille des clients français et internationaux dans une grande variété de secteurs industriels sur des questions de droit de la concurrence européen et français. Elle a développé une expertise forte et reconnue sur les questions d'investissements étrangers, qui sont devenues essentielles pour de nombreuses transactions dans un domaine en constante évolution. Emily Xueref-Poviac a conseillé sur des cas complexes impliquant des développements juridiques uniques et est régulièrement consultée par les autorités françaises pour donner des avis sur les propositions de réforme. Elle a de l'expérience dans un large éventail d'industries, y compris les infrastructures, la défense, l'énergie, les télécommunications, le transport, les produits pharmaceutiques, les semi-conducteurs, la banque et la finance.

Table des matières

Concurrences
Revue des droits de la concurrence

Revue Concurrences

Revue trimestrielle dédiée aux droits interne et européen de la concurrence

Concurrences est une revue universitaire trimestrielle dédiée aux droits interne et européen de la concurrence. Créée en 2004 par Laurence Idot, Frédéric Jenny et Nicolas Charbit, la revue est un forum de discussions entre universitaires, magistrats et praticiens du droit de la concurrence. Son rayonnement en dehors du champ des spécialistes est tel que plusieurs personnalités publiques de premier plan ont publié des points de vue dans ses colonnes : Jacques Attali, Elie Cohen, François Hollande, Christine Lagarde, Emmanuel Macron, Nicolas Sarkozy, Margrethe Vestager...

Comité scientifique et comité international

Le Comité scientifique, présidé par Laurence Idot assure l'indépendance de la revue et sélectionne les articles soumis à la revue sur des critères de rigueur de la démonstration et d'objectivité. Le Comité international, présidé par Frédéric Jenny, contribue à la diffusion de la revue à l'international et à l'organisation des conférences hors de l'Europe.

Contributeurs

Plus de 2 500 contributeurs provenant de 30 pays ont publié dans la revue Concurrences. Ces contributeurs sont universitaires, magistrats ou représentants d'autorités de concurrence, avocats ou conseils juridiques, tous spécialisés en droit ou en économie de la concurrence.

Version électronique

Depuis 2004, Concurrences a publié plus de 14 000 articles (au 20 décembre 2022). La version électronique reprend l'intégralité des articles parus dans la version imprimée depuis 2004 ainsi qu'environ 30 % d'articles supplémentaires. Ce supplément électronique correspond à des contributions publiées exclusivement sur le site de la revue notamment en raison de leur ampleur : actes de colloques, articles de fond, contributions économiques...

INSTITUTE of Competition Law
Antitrust databases and resources

Institut de droit de la concurrence

L'Institut de droit de la concurrence est un groupe de réflexion créé en 2004 dédié au droit de la concurrence et de la régulation économique. L'objectif de l'Institut est de promouvoir la recherche en droit de la concurrence et de la régulation. L'Institut édite à cette fin des revues et bases de données en langues française et anglaise et organise des conférences en Europe et aux Etats Unis. Afin d'assurer indépendance, rigueur et objectivité, chacune de ces publications et conférences est placée sous la supervision d'un comité scientifique et/ou d'un comité éditorial. Grâce à ses travaux, l'Institut est devenu en quelques années un groupe de réflexion et un centre de recherches de référence en droit de la concurrence et de la régulation.

Domaines d'action

Droit de la concurrence, droit de la régulation économique, et, économie industrielle.

Comités scientifiques et éditoriaux

Eleanor Fox, Laurence Idot, Frédéric Jenny, Bill Kovacic, Bruno Lasserre, Benoit Cœuré, Damien Neven, Wouter Wils, Richard Whish…

Contributeurs

3 800 contributeurs dans 85 pays.

Partenaires

- Universités : IEJE Liège, King's College London, Paris Panthéon Assas/Sorbonne, Queen Mary College, University College London…
- Cabinets d'avocats : Baker McKenzie, Cleary Gottlieb, Jones Day, Skadden, Van Bael & Bellis, White & Case …

Séminaires

Plus de 500 évènements et wébinaires depuis 2004 à Paris, Bruxelles, Londres, New York, Washington et Hong Kong.

www.ingramcontent.com/pod-product-compliance
Lightning Source LLC
LaVergne TN
LVHW050815061126
851857LV00012B/821
* 9 7 9 1 0 9 4 2 0 1 6 9 5 *